なぜ会社は変われないのか

危機突破の風土改革ドラマ

柴田昌治

nbb
日経ビジネス人文庫

文庫版まえがき

「社員のモチベーションを無視したような企業改革は成功しない」「企業風土を変えていかないと社員のモチベーションは上がらない」といった認識は、ここ数年でかなり一般的なものになってきたように思います。

そこで、どうすれば会社の風土・体質が変わるのかが問題になります。これについてはまだいろいろな考え方が混在しているのが現状でしょう。なかでもいちばん多いのは、「しくみを変えれば風土・体質は変わる」という認識です。

しくみを変える、たとえば、人事制度を成果主義に変えることで会社はどの程度変わるのでしょう。

確かに上手に成果主義を導入すれば、やる気のある人間が評価されやすくなり全体として活力が増大する、ということはありうることでしょう。でも、それだけで会社に本当の活力が生まれてくるのかと言えば、それにはやはり無理があります。つまり、上手に成果主義を導入するだけでは、新しい提案がつぎつぎと出てきたり、多くの人が言い出しっぺになるのを厭わなくなってきたりする、というふうにはならないだろうということです。

会社に本当の活力がある状況というのは、社内のどこからでも新しい提案が出てきやすい状況です。言い出しっぺの提案を必ず誰かが受け止めてくれ、言い出しっぺが決してひとりで孤立したり、損をしてしまったりしない状況なのです。

これは言い換えれば、経営と社員、あるいは社員どうしがお互いに信頼し合えている状況です。こういう状況は、評価制度等のしくみを変えるだけでできるものでは決してありません。「相手のために働くこと」や「誰かの役に立つこと」を誇りにしうる価値観を共有しながら仲間と一緒に働ける環境は、しくみを変えるだけではつくれないのです。「仕事の目的」「人生の目的」「企業の存在価値」「何をめざして仕事をするのか」という高い志を共有することなしにこういう仲間はつくれません。

私は「気楽にまじめな話をする場」の重要性をこの本の中で繰り返し強調しています。志の高い骨太の価値観を共有しようと思えば、お互いが裸になって語り合える場が不可欠だと思うからです。

一九八〇年代の半ばぐらいまでは、まだ仕事外で職場の仲間と付き合うことも一般的でした。しかし、急速な時代の変化の中で、上司や同僚と一緒にお酒を飲む機会も遊ぶ機会も激減し、以前のような密な人間関係は消えていきました。しかし、私たち日本の企業の強さは、この密な人間と人間の距離にかなりの程度依存していたことを忘れてはなりません。人間関係が密であるからこそ自然に語り合う機会も多くなり、そこで大切な情報が交換されたり新たにつくられていたりしていたのです。

情報の密な流れを取り戻すためにも、志の高い骨太の価値観を共有するためにも、気楽にまじめな話のできるオフサイトミーティングの活用が急務になってきています。

ただ、こういうミーティングを実際にやってはみたけれどなかなかうまくいかない、という問題が起きています。その原因は、「気楽に」やればいいのだから、こういう場の設定は簡単だ、と思ってしまうところにあるように思います。

こういう場を本当に意味のあるものにしようと思えば、中心となる数人のメンバーによるしっかりとした準備が不可欠です。シナリオを描いてみる、つまり、実行のプロセスを構築してみるのです。一つひとつの場で何を目標とし、どういうふうにその先をつくり上げていくのかをイメージしてみるのです。勘違いが起きやすいのは、裏方がこういう準備をしっかりやることと、参加する人たちには本当に気楽に参加してもらうことを両立させるところです。

オフサイトミーティングというのは、一回成功させればそれですべてがうまくいくわけではありません。オフサイトミーティングというのは全体のプロセスのひとコマにしかすぎないことを忘れてはならないのです。

会社を変えていこうと思うならば、このようなシナリオを描ける人間、実行のプロセスを自ら構築できる人間をなるべく多くつくっていく必要があります。

会社で責任あるポジションにいる人が、企業風土・体質をなんとか「変えたい」と思っても、人の気持ちに関することだから指示や命令ではなんともなりません。

唯一、人の気持ちが変わっていくのは、「変えよう」とするだけでなく、責任あるポジションにいる人が先頭に立って、シナリオを描いていこうとしている人々と協力し合いながら「一緒に変わろう」とするときなのです。この「変わろう」と「変えよう」が絶妙のバランスで作用するとき、会社の体質は根本的に変わっていきます。

人の性格は変えられなくても「会社の風土・体質」は変えられます。なぜなら、それは一歩踏み出そうとする人を後ろから支えるセーフティネット、つまり、「誰かが必ず受け止めてくれる」という経営と仲間に対する信頼感をつくっていくことだからです。

私はこの本を企業の体質を変えていくための実践の書にしたい、と思って書き上げました。これまで私が関わってきたさまざまな企業・組織の改革で生み出されてきた理論、応用、実践の体験を最大限に織り込みました。本書をストーリー仕立てにしたのは、理論解説だけでは表現しにくいこと、実際の改革の現場で必ずぶち当たる「人と人の関係の難しさ」を伝えたかったからです。この本は、多くの現実にあった話をもとに脚色して組み立てたフィクションです。

一緒に「変わろう」としながら「変えていこう」とするには、今まであまり表舞台に出てこなかったようないろいろな「知恵」が必要です。本書がこの「知恵」を生み出す力と一歩踏み出す勇気を読む人に与えられることを心から願っています。

最後に本書を執筆するに当たって、ストーリー展開に悪戦苦闘する私の相談相手になり続けてくださった日本経済新聞社出版局編集部の西林啓二さんに心からお礼を申し上げます。また執筆協力していただいた㈱スコラ・コンサルトの谷田邦子さんのセンスがなければやはりこの本は生まれなかったと思います。イメージを言葉にしていく難しさも相談相手があってはじめて克服できることを改めて実感しました。

妻の康子はときには徹夜でワープロを打ってくれたり相談相手になってくれました。さらに原稿段階で目を通して貴重な意見をいただいた多くの方々にもお礼を申し上げます。

この本の中に書かれているさまざまな「知恵」は、会社を改革しようというさまざまな場面で多くの人から教えられたものです。これらの人たちの支えがあっての賜物であることに改めて感謝したいと思います。

二〇〇三年十月

柴田　昌治

なぜ会社は変われないのか――目次

第三章　改革はなぜ失敗するのか――143

ヨコハマ自動車部品〈主な組織・登場人物〉
（売上高一〇五〇億円、従業員数一六〇〇人）

社長　伊倉忠文
専務　篠宮卓司
取締役会
経営会議（実質的な経営の最高意思決定機関。取締役を中心に構成される）

管理部門　担当常務・坂巻完治
秘書室　室長・田坂保廣
人事部　部長・矢崎修造
　企画・研修担当部長・山沢秀治
総務部
経理部　部長・紺野清則
経営企画部　部長・五十嵐正嗣
　課長・山根
　生産企画課
システム管理部　部長・阿部
TQM推進室

改革推進室（95年6月〜）室長・瀬川俊一

営業部門　担当専務・篠宮卓司
営業部　部長・一瀬
　営業開発グループ　係長・西堀

開発部門　担当常務・川久保隆
（兼技術担当）
開発管理部　部長・宮内
　開発業務課（前係長・瀬川俊一）
　水野
　製品企画課　課長・小野田繁之
　係長・藤田義一
エンジン開発部　部長・柳瀬信也
　エンジン設計一課　課長・井上
　エンジン設計二課　課長・金子
　エンジン実験グループ　課長・丸山
駆動開発部　部長・古賀
実験・検査部

生産部門　担当常務・仙石孝一
エンジン工場　工場長・岩城健吾

課長・脇田
工長・松原、酒井
工務課
加工工場
生産技術部　部長・茅原
生産技術企画課　課長・石原
係長・関野
設備課
品質保証部
品質管理課
購買部門　担当常務・小池政蔵
物流部
研究センター

［BPR推進委員会］（94年9月〜95年5月）
委員長　坂巻（管理部門担当常務）
副委員長　紺野（経理部長）
委　員　山沢（人事部門担当部長）
瀬川（開発管理部開発業務課係長）
石原（生産技術部生産技術企画課長）
山根（経営企画部課長）
西堀（営業部営業開発グループ係長）

［風土改革世話人ネットワーク］（95年3月〜）
PD研究所
代表・チーフプロセスデザイナー　長野靖行
プロセスデザイナー　原島由美子
世話人　瀬川（改革推進室長）
小野田（開発管理部製品企画課長）
藤田（開発管理部製品企画課係長）
酒井（エンジン工場工長）
石原（生産技術部生産技術企画課長）

ヨコハマ自動車部品〈風土改革活動の展開〉

92年　ヨコハマ自動車部品、業績悪化。
93年　赤字転落、リストラ加速、賃金・ボーナスカット。
94年4月　**社長交代、伊倉忠文社長就任**、「自主独立経営への改革」打ち出す。
（〜7月）　社長対話実施。
7月　「どう改革を推進するか」を坂巻常務が考える。
9月　BPR推進委員会発足。
12月　他社リサーチ報告会。
95年1月　瀬川と山沢、等々力精機の三村芳郎に会いに行き、PD研究所を紹介される。
瀬川、PD研究所の長野靖行に会いに行く。
瀬川、再びPD研究所を訪ね、長野に講演を依頼する。
講演をめぐってBPR推進委員会内でもめる。
2月　長野、ヨコハマ自動車部品で初講演。瀬川と山沢、PD研究所の導入に向けて画策、長野を伊倉に引き合わせる。瀬川、『開発だより』三月号の原稿を書く。
長野、研究センター、開発部門でも講演。
有志のインフォーマルミーティング始まる。
伊倉、坂巻と長野の個別会談始まる。

3月　瀬川の原稿を掲載した『開発だより』発行され、社員の反響大。

ヨコハマ自動車部品、PD研究所を導入して改革活動を本格スタート。

長野、原島の二人のプロセスデザイナーが投入される。瀬川、風土改革の世話人になる。

長野、オフサイトミーティングを瀬川に提案。

瀬川、オフサイトミーティングの実施に骨を折る。伊倉社長から手が挙がって実施の運びに。


4月　第一回オフサイトミーティング（若手社員）を行う。

エンジン開発部「職場の問題を話し合う場」スタート。

生産技術部とエンジン工場「若手の意見交換の場」スタート。

営業部「情報飲会」スタート。

BPR推進委員会「社内交流の場」「パソコン通信フォーラム」スタート。

長野「役員懇話会」「マネジメント研究会」始める。

5月　瀬川、部課長オフサイトミーティングを提案。
『開発だより』の爆弾記事が経営会議で「問題」として取り上げられ、瀬川、召喚される。

6月　改革推進室を新設、瀬川、室長になる。

7〜8月　階層別オフサイトミーティング実施。

9月　エンジン工場オフサイトミーティング実施、工場長の岩城が変身。

10月　エンジン工場新方針出る。現場の環境改善始まる。

　　　うさぎラインに改善支援チームが入って、ラインの仕組みづくり始まる。

　　　課長ミーティング。工長「レスペ委員会」活動。

11月　エンジン工場、改善の成果が出始める。

　　　品質会議で開発部門の生産性、品質問題浮上。エンジン開発部長の柳瀬、岩城と話し合う。

　　　開発部門担当の川久保常務、完成車メーカーから短期開発の協力要請を受ける。

12月　川久保、マネジメントのルール変更を提案、開発部門で議論始まる。

　　　瀬川の提案で「会議の見直し」進む、「まじめな雑談の場」普及する。

　　　外部との交流活発に。「場づくり」多彩に。

96年1月　開発部門「一人で決める」マネジメントに取り組む。

　　　経営企画部長の五十嵐、社長に経営ビジョンづくりを提案。

　　　五十嵐、柳瀬に会って話し合いをする。

2月　「優先基準」オフサイトミーティング実施。

　　　エンジン工場有志、町工場ネットワークとの交流始める。

3月　完成車メーカーから「半年で三〇％」のコスト削減を要求される。

　　　噂で社内が混乱する。銀行、融資を渋り始める。

4月　生き残りをかけて「知恵出しミーティング」始まる。

　　　「次世代エンジン開発プロジェクト」スタート。

第一章　あきらめるのはまだ早い

爆弾文書

「おい瀬川、大変なことになった。君の書いた『開発だより』の文章が問題になって、経営会議で取り上げるって話が出てるんだ。ちょっと話したいんだが時間とれるか」

至急に会いたいと内線で呼び出されて、開発管理部開発業務課の部屋を出た瀬川俊一がエレベータホールで待っていると、表情を硬くした人事部企画・研修担当部長の山沢秀治がすぐに姿を見せた。

「別に社内報に出たわけじゃないんだし、よく読めばまじめな気持ちで書いてるってことも分かるとは思うんだ。しかし、経理部長の紺野君みたいにつまらんことにこだわる人間が多いからな。うるさいことにならなきゃいいんだが」

社内では話しにくいからと、山沢は瀬川を外に連れ出して歩きながら話をした。瀬川は、彼が手にした冊子にチラと目をやった。二か月前に出た『開発だより』の九五年三月号だった。

ヨコハマ自動車部品の開発部門で若手の課長クラスが中心になって『開発だより』を発行するようになってから、もう一年余りになる。瀬川は顔なじみの開発管理部製品企画課の小野田繁之課長から何か書かないかと勧められて、三月号に原稿を書いていた。彼が投稿したのは「社員の力で会社を変えよう」と呼びかける問題提起を含んだ文章だった。

この八か月の間に、瀬川の気持ちにはある変化が起こっていた。

八か月前、社長交代を機に「BPR推進委員会」が設置され、七人の委員のうちの一人として開発部門からは開発業務課の係長である瀬川が選ばれた。しかし、半年が過ぎても委員会内では活動の方向性が定まらない。なまじ「BPR(ビジネスプロセス・リエンジニアリング)」などという流行の名称を冠したがために、メンバーの間ではおのおの勝手な解釈や目的認識の違いが生じて、少数のメンバーであるにもかかわらずコンセンサスが得られなかった。

やろうとしていることからみれば、BPR推進委員会などというのは名前ばかりで、実質的には提案書作成のための準備委員会になりかねない危険性をもっている。山沢に推薦されて委員会のメンバーになってからは、瀬川は彼なりにやれることはやってきた。が、いかんせん委員会内部において目的が共有されていないために、いたずらに無意味な時間をとられることも多く、瀬川は内心、苦痛を感じ始めていた。

忙しい仕事のやりくりをして委員会のメンバーとは夜遅くまで何回も議論をした。ヒアリングもやったし、施策もいろいろ考えた。しかし、エネルギーをかければかけるほど、委員会の活動には何かが決定的に欠けているような気がして瀬川の苛立ちは深まっていった。

そんな時に舞い込んだのが小野田課長からの原稿依頼である。それが引き金になって瀬川の中に充満していたものが溢れ出した。

もともとは自分の思いを伝えたくて書いた原稿のはずだった。しかし、ひとたび活字になって歩き出した文章は、一種、暴露的な告発文の性格を帯びて読む者に衝撃を与えることになった。

『開発だより』は製品開発の情報提供が中心のミニコミ誌だから、よほどの興味がない限り開発部門以外の社員の目にふれることはない。しかし、内容が内容だけに瀬川の書いた文章はすぐに部門内で話題になり、噂が噂を呼んで飛び火しながら周辺部署へと流布していった。そして、ひと月が過ぎた頃には、ついに本社にまで飛び火して、営業へ、管理部門へと口コミで読者は広がっていた。

「いやあ、言いたいことを言ったもんだな。痛いとこ突いてるよ」

「書いたのはBPR推進委員だろ? よくまあここまではっきり書いたよね」

それが大方の感想だった。

しかし、そう思わない者もいた。特に責任ある立場の人間は、おおよそ批判的なまなざしでその文章に注目した。

「BPR推進委員会が何をするところかは知らんが、こんなことを書くような立場なのか? ヨコハマ自動車部品はこの程度の会社なんですと自分で言ってるようなもんじゃないか」

「こんなの見られたら対外的な信用がなくなってしまう。若い社員が書いたといっても、この内容では株主だって問題に思うぞ」

〝良識派〟を代表する面々は一様に警鐘を鳴らした。

小さなミニコミ誌から降って湧いた檄文は、社内に波紋を広げていった。

社員の力で会社を変えよう！

BPR推進委員／開発業務課　瀬川俊一

ご存じのように、部品メーカーをとりまく環境の急変によって当社の業績はここ数年悪化の一途をたどり、数年前からついに赤字に陥ってしまいました。

しかし、正直なところ誰も決していい加減に仕事をした覚えはありません。みんなそれなりに一生懸命努力してきたのです。その結果がこの赤字です。

現在、会社は再建をかけて構造的な転換策としてのリストラ、業務改革に着手しており、その一環としてBPR推進委員会もつくられました。みなさんの中に、また何か始めたな、この忙しいのに役にも立たないことをやって足を引っぱらないでほしいと思っていらっしゃる方が多いことは十分に察せられます。なぜなら、私もこのBPR推進委員になるまでは正直なところそう思っておりました。

立場が変わると、今までの自分のことはコロッと忘れて「建前」でみんなを追い立て、尻をひっぱたくのが人の常です。じつのところ私も、そういうことをすべきなのかと一時は本気で考えておりました。

しかし、この間、いろいろな情報を社内外で集めるに及んで、そういうやり方では改革は決して成功しないと確信するようになりました。

もちろん、緊急を要する場合には手術も必要です。しかし、そのためには手術を受けられるだけの気力と体力が必要です。ところが、今の当社には体力はおろか気力もありません。そういう患者の状態を見ないで、患者の声に耳を貸さないで手術を断行すると、病気は確かに治ったが病人はショックで死んでしまったということにもなりかねません。

もし当社が今、手術が必要なほど病んでいるなら、その手術をするためにも気力・体力をつけることがもう一方で必要です。

では、私たちの気力・体力をどうやって回復、強化するかというと、それは会社の風土・体質を変えることに他なりません。

口ばかりの評論家体質

社内には評論家が氾濫しています。みんなお互いに不信感をもって批評・批判・愚痴・悪口のオンパレードです。前向きの話は極めて少ない。

不信の中でも一番大きいのは、おそらく**経営者に対する不信感**でしょう。残業を重ねて休みの日は寝るだけの生活になるほど社員が一生懸命やっているのに、赤字になるのはなぜなのか。しかも、上から命じられたことはきちんと結果を出してきたではないか。本当に当社の経営者に経営能力はあるのか——多くの社員はそう思っています。特に完成車メーカーから来た役員の中には、どう役に立っているのか分からない人もいます。

そういう役員に給料を出すのも株主に対する配当だと思えば仕方がない。でも、せめて口出しだけでもしないように、どこかの部屋に閉じ込めて外から鍵を掛けて出てこられないようにしてほしい、という声もあるほどです。要するに、仕事はしなくてもいいから邪魔するのだけはやめてほしいということです。

次に多いのが**企画部門や人事部門に対する不信感**です。次から次へと数字だけの要求を出してくる企画や人事、経理に対しては、恨みを通り越して辟易しているというのが偽らざる現実です。少しは実情を分かってくれよとみんな思っています。

製造や開発に対してはいつも厳しい要求ばかり出され、ラインの人数もかなり削減されました。それに引き換え、本社の人間はいっこうに減ったようには見えません。

なぜ現場ばかり、次から次へといろんなことを押しつけられるんだと内心ではみんな思っています。

そして、上の人間は最近の若い連中のだらしなさを嘆き、下は下で上の人間に能力がない、マネジメントができないから余計に状況が悪くなるんだと思っている。どうせあんな上司に話しても聞いてくれるわけではない、自分一人が何を言っても始まらないというあきらめがあります。その行き着く先が不信感の蔓延です。

多かれ少なかれ、みんなが感じているこれらのことは事実を反映しているといえるでしょう。しかし、問題は、みんな文句を言うばかり、愚痴を言うばかりで「だからどうする」という姿勢がないことです。評論家ばかりで当事者がいないのです。

業務の範囲では、誰しも自分で実行せざるを得ないという意味では当事者です。しかし、それは文句を言われないために最低の義務を果たしている、目の前に現れるモグラを叩いているだけで、その現状に問題を感じていても解決しようとするわけではありません。それでいいのでしょうか。

体質を変える改革のために

第一は、経営側が改革に対して本気であることを、口で言うだけでなく行動で示すことです。

従業員の賃金カットをするなど人の懐に簡単に手を突っ込むわりには、役員の姿勢に厳しさが見られません。役員の数は減らないし、社用車の数も減ったようには見えません。社員に「変われ」という前に、まず経営者が自分から先頭に立って自分が変わることを実践するべきです。

そのような経営者の姿勢とリーダーシップがまず最初に必要です。

第二は、社員が自分のこととして会社の改革を本気で考えることです。あれこれ論評することは誰にでもできます。しかし、必要なのは自ら手を汚す当事者なのです。

誰のためでもない自分のため、自分の会社のため、自分の会社を良くするために、そして、家族に自分の会社を誇りに思ってもらえるようにするためにも、身の安全だけを考えてモグラ叩きに精を出すのではなく、言うべきことは言い、やるべきことはやる。そんな社員がいるかどうかが体質を大きく左右します。

今のところ、そんな人は残念ながら見当たりません。しかし、そうありたいと思っている人は私の周りにも結構います。それを束ねるものがなかっただけで、問題を感じて何とかしなければと思う人間は確実にいるのです。

何もみなさんに特攻隊になれと言っているのではありません。一人でやれば討ち死にします。これは確かです。一人でなく仲間とともに協力してやれば会社は変わるんだということを私は言いたいのです。経営者とも協力しながら会社をより良くしていく、そんな「社内ボランティア」が必要だということです。

第三は、生きた情報がどんどん流れるようにするということです。

先に行ったヒアリングの場でも「情報の絶対量が少なくて会社の実態が分からない」「上司が情報を殺して伝えている」といった内容の指摘がずいぶんありました。

やはり先日「若手社員の率直な意見を聞きたい」と声がかかって、私も伊倉社長との対話会なるものに出席しました。ところが、あとで社内報にまとめたものを読みますと、あたりさわりのない内容だけが綺麗にまとめられていて、これはみんなにも知ってもらいたいと思った話はまったくといっていいほど出ていませんでした。もともと、あの対話会ではあまり本音の話は出ませんでした。でも、社内報の記事はそれに輪をかけて通り一遍です。一事が万事で、そこから何かが生まれたり、気づいたりするような生きた情報が流れにくい体質になっています。

たとえば、決定したことは伝えられても「なぜそうなったのか」という話は噂話でしか流れない。逆に、下からの情報や意見も上には正確に伝わっていません。こういう状況を変えていくこと、こういう体質を変えていくことこそ改革の第一歩であると私は思います。そして、それが今やっているBPR推進委員会の仕事だと思うのです。

私自身、給料が年々減っていくような状況がここ数年続き、家族のことを考えると正直いって先に不安がないわけではありません。でも、このまま受け身を続けていたら事態は悪くなるばかりで何も好転しません。日を追って、その思いが強くなってこの原稿を書きました。一人じゃなく、みんなと一緒にやれば何かが変わる。そう信じて、私も逃げずに行動したいと思っていますので、みなさんもぜひＢＰＲ推進委員会のこれからの改革活動にご協力ください。

みなさんのご意見、ご提案をお待ちしています。
内線または電子メールで「開発業務課・瀬川」あて、ご連絡ください。

この『開発だより』の原稿を書かせたのは、ここ数か月の間に起こった瀬川の内なる変化だった。

瀬川は以前から〈会社はこのままでは本当にだめになるかもしれない〉と危機感をもっていた。そして、その気持ちは、気乗りしない役割ではあってもＢＰＲ推進委員に推されて、社内外の情報を集めたり社員同士で話し合ったりしているうちに〈何とかしなければ〉という純粋な改革への思いに変わっていった。

しかし、委員会内部ではそんな思いをなかなか共有することができない。一方では、制度改革が主張され、また一方では改革案をまとめる話ばかりが先行して気持ちのかみ合わない議論が続く。瀬川は焦った。

もともとBPR推進委員会が何をするのか、その目的についてはみんながはっきりと自覚して始まったわけではない。上層部にしても、はじめに改革の必要論があり、それをやるにあたって社員の意見を取り入れることで何か活動のきっかけでも見つかればと、漠然と期待していただけである。

委員会そのものは、この種の委員会としては小規模であり、営業、開発、生産、管理とすべての部門にまたがって人選され、メンバーには若手も二名ほど加わっていた。その若手の一人として、血気さかんで少々はみ出しぎみの瀬川のような人間を選んだという意味では、必ずしも委員会が形式一辺倒になりきっているというわけではない。

しかし、目的自体が不明確なうえに、**人選の狙いも散漫な委員会**では、メンバー間での意思統一は難しかった。

ことに、瀬川を委員に推薦した人事の企画・研修担当部長で、自ら委員でもある山沢と、副委員長である経理部長の紺野清則の意見は事あるごとに食い違った。

紺野の意識は常に組織体制や人事制度を変えることに向けられている。改革に対する紺野の考えは、ひと口にいうとハード優先である。それに対して山沢は、組織をつくるのも変えるのも「人」と、人の気持ちや意識を大切にしたい思いをもっている。この二人が戦わせる議論は大いにメンバーに影響し、委員会の思潮を分断して、みんなの意思統一をなおさら困難にしていた。

〈今のうちのような会社が本当にこんなやり方で変わるのかな〉

こんなことをやっていること自体が問題だと瀬川は思った。三十代半ばという若さもあるが、もともと口より先に体が動く行動派の人間である。物事を形式的に運ぶことを疎んじるきらいはあるが、その一方で、実効につながらない方向性のズレのようなものを彼は敏感に嗅ぎ分けていた。

そして、その矢先で騒ぎは起こった……。

秩序のゆらぎ

九五年五月の第二月曜日の定例経営会議の席で、篠宮卓司専務提案の特別案件として『開発だより』の瀬川の投稿文が取り上げられることになった。

あくまで若手が自主的に発行するミニコミ誌であるし、技術の素人が読んで面白い内容ではないから、それまで上層部の人間で『開発だより』をきちんと読んでいる者はいなかった。

会社の上層部で最初にこの一件を知ったのは管理部門担当の坂巻常務である。坂巻完治はBPR推進委員会の委員長でもある。副委員長の紺野経理部長から「委員会のメンバーの一人が起こした問題」について報告を受け、問題の文章を読んだ坂巻の気持ちは複雑に揺れていた。

坂巻は数年前から管理部門を担当するようになったが、もともとは営業部門の出身である。穏やかな人物で親会社からの信頼も厚いが、それ以上にヨコハマ自動車部品に対しては人一倍の愛着をもっている。瀬川の文章の書き出し部分を見ただけで、彼の気持ちはその〝思い〟のほうに感応していた。

かつて瀬川も営業部門にいたことがあって、坂巻は彼をよく知っている。営業部門は小所帯だったから、坂巻は若い社員を引き連れて酒を飲みに行くことも少なくなかった。その頃から瀬川はものおじしないで自分の考えをぶつける〝元気な若手〟だった。

その印象にたがわず、言いたいことをはっきり言ったものだと、坂巻は妙な感心をしながら瀬川の書いた文章を読んだ。彼が投げかける問題点はそれなりに当たっていることも多いし、けっこう鋭い指摘でなるほどと思わせるところもある。会社の規模が大きくなるにつれて大株主である完成車メーカーのカラーが強くなったヨコハマ自動車部品にあって、プロパーの坂巻にすれば、よくぞ言ってくれたと頼もしく思う気持ちも心のどこかにあった。

とはいえ、**組織の秩序を維持する経営の立場**で見ると、どうひいき目に見ても明らかに会社員としての常識的なバランス感覚を欠いている。それがいくら正しいと思っても、

〝そこまで言ってはおしまいだ〟という境界だけは踏み越えないようにするのがバランス感覚なのだ。

「いろいろ文句が出てるだろうな」

今まで二か月近くも問題にならなかったのが不思議なくらいだった。

聞いてみると、すでにBPR推進委員会では、この件について何回かミーティングをやっているということだった。

「で、どういう議論になったんだ」

「一番大きな問題は、彼が個人として発言しているのではなくBPR推進委員会の委員として発言しているという点です。にもかかわらず、私たちは事前にまったく何も知らされていませんでした」

「それは確かに問題だな。それで、瀬川はどう言ってるんだ」

「事前に了解を得なかったことについては落ち度があったと認めています。しかし、今さらあやまられても出てしまったものは取り消せませんからね」

「なぜ事前に話さなかったんだ」

「それは分かりません。もしかしたら、我々がうるさく言って潰すと思ったんじゃないですか」

「そういう意味では確信犯か」

「だと思います。そういうことをやりかねない男ですから。山沢さんが推薦した時も、そういう危険性のある人物だということを申し上げたはずです」

ＢＰＲ推進委員会の中で最初に委員に選ばれたのは部長級の紺野と山沢の二人である。そして、他の委員を決めるにあたっては、この二人の意見が人選を大きく左右していた。

紺野清則はまだ四十代も半ば、最も若い部長の一人でプロパー社員のエース格である。人事課長からすぐに経営企画に移って経営企画部長をやったあと、現在の経理部長の座に就いた。弁の立つ切れ者であるうえに実行力もある紺野はみんなから一目置かれる存在だった。

山沢も同じくプロパーの人間だが、年齢はすでに五十代半ばである。三十代の後半までは人事にいて福利厚生課長や労務課長を歴任したのち、営業に転出した。そして、営業担当部長をしばらくやったあと再び人事に戻って、ここ数年は教育研修および人事企画を担当していた。

若い頃から、問題意識をもって仕事に取り組む姿勢をもち続けてきた山沢は、それがアダになって人事部門では主流になりきれなかった。営業に移っても、仕事ではそれなりの成果を出してきたが、合わない上司に対しては反旗をひるがえすようなところもあって、出世街道からははずれてしまっていた。

研修担当部長になって戻ってからの山沢は、営業時代の経験や社外の情報を取り入れながら、自分なりに会社を改革したいという思いをもって研修を行っていた。しかし、しょせん自分たちの独り善がりなのか、参加者からは思わしい反応が返ってこない。〈何のために研修をやっているのか〉と真剣に問えば問うほど空しさを感じて、仕事に限界感をもち始めていた矢先にBPR推進委員会の話がもち上がった。委員の打診を受けた山沢は喜んでその話を受けた。そのうえで、やる以上は毒にも薬にもならないメンバーを揃えるのではなく元気のいい若手を投入したいと考えた山沢は、満を持して、かつての部下だった瀬川を推薦したのだった。

その意味で、今回の瀬川の一件は、強力に彼を推した山沢にとっての問題でもある。事実、委員会のミーティングでは、瀬川の〝後見人〟として山沢にこの件についての責任を問う声もあった。

筋論で言えば、委員会の議論を経たうえで瀬川はあの文章を書くべきだった。しかし、みんなの同意がもし必要だとしたら、あの原稿はたぶんボツになっていただろう。仮にボツにならなかったとしても、出す以上は毒も抜いて角も取って化粧を施すから、あのなまなましい迫力はなくなり、読む者の心を打つことはなかったに違いない。それが山沢の胸の内であった。

しかし、そうは言っても委員会の了承を得ていないという形式論に立った批判は、踏み倒してはならない正論でもある。残念なことに反論の余地はない。もともと議論があまり得意でない山沢は、先頭きって紺野が展開する正論の前に黙り込むしかなかった。

そんな周囲の葛藤を知ってか知らずか、瀬川本人は意外に平然としていた。書く時はそれなりの決心をして書いている。また、書いてしまった以上、あとはなるようにしかならないと腹をくくっていたのである。

したがって、紺野から逸脱行為だとして手続き上の問題を指摘された時も「確かにおっしゃるとおりです。申しわけありませんでした。でも、あそこに書いた私の気持ちは変わりませんから、今も中身については何の後悔もしていません」と、真っ向から言い切ったのだった。

広がる波紋

一方、『開発だより』の編集メンバーは、いつにない読者の反応に驚いていた。

瀬川の文章を掲載した三月号が出てまもなく、小野田のところに会ったこともないエンジン工場の工長から「読みたいから直接送ってほしい」と電話がかかってきたりしたのだ。そんなことは今まで一度もなかったことだから、いちおう何に使うのか尋ねてみると、BPR推進委員が書いたものが事務所で話題になっているから現場でも読みたいという。

それだけではなく、昼食時の食堂では生産技術部の若い社員が「瀬川さんて、大胆なことやりますね」と話しかけてきたし、製品企画課にプロジェクトの打ち合わせで来たエンジン開発部の柳瀬部長は「すごいの書いたな。あれ大丈夫なのか」と、わざわざ小野田のデスクに立ち寄っていった。

各部門長あてに隔月でまとめて配られる『開発だより』は、そこから何部ずつかに分けて各部に配布されている。といっても、部門長は単なる関所で、必ずしも内容に目を通しているわけではない。各部に降りても冊子はすぐに閲覧棚に入って、まともに読む者はあまりいなかった。

そのことは小野田も承知していて「日本一読者の少ないマイナー誌の編集者」と自嘲ぎみに同僚にこぼすこともある。そんな冊子を読んでいる人間があちこちにいることを知っただけでも小野田には十分驚きだった。まして、こんなに反応があるとは……。

それは瀬川も同様だった。

三月号が出たその月の間に、瀬川あてに寄せられた電子メールやFAXはゆうに二十通を超えた。ひんぱんに届くFAXを読み、メールの画面をスクロールしながら、意外なほどの反響に瀬川は驚いた。誰が読んでくれるのかと、見えない相手に向けて書いた原稿だったのに、工場や物流部、研究センターをはじめ営業部やシステム管理部、さらにお膝元の開発部門からも、びっしりと思いが綴られた文面が届いたのである。

貴殿の文章を見て心底、驚嘆いたしました。私の会社生活も二十余年になりますが、心の中では思っていても口に出して言えないことは山のようにあります。ましてや文章にして表に出すなど、会社や上司に仕える身としては考えられないことです。もちろん、私たちとて酒の席では愚痴の一つや二つはこぼします。さらに気が大きくなれば、理不尽な現状にこぶしを振り上げて一刀両断いたすこともあります。しかし、それはあくまで会社の外での話で、たとえ言いたくても会社に世話になる以上は胸の内にしまっておくべきことと思っていました。

きっとみんなも私と同じで言いたくても言わないのだろう、あるいは、今の若い人たちを見ていると、もしかしたらもう、そんな批判精神すらないのかもしれないと思っておりましたから、貴殿のこのたびの堂々たる会社批判には少なからず勇気づけられています。

本音で言えば会社の実態というのはそういうものなのでしょう。その本音が隠れているところに大きな問題があるというご指摘、まさに同感です。

（本社／五十代男性）

あのような原稿が出るに至った背景に何があったのでしょうか。私はまずそこに強い関心をもちました。通常よほどのことがない限り、内部批判を活字にするなどということはやらないものです。しかも、あなたはBPR推進委員の立場でそれをやった。ということは、もし火が出ているから煙が立つのだとしたら、そこまでしなければならないほど会社が危機的状況に陥っているのでしょうか。あるいはBPR推進委員会が真の意味での革命集団なのでしょうか。

あなたが列挙された問題点は、紛れもなく我が社が抱える体質的な問題だと思います。私も気心の知れた仲間とは、よくそういう話をしています。私たちは明らかに会社に対して不信感をもっていますし、今のままでは会社はよくなりっこないことも認識しています。でも、しょせん私はあなたの言う「評論家」の一人なのでしょう。自分の手を汚すことなど今までやろうと考えたことはありませんでした。

体質の問題というのは、みんな分かっているのに表だっては問題にしにくいものです。そうやって周りが配慮して黙っているから会社は立派な服を着ているつもりの裸の王様になります。もしかしたら会社の悪さの半分は黙っている社員のせいかもしれません。つまり、私自身の問題でもあったということです。

（営業／三十代男性）

「言ってもしかたがない」「やっても無駄だ」というようなあきらめは私の職場にも根強くあります。言ったところでどうせ上はコロコロ変わってしまうんだし、それなら下手なことをして叱られるより黙ってじっとしているのが得策ということなのでしょう。でも、私自身は本当にそれでいいのかと疑問に思っています。

あきらめるというのは、ある面で楽な部分があって「私は何もしないよ」と宣言しているようなものです。うちの職場では課長以下、管理職全般にそういうところが見受けられて、このままではいつまでたっても変わりようがありません。そうやって失点を出さないことで自分の身は守れるかもしれないけど、それで会社が死んだのでは元も子もありません。だから、ちゃんと話し合いたいと思うのですが、まともに話す相手がなくて私は職場で孤独です。

（生産／二十代男性）

当社の風土・体質問題について言及されたあの原稿は、みんなの気持ちをまさに代弁する内容だと思う。確かに私たちは、いろいろな場面で会社の将来を案じずにはいられないような問題に直面し、そのたびに上の人間にもっと実態を知ってほしいと願っている。改革を迫りたい気持ちをもっている。しかし、それをぶつける手段をもたないために、みんなの気持ちはなおさら冷えていたのだと思う。

今、こうして社員の本音が君の原稿を通じて吐き出され、見えない会社の実態があぶり出されることになって、そのことで少しでも上層部が認識を変え、何かの活動なり施策に反映してくれたらと思っている。しかし、もし彼らが問題の本質を読み取ることができなかった場合は、この問題に蓋をして君の行動だけが叩かれて終わる可能性がある。その意味では、経営が今の会社の実態をどう評価するか、君の本音をどう理解するか、私は注意深く見守りたいと思っている。
そうならないことを願っているが、もし君が指弾されるような事態になれば、私はそれを問題にする心の用意をしているということを伝えておきたい。

（開発／四十代男性）

ＢＰＲ推進委員会が発足した時、凝りもせず会社はまた同じ失敗を繰り返すのかと冷ややかに見ていました。いつも改革の推進メンバーといえばそれなりの優等生が選ばれて、自分たちは汗をかかずに「人にやらせる」ことにエネルギーを注ぐというのがお決まりのパターンです。よく言えばスマート、悪く言えば中身が何もない。忙しいんだから仕事の邪魔になるだけの改革なんかやってほしくないというのが本音でした。

そういうわけですから、ＢＰＲ推進委員の瀬川さんの本音むきだしの記事を読んで、今度の活動は今までと違うのかなと、ちょっと期待をもちました。もっとも、ここまで問題を突きつけられると、こっちも他人事では済まなくなるわけですが、それでも遠隔操作で自己満足されるよりはましだと思っています。

（開発／二十代男性）

手書きの手紙を社内便で送ってきた社員もいたし、「自分も話し合いの場をつくりたいと考えていた」という電話もあった。そんな『開発だより』の文章をめぐってのやりとりの中で〈みんな自分の気持ちを伝えたがっている〉と瀬川は思った。

寄せられた意見は思った以上に前向きなもので、むてっぽうに見えなくもない瀬川の呼びかけの底にある思いを理解して励ましてくれたことも心強かった。二十代、三十代の若い社員ばかりではなく、中堅以上の世代が真剣に受けとめていることも心強かった。

経営会議でその投稿文が取り上げられるらしいと山沢の口から知らされたのは、ちょうど小野田と二人で、寄せられた意見をまとめて『開発だより』に第二弾を載せようかと打ち合わせを始めた時だった。

〈経営会議で、何で？〉

瀬川にはピンとこなかった。

〈推進委員という肩書きを勝手に使ったのは確かにまずかったかもしれない。でも、あの委員会のようなことを続けてたんじゃ、みんなの気持ちが離れてしまう。本当の意味での改革を問うためには他に方法がなかったんだ〉

それは自分に対してのみ説得力をもつ言いわけだった。

山沢によると、どうやら営業担当の篠宮専務と購買担当の小池政蔵常務も『開発だより』を読んで坂巻常務のところにクレームを入れたらしい。

紺野から、一緒に経営会議に出て説明するようにと話がきたのはそれからまもなくのことだった。

〈経営会議で説明？〉

そこまでは考えていなかった。今まで意識したことがない上層部の圧力のようなものを肌に受けて、ようやく事の重大さに気づいた瀬川はうろたえた。

「ご迷惑をおかけしてすみません。ですが……」

少しだけでも自分の気持ちを伝えようとしたが、紺野の態度は取り付く島もない。

「ここで私が聞いてもしかたがない。後日、経営会議でみんなに分かるように説明してくれればいいんだ」

まともに視線を合わせようともしないで紺野は瀬川の言葉を遮った。その瞬間、あたりの音が消えた。

自分はいつの間にか弾き出され、もう手の届かない遠いところで会社は回っている。

その夜、瀬川は、子供たちを寝かしつけた妻の美保子と二人で遅い夕食をとっていた。瀬川の帰宅がどんなに遅くても、美保子は必ず待っていて一緒に食卓を囲む。美保子とは社内結婚であるし社宅住まいということもあって、その日にあったことをお互いに話していても自然に会社の話題になることが多かった。

しかし、その日の夕食は静かだった。夫はいつもと違って口数が少なく、何か考えごとをしながら黙々と口を動かしている。会社の状況が芳しくないことは家計を預かる身として知っていたから、美保子はあえて聞かなかった。

「疲れてるみたいね」

それ以上は言おうとしない妻のようすに気づいた瀬川は「そうじゃないんだ」とつぶやいた。首をかしげながら片付けに立ったふだんと変わりない妻のようすを見ると、ようやく気持ちも寛いできて、瀬川はその背中に向かって事情を話し始めていた。

「そうなったらなったで、その時に考えましょ。私もまだ若いし元気だし、もう子供たちも小学校だし、何とかするわ」

「いや、そんな心配はしなくていいよ」

そう言いながら、もしかすると本当にそういうことになるのかなという思いがチラと瀬川の頭をかすめた。

型破りな男

九四年の夏、瀬川俊一は開発業務課で残業の毎日を送っていた。

生産部門と同様、厳しい要員削減の対象となった開発部門は、もともと少ない人数がさらに減員となり、なかでもスタッフ部門の人数は半減していた。

帳票類の締め日が間近にもなると全員が夜遅くまでデスク作業に追われる。そもそも省人目標は、システム化による事務の合理化が前提になっているのだが、実態は各課に一、二台の端末があるだけでパーソナルＯＡにはほど遠く、課員の大半が毎月多くの時間を事務のハンド作業にとられていた。

八月ももう半ばを過ぎているというのに相変わらず真夏日が続いている。その日は珍しくみんな八時前には仕事を切り上げ、部屋では、係長の瀬川と部下の水野だけが残って会議用の資料のデータを整理していた。建物内は節電で七時にはエアコンが切れる。

「今日は、うちわを使う前に帰ろうや」

瀬川は昨日の暑さを思い出して、すでに八時を回っている壁の時計を見た。

そのときドアが開いて、聞き慣れない低い声がフロアに響いた。

「やあ、君たちだけか。遅くまでご苦労さん」

「山沢部長、どうしたんですか。きょうは何か？」

「いや、ここんとこ残業続きのようだから、今日は暑いし、部長も誘ってビールでもふるまおうかと思って来てみたんだ」

人事部の人間が開発フロアに来ることはほとんどない。若い水野は山沢をあまりよく知らないようで怪訝な顔をしていた。

「昨日なら、誘うのもためらわれるほど大勢が遅くまで残ってたんですけどね」

「いいよ君らで。もう終わるんだろ」

気まぐれで来たんだからと山沢は、顔見知りの気安さで二人を誘った。

ヨコハマ自動車部品に入社した瀬川が最初に配属されたのは人事部である。その時、工場の労務課長だったのが山沢で、四年間、瀬川はその配下にいた。その後、瀬川は営業に移り、営業から開発に移ったのだが、ラインのほうが性に合うのか、いきいきと仕事をしているさまが社内報の座談会などで目にする彼の発言からもうかがえ、〈らしいな〉と山沢は時折、思い出していた。身近に話をするのは五、六年ぶりである。

人事部での瀬川俊一は折り目を嫌って伸ばすようなその性格から、必ずしも適材とはいえなかった。頭揃えで粛々と統制的に動く人事の体質は、明らかに瀬川をもて余した。しかし、そのぶん瀬川は山沢に強烈な印象を残していた。

あの部署対抗のソフトボール大会での出来事を山沢は忘れていない。それは瀬川という人間を垣間見させられた一件だった。

昔、ソフトボールをやっていた山沢が指揮をとるようになってから、工場労務課チームはしだいに上位争いに加わるようになっていた。工場近くのグラウンドで練習もすれば、いっぱしの作戦会議も行う。メンバーや守備位置も周到に検討し、さらに相手チームに合わせてシフトを変えるという策まで凝らして、チームを上位グループに導いたのが山沢だった。

しかしその年は、新入社員を多く採ったこともあり、山沢は思いきってチームの若返りをはかった。毎回の山沢采配に「またか」というマンネリ感もあって、そろそろ新境地を開くタイミングでもある。山沢は、思いきって若手七割、古参三割のメンバー構成にし、さらに大胆にも新入社員の瀬川に監督を命じた。瀬川は最初こそ驚いた顔を見せたが、謙遜もせずに「分かりました」とチームの監督に納まった。

「最初の対戦相手はエンジン工場か。あそこは打つからディフェンス強化策だな」

試合の前日、ミーティングを兼ねて景気づけに飲み屋に繰り出した労務課チームは、あれこれと作戦を思い巡らせ、みんなで監督気分を味わいながら遅くまでしたたかに飲んだ。時計は午前二時を回っていた。

そして当日の朝、若い者に示しがつかないと、山沢はろくに寝ないでグラウンドに駆けつけた。ところが、集合時間の七時になっても誰も来ない。眠そうな顔で一人、また一人と遅刻者が姿を見せ、監督の瀬川を一番最後にメンバーがすべて揃ったのは七時四十分だった。

〈いい若いもんがだらしない〉

ストレッチのあと、軽くキャッチボールとバッティング練習をして、あわただしくサインの打ち合わせをしたところで開始時間の九時になった。試合は工場チームの攻撃で始まった。

エンジン工場のバッターは初球から勝負に出て、プレイボールと同時にいきなり快音が響いた。鋭いボールがバウンドしてサード方向に飛ぶ。瀬川が叫んだ。

「課長、前、前！」

サードを守るのは、一目置かれたベテランの山沢である。しかし、出足が立ち遅れ、バウンドの目測を誤った山沢はボールを大きく弾いてしまった。あわてて外に逃げたボールを追うのだが、睡眠不足がたたっているのか足が思うように動かない。だらだらと追いかけて、手にしたボールを投げようと向き直った時には、すでにバッターは三塁を回り、ホームベースめがけて走っていた。サードゴロでのランニングホームランである。相手ベンチは、思わぬ棚ボタのポイントに躍り上がって歓声を上げた。

続くバッターがセカンドまで進み、ピッチャーゴロで三番打者が凡退し、四番、五番が打って一人帰ったあと、どうにか二人を押さえたところで一回表の攻撃が終わった。

〈今日はスロースタートだな〉そう思いながら、照れ笑いを浮かべた山沢が最後にベンチにたどりつくと「課長、交代してください」と、真顔の瀬川が告げた。

「え、何言ってんだ。まだ始まったばかりじゃないか」

「最初が肝心です。あんな気のないプレーじゃ困ります」

「あんまり寝てないし、朝早かったからエンジンのかかりが遅いだけだよ」

「だから代わっていただきたいんです」

瀬川は毅然と言い渡した。部下だろうが監督は監督である。

「冗談じゃない。一回ぐらい打たせろよ」

「だめです」

本気で押せば引くと思っていた瀬川が譲る気配をみせないから、山沢もむきになった。

「今朝だって、時間を守って七時に来たのは俺だけだぞ。やる気がないのは君らのほうじゃないのか」

「そんなの今のプレーと関係ないでしょう」

別にいいじゃないか、社内試合なんだからと思っても、瀬川は引かない。ぐずぐずもめていると、しびれをきらして審判がやって来た。審判をしているのは現場の工長である。

「どうしたんですか、早くしてください」

相手チームは守備について、何事かと様子をうかがっている。みんなの手前、労務課長がごねて試合を滞らせたのではみっともない。しかたなく山沢は瀬川の指示に従ったが、腹の虫が納まらず、自軍のベンチを離れて相手チームのベンチに座り込んだ。

もめたこと自体はどっちもどっちである。しかし、山沢は上役でしかも労務課長である――。その時は、大人げなく監督瀬川の采配にヘソを曲げ〈あいつは心得違いをしてる〉と怒りが鎮まらなかった。

ただ、あとになって考えてみると、新入社員の分際で有無を言わせず課長をはずすというのは並みの神経ではなく、彼の存在は〈**型破りな男**〉として山沢の心の奥底に残っていた。

十数年たって、偶然、また一緒に酒を飲んだその日「最近みんなのようすはどうかな」と水を向けた山沢に「上の人は現場がどうなってるのか、ちゃんと話を聞いたことがありますか。スクリーニングされた情報は耳ざわりはいいけど、あれじゃ判断材料にはなりません。ちゃんと実態をつかんで適切な手を打たないと今のままではまずいですよ」と瀬川は真剣な表情で言った。

〈変わってないな、変わらずにいたな〉

うなずきながら話を促して、意識的に山沢は聞き役に回っていた。

そして、暑かった夏も終わりを告げた九四年九月、瀬川は突然、山沢とともに新たに設置されたBPR推進委員を命じられた。

改革政権誕生

九四年四月、伊倉忠文がヨコハマ自動車部品の社長に就任した。

バブル経済崩壊後、日本の自動車産業は出口の見えない不況に突入していた。完成車メーカーは円高、価格破壊の大波にさらされながら、ゼロ成長に耐えるため、量産時代のぜい肉を削ぎ落とし、一斉に重い経営構造を転換し始めた。そして、その後も狂ったように円高が進むなかで、収益を圧迫されたメーカーはさらに海外生産に重心を移し、部品・部材の海外調達比率を高めて、生き残りをかけたコスト競争を繰り広げていた。

グローバルに展開されるメガ・コンペティション（大競争）は国内論理に容赦がない。競争環境が厳しさを増すにつれて完成車メーカーは、かつてリスクを共有し、運命共同体として支え合ってきた〝系列〟との関係をふりほどき始めた。めまぐるしく変化する環境に対応するためには、しがらみの糸を引きずる裾は足手まといになる。完成車メーカーがグローバルビジョンをより鮮明にし、完全に視座を世界に据えた九〇年代は、これまで囲い込まれるように裾野を形成してきた系列の部品メーカーも、対等なパートナー企業としての〝**強さとスピード**〟**が経営に求められる**ようになっていた。

系列という名の下請け企業もまた、経営の前提そのものの転換を迫られ始めたのである。

「この状態で一〇％の価格引き下げ？」

売上高一〇五〇億円、一六〇〇人の従業員を抱える一次下請けのヨコハマ自動車部品にも、筆頭株主である完成車メーカーから傷口に塩を塗られるような過酷な要求が相次いだ。

原価低減は完成車メーカーにとって至上命題となっている。海外との価格差を念頭に、親会社からは大幅な原価低減を要求され、その一方で受注は減り、単価ダウンに加えて、バブル期に矢継ぎ早に投じた設備投資の償却負担がのしかかる。全取引量の八〇％を占める完成車メーカーとの長期継続的な関係を足場に、その上にがっちりと体制を組んできたヨコハマは、なまじの規模をもつだけに横波に弱かった。

会社は九二年から目に見えて業績が悪化していた。

しかし、手近な人と賃金に手をつけただけで抜本的な改革に手が入らないまま、九三年にはとうとう赤字に転落した。それだけではない。部門ごとに数字を割り当てて、単純に頭数を減らす機械的な人減らしを行い、ボーナスカットに続いて、賃金にも手をつけたところで、前社長が突然の心臓発作で緊急入院し、一週間後に帰らぬ人となってしまった。

完成車メーカーの専務だった伊倉が急きょ社長に就任する、それはゴタゴタのさなかの交代劇だった。

「経営の立て直しと信用の回復」が伊倉に課せられた使命である。

伊倉は、一刻も早く低下している生産設備の稼働率を上げて製造のコスト削減を進めること、間接部門をスリム化し、生産と営業、開発にウエイトを置いて要員を投入すること、それと並行して、ソフト面の経営基盤である風土を改革することを至急の課題として打ち出した。全社的な方針は「自主独立経営への改革」である。

そして伊倉自身も、何かしなくてはという思いで社員との対話を開始した。直接、**社長が社員の声を聞く**ことで、冷えきった上下の関係を改善したいと思ったのである。

伊倉は三か月の間に、六十人以上の社員と話をした。

もともと改革に対して積極的な姿勢をもつ伊倉は、今までいた完成車メーカーでも可能な限り改革に向けての努力を行ってきた。ハード面での施策はそれなりにやってきたと自負している。しかし、肝心の社員の積極的協力を引き出すことができなかったのが心残りだった。結局は、人のやる気を引き出すことが改革のかなめだと経験から知らされていた。

管理部門で相談して人事部長がお膳立てし、週一ペースで始まった社長対話には、一グループ七、八人、部門単位で各部に横串を通すかたちで主任以上、課長以下のメンバーが集められた。

人事部長の矢崎修造は、かつて自分がいた工場の労務課にも相談しながら慎重に代表メンバーを選んだ。人事のやり方に批判的な者や考え方、見方に偏りがありそうな者、問題意識の強い部長のカラーを受け継ぐ者はとりあえずリストから除外する。人選に横槍が入るのを嫌って各部には事前に相談せず、あくまで人事の決定を依頼書として部長あてに通達した。

「人事が何かやってるみたいだな」

社長の意思で始めた対話も、社員にはその程度にしか受け取られていなかった。

対話は十二階の役員会議室で社長を囲んで行われた。司会は人選にあたった矢崎が行い、その脇に書記の人事課長が控える。集まったメンバーは、これまで社長と直接話をしたことなどないうえ、重々しい調度の敷居の高い部屋で、どことなく落ちつかない。しかも、会社の良識を体現しているかのような人事部長が場を取り仕切っていることもあって、場には否応なく緊張感が漂った。

「これは腹を割ってみなさんと話したいという社長の希望で設けた場ですから、今日はみなさん、日頃感じていることや言いたいことをざっくばらんに話してください」

顔は笑っているし、口調は穏やかなのだが、どこか威圧感がある。どうぞ話してくださいと言われても、人事の人間がピンと耳を立てて聞いていると思うと不用意な発言はできない。といっても、それなりの人選はしているから「苦しいけど、ここが頑張りどころ」「改善目標を立ててコスト削減を進めている」「納品のリードタイム短縮が大きな課題」といった優等生の発言が、あたかも本音であるかのように語られた。

人当たりのいい伊倉が「仕事の中で問題を感じてることはない？」と気軽に尋ねても「今の状態が状態ですから」「問題はたくさんありますけど、大事なのは一人ひとりが自分の職務に対してどう最善を尽くせるかということだと思います」と、やりとりにならない紋切り型の答えが連らなるのみだった。

そうなると伊倉は伊倉で、少しでも自分からみんなに働きかけようと話を始める。日本の部品メーカーの置かれている状況や自動車メーカーの動向について説明し、ヨコハマ自動車部品がこれからどうやって生きていくか、会社がどうあれば社員は幸せかといった話を熱っぽく語る。タイミングをみて、司会・進行に徹する矢崎が話を盛り上げようとして

「社長の改革に対するお考えを聞かせてください」と水を向けると、さらに伊倉の舌は滑らかになって、終わってみれば対話はいつも社長の独演会だった。

「みんなの反応はどうなんだろう」

三か月ほどたって対話がひと区切りした頃、経営会議の席で坂巻は部門長たちに投げかけた。

「社長の話を拝聴してるらしいですね」

「若い社員は社長が身近に感じられるようになったんじゃないかな」

「直接、社長の話を聞く機会があるというのはいいことですよ」

「議事録を見たけど、もう少し突っ込んだ話になってもよかったんじゃないかな」

最後に開発担当常務の川久保隆が言った言葉が頭に残った。

もしかしたら社長が期待したような場にはなっていないのかもしれない。

〈矢崎だからな、そうなるか〉

会社はこれまで社長と社員の対話などやったことがない。坂巻にしても、どうしたものか勝手が分からなくて、とりあえず人のとりまとめに慣れた人事部に任せることにした。矢崎がどう仕切るか少し気になってはいたが、何しろ初めてのことで、それ以上は想像が及ばなかったのである。

一方、伊倉は、どこか不完全燃焼の後味が残る対話に物足りない気持ちを抱いていた。

「やっぱり相手が社長となると、我々が考えてる以上に緊張するものなのかなあ。意識しすぎというか言葉を選んでるというか、なかなか固さがとれなくてね。僕の話なんかは、けっこう関心をもって聞いてくれるんだけど、自分の発言になると建前が出てくるんだよ」

上着を脱いでくつろいだ姿勢の伊倉は、自分が描いたような場にならなかったことに首をひねって坂巻にこぼした。

「別に難しいことじゃない。話をするだけなんだけどね」

「簡単なはずのことを複雑にしてしまう。人事部にやらせたのがまずかったのかもしれません」

今の人事部の体質では、改革の推進役はやはり無理だと坂巻は悟った。

会社は依然、厳しい状況に置かれているにもかかわらず、一丸となって乗り切ろうという気運の盛り上がりはなく、社長対話も不発に終わって改革に手がつかなかった。伊倉が力説している改革も、ピラミッド型の組織で分担別にそれぞれ翻訳されて各部に降りてくると、既存業務の「見直し」「刷新」「合理化」「徹底」と魂の抜けた課題になってしまう。社員が身を粉にして働くばかりで、組織のふるまいは簡単には変わらなかった。

〈どのように改革を推進していけばいいのか〉

大きな一つの問いが組織の前に横たわっていた。

先の社長対話の失敗で、坂巻は改革という管理・運営とは性質の違う活動を実践できるセクションが存在しないことに気づき、その必要性を感じ始めていた。そして、頭の中で立ち上がった一つのプランは、強まる夏の日差しが落とす影のように、日ごとに輪郭を鮮明にしていった。

直轄の推進セクションを新設する。自分の管轄内だから機構上は管理部門の中にあるが、活動は教育や研修の範疇ではなく、企業の改革を目的にした独自のカリキュラムにそって動く。人事、総務とは切り離して、今までの殻を破って組織に新風を吹き込む……。

しかし、初めからその活動に専従する特定の〝部〟や〝室〟をつくることはためらわれた。組織というのは、つくられた瞬間から、冠した名前に準ずる役割を背負い込む。誰もやりたがらない仕事の場合はなおさらだ。なまじ業務改革推進部だの企画室だのをつくってしまうと、仕事はすべてそこに押しつけられて「あなた任せ」になってしまう。

そういう事態が容易に想像されるから、坂巻は部や室を設置しないで委員会方式を採ることにした。それなら名前にとらわれることもないと、付けた名称は『BPR推進委員会』である。

委員はすべて兼任にして、委員長は自分がやろう。人数はあまり多くないほうがいい。数よりも質だ。

その結果、もともとは企画畑の人間である経理部長の紺野清則、営業にも明るい人事部企画・研修担当部長の山沢秀治と、二人の部長が最初にまとめ役として選ばれ、彼らが推薦した二人ずつのメンバーを加えて、計七名の委員会が発足した。

紺野は、いかにも紺野らしく、出世コースを歩む経営企画部の山根課長と営業部で評価の高い西堀係長の二人を選んだ。一方、山沢が選んだのは生産技術企画課の課長になったばかりの石原と、そして瀬川である。瀬川に比べるとおとなしいが、石原もまたはっきりものを言う男であった。

BPR推進委員会始動

九月の中旬。初めて委員たちが顔合わせをした日、BPR委員会は最初の会議を行った。

委員長の坂巻は、会議の冒頭で「これといった下敷きもないし、今はまだ真っ白な状態だ。でも、今度の活動は一部の人間がリードするのではなく社員も一緒にやる内容のものにしたいから、みんなで話し合って柔軟な発想でプランを考えてほしい」と念を押すようにみんなに言って退席した。

初回でもあり、頭の中には何の絵もないから、メンバーはブレーンストーミングスタイルで意見を出し合うことにした。進行役は副委員長の紺野である。

「やっぱり、委員会の仕事が机の上だけの仕事になるのはまずい。だらだらと議論ばかりするのはやめて実践のほうを重視しよう」

「どこをどう改革していくのか、とりあえず活動のフレームづくりをしないとね」

「BPR推進委員会というからには、いちおうリエンジニアリングに関する勉強が必要なんじゃないでしょうか」

「社員のやる気とか能力を引き出すことを考えると、今のような人事制度ではだめだろう。まず人事制度を見直す必要があると思うよ」

「そういう意味では、今の機能別組織も時代に合っているとはいえない。よそのメーカーもどんどんやってるし、うちも早く事業部制にしなくてはいかんでしょうね」

「具体的な話で言うなら、このところ不具合がますます増えてきていますよね。これなんか、たとえば検査部を強化するといった組織面での対策が必要な気がします」

「それと関連する問題ですが、メーカーからの苦情の電話がやたらと多くて設計者が対応に追いまくられています。いっそのこと苦情を集中的に処理する部署をつくってはどうでしょうか」

ブレストらしく話題は四方八方へと広がった。

全体としてみると、副委員長の紺野に代表される意見は、制度の話を中心にして個別的、具体的ではあるが、その半面で「何のために改革をやるのか」といった活動の根本を問う視点は欠けていた。逆に、山沢などは「企業を改革するとはどういうことか考えよう」と活動の理念や姿勢を重視したが具体性は乏しかった。

しかし、委員会の活動プランの話になると議論もより具体的になり、その日のうちにメンバーは大まかな活動内容の輪郭を決めた。

一、社員の意識に関する社内アンケートを実施すること。
二、実態を把握するために手分けしてヒアリングを行うこと。
三、人事制度を変えるために他社の事例を調査すること。
四、社員の行動指針をつくる準備を始めること。
五、社員を活動に巻き込むための具体的な方法を考えること（たとえば各職場に責任者を置くなど）。

「まあ、そうは言っても我々は業務の合間にやるわけだから、あまり気負い過ぎないようにやろうや」

半日以上も話し合ってさすがに紺野も疲れたのか、それぞれの分担を決めたあとは気軽な口調でそう締めくくって、一回目の委員会は終了した。

その翌日から瀬川は早速、時間をみつけてはヒアリングを始めた。委員の仕事だからというより、やる以上は浮いた活動にしたくない、みんなと接点をもちながらやりたいという気持ちだった。

しかし、足を運んだ先々で瀬川を待っていたのは社員の冷ややかな反応だった。

「トップとスタッフの満足のために、かたちだけの活動をやらされるのはもうごめんだ。君も営業にいたんなら現場が大変なのは分かってるだろ。こっちには、そんな暇ないんだよ」

「なぜ、いつも社員にばかり変われ変われと押しつけるんだ。会社がおかしくなったのは経営陣の責任だろ。前におまえも言ってたと思うけど、推進委員会が本気で改革を考えるなら、役員層の意識改革が先じゃないのか」

顔見知りの人間は本音で話す。体育会系で一直線ではあるけれど、瀬川が上にすり寄ったりする人間でないことはみんな知っている。それだけに、瀬川が背負った推進委員会に向けて出てくる言葉は辛辣だった。「うちは来なくていいよ」アポイントを取ろうと電話をすると、はっきりそう言う部長もいた。

改革のベクトルをつくり出す以前に、会社と社員の間に**深い意識の溝**がある。それは瀬川自身、以前から感じていたことでもあったが、あらためて多くの口から聞かされると、その関係の修復なしに改革を進めるなど到底おぼつかないことを思い知らされた。

〈よその会社はどうしているんだろう〉

瀬川が行う他社リサーチは、そんな疑問を頭の隅に置きながら進められることになった。

瀬川が訪問したのはマスコミで脚光を浴びている組織風土・体質改革活動の〝優等生〟

企業、いずれも名だたる大企業ばかりである。面会を申し込むと、業務改革推進部、経営企画部、ＢＰプロジェクト推進室、経営改革推進部、人材開発部といった主管部署の部長クラスの推進責任者が応対してくれた。

予算こそ聞かなかったが、会社によっては大手のコンサルティング会社が入って全社活動の基本プランを設計し、活動をサポートしているようである。委員会によるプロジェクト型だったり、ＣＩ活動や周年事業と抱き合わせた全員参加型だったり、それぞれ形態に違いはあるものの、事務局を据えて活動を管理・推進する体制や、理念づくり、制度の改革を伴う改革プラン、展開プロセスなどはだいたい似たようなものだった。

「ムダな仕事は目に見えて減っていますね。それに『社員の行動規範』をつくった効果もあるんでしょうけど、職場の会議でも若い社員の発言が増えて、全体の風通しはずいぶんよくなっています」

やはり一年半前から、活性化推進部を新設して全社一斉の活性化活動を行っている取引先の推進部長は自信ありげに語ってくれた。

この取引先の会社では、幹部社員以上がテーマ別のプロジェクトチームをつくって「現状の問題点の整理・分析」、「長期ビジョン・経営計画の策定」、経営基盤の整備を狙う「組織・人事制度の見直し」、そして社員の意識・行動改革の指針となる「行動規範づくり」を一年半にわたって検討し、経営改革案の骨子をまとめ上げていた。そこから施策別に具体化案を練りみてみれば、最終的に実行するまでには、さらに一年をかけるという。ヨコハマ自動車部品にしてみれば、ため息が出そうなスケールだった。

圧倒された瀬川に、推進部長は「もちろん、それは永続的な課題ですが、風土を活性化するということは、すなわち既存の事業やそれぞれの事業部の事業戦略を見直し、企業としての将来に通ずる成長軌道を見つけるためでもあります。我々の活動は、そこに向かうことを狙いにしているんです」と誇らしげに語った。

〈やっぱり、そういうやり方がいいのかなあ。それにしても社員は本当にやる気になってるんだろうか〉

どこもすごいが、後味として社員の姿が見えていない気がする。

給料日のたび、ボーナス期のたびに、貧乏会社の社員である不幸を身に染みて感じていた瀬川は、金持ち会社の社員の気持ちはまた違うんだろうか、と思ったりした。

後日、先に訪ねた取引先のメーカーに出入りしている自社の営業の人間と一緒に、先方の営業や購買部門の若手社員と懇親を兼ねて会った瀬川は、あの活性化活動を社員がどう受けとめているのか、話を聞く機会を得た。

「この忙しいのに職場でミーティングをやれとか、活動プランを出せとか、大変ですよ」

「彼らも仕事だからね。推進部の言ってることも分からないわけじゃないけど、**一方的にやらされる**ほうはたまったもんじゃないですね」

感想はいたって素っ気なく、あの推進部長の話とは一八〇度違って、まるで他人事のような口ぶりだった。

社員は「ごく形式的な」アンケートに答え、各部門を代表する優等生社員が役員との意見交換の場に「引っぱり出され」、お金のかかった立派なビジョンブックを「もらい」、とどめに行動規範を配られて「指針だ」と押しつけられた――総合すると、盛りだくさんのプログラムの一部が頭上をかすめていっただけらしい。

「活動をやることで意識の変化はありました？」

「そんなの変わりっこないよ。上が変わらないんだから」

「事務局や上層部が熱くなるほど社員は冷めるというか、彼らの問題意識は『社員を変えなきゃ』なんだ。あの棚上げ思考はこっけいだよね」

「氷山の上でマッチ一本すったようなもので、構造体はびくともしないってとこかな」

双方の声を生で聞いた瀬川には、満足げな推進部長と一般社員のはなはだしい意識の乖離がショックだった。

〈これは道を誤っちゃまずいぞ〉

少なくとも、やってはいけないことだけは分かったような気がした。

自分のためにやる改革

九月に推進委員会が発足してから三か月が過ぎていた。早いもので、もう冬である。

一か月ぶりに招集された推進委員会では、メンバーが手分けして行ったヒアリングと他社リサーチの結果をそれぞれが報告し合っていた。

他のメンバーは瀬川ほどには精力的に動いていなかったが、各自が一、二社程度でも全員が集めたものをもち寄るとけっこうな数のサンプルになる。

「こうしてみると、どこの会社も改革と名のつく何かしらの活動をやってるもんだな」

みんなが報告し終えたところで誰からともなく声がもれた。ため息だ。

「そうですね。でも似て非なるものというか、中身はまちまちですね」

「新聞や雑誌で紹介されているのは案外、見かけだけなのかもしれないな」

「いや、やるところはちゃんとやってるだろう。この報告書なんか見ても、押さえるところは押さえられてて密度が濃いしね。だてにお金をかけてるわけじゃないさ」

「でも、その会社に私の大学の同級生がいるんですが、この前、同期会で話を聞いたらこれが全然、話が違うみたいですよ」

報告書や企画書の立派さに感心する者と中身を問題にする者、それぞれ関心の焦点は違ったが、総じて、すぐに参考になりそうなものはないなというのが、とりあえずのみんなの感想だった。あったといえば大きな収穫があったのかもしれないが、集めた事例からは自分たちもやってみようと共感できるような活動のヒントは見つからなかった。

そのなかで「こんなものがあったよ」と山沢がみんなに回した雑誌があった。家からもってきたらしく、日付を見ると一年前である。付箋が付けられたページを開いたところで、瀬川の目を釘づけにしたのは『**やらせの活動では風土は変わらない**』というインタビュー原稿だった。

インタビューに応えている無邪気な笑顔の人物は、大手機械メーカー、等々力精機の部長で名前は三村芳郎、肩書きは「風土改革世話人」と記されている。

バブル期を通じてやみくもに事業の多角化を進め、不採算事業を抱えて業績を悪化させた等々力は、主力製品分野でのシェアを一気に落として赤字に転落した。業界では一時、外資系への身売り話もささやかれるほど危機的な状況に陥っていたが、一転、不死鳥のように蘇って世間の注目を浴びた。

しかし、その再起の陰で生き残りを賭けた風土・体質改革が進行していたことはあまり知られていない。トップ交代のあとの大胆な戦略転換や大々的なリストラ計画、事業の整理、施設の売却といった目に見える施策が報じられることはあっても、水面下で展開されるもう一つの活動については等々力自身、口を閉ざしていた。そして、日本経済の動乱とともに企業社会全体が大変革の時代に入ると、等々力の復活劇も新たなページの下に隠れて見えなくなった。

等々力の風土・体質改革はどのように展開されたのか――。他のメンバーはさして気のないようすで記事を眺めていたが、瀬川には瞬間的にピンとくるものがあった。

委員会が終わって席に戻った瀬川は、すぐに等々力精機に電話をした。

山沢を誘って、瀬川が東京・西新橋にある等々力精機本社に三村芳郎を訪ねたのは、それから数日後のことだった。

三村は受付ロビーに一人で現れた。応接室に二人を案内した彼はテキパキと飲み物の希望を聞いて注文し「寒いなかをようこそ」と陽気に言って座り直した。中肉中背で七三に分けた髪にも肌にも張りがある。姿勢が良くて、まっすぐな背筋の奥から湧き上がるような声が快活に前に出る。五十代半ばぐらいか、今まで会った多くの企業の担当者とは目の輝きが違うのが印象的だった。受け取った名刺の所属は人事部・担当部長付で、部下はいないらしかった。

二人は近年の会社の状況をざっと説明し、できたばかりのBPR推進室で活動をどう進めたらいいか悩んでいると打ち明け話をした。その間、三村はイメージを描いているのか、視線を一点に据え「うん、うん」と相槌を打って聞いている。

瀬川が訪問したいくつかの会社のように、等々力も過去に何回か、外部のコンサルタントを導入して大がかりな活性化活動を行った。しかし、いずれも典型的な押しつけとノルマを原動力とする改革〝運動〟であり、当然のことながら活動が終わるとぷっつりと火が消えて、何もなかったかのように元に戻ってしまう。といっても、戻ったかに見えて実際には、エスカレートする〝やらせ〟に社員の不満が蓄積していき、会社に対する不信感が膿のようにたまっていった。

「往々にしてトップダウン型の活動では、推進側のシナリオにそって決められたとおりにやることを一方的に社員に押しつけます。なまじ推進者はトップのお墨付きがあるから、やらせるのが自分たちの仕事と思って、相手の気持ちにお構いなくガンガンやるわけです。そうすると、やらされる側はたまらないから、つじつま合わせや嘘の報告で自己防衛して〝やったふり〟をする。推進部署が義務感でよかれと思ってやればやるほど、社員の気持ちは離反していくんです」

瀬川は三村の言葉を聞いて取引先の社員の話を思い出していた。

「そう、社員のほうは冷めた目で活動を見てる。なぜかというと、一方的にやらせる活動では、どうしても『やらせる側』と『やらされる側』の対立構図になって、みんなが一緒にやろう、自発的にやろうという気持ちにならない。だから、上から見れば〝笛吹けど踊らず〟になるわけです。でも、そのことに気づかないこと自体、すでに上は組織の実態が見えなくなっているわけで、一番怖いのは、いざ動かそうとしても思うように動かない、組織が一種の機能不全状態に陥ってしまうことです。言いたいことが言えない環境の怖さはそこにあるんですね」

一時は死に瀕した組織のさまざまな断面を見てきた三村は、初対面の二人に対しても飾ることなく率直だった。

そして、二度と同じ失敗を繰り返すまいと固く心に決め、人事部で自ら手を挙げて「誰かのためにやるのではない、**自分のためにやる改革**」に踏み切ったのだと三村は語った。それは推進組織をもたずに〝やりたい者がやる〟という人の気持ちを大切にした異色の改革活動だった。

「もしそれをやるとしたら、どういうやり方をすればいいんでしょうか」

差し迫って答えがほしい二人が発した問いに、

「**会社が社員を変えるのではなく、社員が会社を変える**ということ、かな」

謎かけのような言葉を口にしてから、笑顔に戻った三村が助言をくれた。

「ＰＤ研究所という会社の長野靖行さんという人がいるから会ってみますか。私たちに新しい活動の考え方を示唆してくれた人で、私どもの活動はそのコンサルティング会社と一緒に手づくりで進めてきたんです。小さい会社ですけど、自分たちがやろうとしていることについての基本姿勢はしっかりしていますよ。といっても、風土・体質改革そのものがある面では未開発の分野ですから、ノウハウは私たちと一緒に少しずつつくり上げてきたんです。そういう意味では、まだこれからの会社ですけどね。これも何かの縁ですから一度、お会いになってみたらどうですか。私から連絡しておきますから」

思いがけない三村の提案に、そんな会社があるのかと興味をそそられた二人は「ぜひ、お願いします」と頭を下げた。

帰りの電車の窓ごしに短い冬の日が暮れていくのを見ながら、瀬川は三村の言葉を思い返していた。

「強制というのは気持ちをコントロールしようとすることで、じつは会社にとって自殺行為なんだよ」

おぼろげに瀬川が「やってはならない」と思っていたことは、どうやら間違っていなかったのかもしれない。そのやり方なら、もしかすると、すでに深まっている会社と社員の溝を埋めることができるかもしれない。

三村の話は、晴れなかった瀬川の疑問に一つの答えをくれた。しかも、ひょんないきさつから重病のヨコハマも、等々力が投じたのと同じ薬を手に入れることができるかもしれない。

〈でも、果たしてうちの会社がそんなものを受け入れるだろうか。聞いたこともない会社だし、会ったりして大丈夫なのかな〉

コンサルタントという人種には何度も期待を裏切られているだけに、瀬川の心境は複雑だった。

「しかし、やっぱり分からないなあ。事務局なしで、いったいどうやって活動を進めるんだろう」

同じように、三村とのやりとりを思い返して首をひねる山沢に、うなずきながら瀬川は目を閉じた。

経営会議の裁定

九五年五月、BPR推進委員会が活動を始めてから八か月もたつのに、これといって目に見える進展がない。このところ、紺野はそれを気にして落ちつかなかった。

もっとも落ちつかない理由はそれだけではない。委員会のメンバーは専任ではないから、考えるにも動くにも時間がかかるのはやむを得ないことだ。しかし、ただ一人、妙に意気込んで次から次へといろいろな提案をしてくる瀬川に対して、いつも自分は後手を踏んでいる。何かしら思いついては勝手に走っていく瀬川や山沢の勢いを止められなくて、紺野は苛立たしさを感じていた。

そんな時に『開発だより』の一件がもち上がったのである。

足並みが揃わないとは、常々感じていたことでもある。紺野は委員会で取り上げてみんなで何回か話し合ったあと、意を決して委員長の坂巻のところへ出向いた。今までは、委員会の合意の範囲だからこそ少しぐらい先走ってても目をつぶってきたが、今度の瀬川の行動は決定的にルールを無視している。委員会としては断じて見過ごすことはできない。今後のためにも、ここらではっきりさせておかねばと紺野は思っていた。

その直前には、紺野のかつての上司である購買担当の小池常務から「おまえのとこのBPR推進委員会は一体どうなってるんだ」と、すごい剣幕で電話があったばかりである。すでに、話はもれ伝わってあちこちで話題になり、めぐりめぐって小池の耳にも入ったらしかった。

小池政蔵は大株主の完成車メーカーからの出向役員ではあるが、もともと購買出身でもある。来てすぐにヨコハマ自動車部品の購買の顔となってからは社内で幅をきかせていた。あわてて飛んでいった紺野は、委員会とは無関係なその一件について小池に経緯を説明するとともに、推進委員会の副委員長の立場意識から「この際、きちんとけじめをつけておく必要があると私は考えております」と処分を匂わすようなニュアンスで話をした。

その小池から「篠宮専務もかなり立腹しているらしい」と聞き込んだ紺野は、さらに専務のところへも足を運んだ。

社長をはじめ大株主からの天下り役員が半数以上を占める会社にあって、プロパーで専務にまで登りつめたのが篠宮卓司である。営業出身で、現在の営業担当でもある彼は、有力な取引先からも確固たる信頼を得ている。もちろん、完成車メーカーにも独自の人脈をもち、ある部分で篠宮は社長以上の影響力をもつ存在でもあった。

過去に直属の部下になったことがないせいもあって、紺野はそれほど篠宮と親しいわけではない。しかし、社内での発言力も大きい篠宮が怒っていると聞いて、内心では百万の味方を得たような心持ちだった。そんなわけで、期待を抱きながら出向いた紺野だったが、意外にも篠宮は表情こそ険しいものの、最後まで小池のようにあらわな怒りの感情を見せることはなかった。

拍子抜けした紺野はしかたなく、瀬川のあの文章は委員会の承認なしで出されたものだと、事の経緯だけを説明するにとどめて帰ってきた。

一方、社長の伊倉は、坂巻から報告を受けていた。

問題の文章を一読した伊倉は、確かに役員についての記述など行き過ぎた表現が多いなと思った。しかし、それが事実として正しいかどうかはともかく、そういう感情を社員の多くがもっているという点については信じる気持ちになっていた。伊倉は瀬川が書いた文章の背後に、一年前の社長対話会では決してうかがえなかったが、今年四月の若手社員の**オフサイトミーティング**に顔を出して垣間見ることができた、社員の本当の気持ちを見たような気がしていた。

〈それにしても、ずいぶん玉砕的なことをやったもんだな〉

坂巻の話によると役員の間では相当、物議をかもしているらしい。社員感情を考えると、これ以上、役員層と社員の対立構図が鮮明になってはまずいと考えた伊倉は「ここは一つ、何らかのかたちでけじめをつけておいたほうが」と、同じように心配する坂巻の意見にうなずいた。

〈けじめは必要だな〉

定例の経営会議の席に瀬川を呼ぶという強硬な案が小池から出た時も、伊倉は黙って同意した。

経営会議の席に係長が呼ばれるというのは過去にあまり例がない。一時は震えるほどショックを受けた瀬川だったが、処分を覚悟してからは肚を据えていた。今だって後悔はしていない。山沢さんには迷惑をかけるかもしれないけど「俺ももうすぐ定年だ。少々、失点になったところでどうってことはないから安心しろ」と彼も言ってくれた。その言葉に甘えよう……。

その当日、押し黙った紺野と一緒に別室で待機している時間は、ずいぶん長く感じられた。

経営会議の席では、紺野があらためて問題の一件の経過を説明をし、瀬川はBPR推進委員会の委員長である坂巻の質問に答えるかたちで話をすることになった。

ズラリと居並ぶ役員の視線を受けながら、釈明とも謝罪ともつかないその場に運命を委ねる自分は、風が吹けば消し飛ばされそうに頼りない存在に思えた。

瀬川は、委員会の了解を得ないで原稿を書き『開発だより』に載せてしまったことについては、全面的に自分に非があることを認めた。しかし……。

「書かないではいられませんでした。とっくに会社を見限っているみんなの気持ちを取り戻すには、ああするしかないと思ったんです。実際、役員の方々は、私たち社員の気持ちをどこまで分かってくださっているのでしょうか。社員は誰も怠けようなんて考えていないし、朝から晩まで必死に働いています。みんな一生懸命がんばっているんです。にもかかわらず、経営状態は好転するどころか、むしろだんだん悪くなっているようにも見えます。**やってもやっても結果が出ない**で、何の甲斐もなくて、私たち社員がどんな空しい思いをしているか……」

「そういう話はいいよ、我々だって分かってる。今ここで、そんな話をしてもしかたがないだろう。それよりも、君が書いたような内容が社外に流れたら、それこそ君が指摘する我が社の経営状態がますます悪くなるとは思わないのかね。ヨコハマ自動車部品に対する取引先の信用だってガタ落ちだ。あれを見たら誰だって、ひどい会社だと思うだろう。それがもたらす影響がどんなものか、君は本気で考えたことがあるのか。それに内容も内容だ。いかにも天下ってきた役員が役に立たないような書き方をしているが、まったく役に立たないなんて、いったいどんな根拠で言ってるんだ」

気持ちを訴えようとする瀬川の話を、弁解はたくさんだとばかりにさえぎって、小池が強い調子で詰問した。

社長を含む十六名の取締役のうち、プロパーの人間は八名しかいない。大株主から送り込まれてきた役員たちにしてみれば、自分たちが名指しで批判の対象になっているのだからおもしろかろうはずはない。何人かの顔は明らかに小池の話に同調していた。

その後も、論理より感情のほうが先行ぎみの発言が続いて、しだいに場の空気を支配しつつあった。流れは明らかに瀬川にとって不利だった。

しかし、完成車メーカーから移籍してきた役員の中にも異を唱える者はいた。開発担当常務の川久保も、その一人である。

「株主であると同時に最大の顧客でもあるメーカーに対して、あの内容は確かに礼を失している部分がある。そのことはうやむやにすべきではないだろう。しかし、瀬川君にしてみれば、別に誹謗中傷をするつもりはなくて、あくまで社員の気持ちを代弁しようとしたわけだから、そこのところは我々も考えなきゃいけないんじゃないかな」

川久保は部長の時にヨコハマに来て、すでに十年がたっている。どこか鷹揚な性格と、信念に基づく指導力をあわせもった彼は、部下だけでなく対外的にも信頼される人物だった。

川久保の冷静な意見は、場の熱を取って流れを少し変えた。

それまで視線を落として聞き入っていた篠宮が、おもむろに口を開いた。

「まあ、そうだな。株主の神経を逆撫でするような行為は確かにまずいと思うけど、別に会社ぐるみでどうこうしたというわけじゃないんだし、株主がこの程度のことで目くじら立てて怒るとは思えんよね」

真意を探るように一瞬、みんなが沈黙したところで、伊倉が言葉を継いだ。いつもの落ちついた口調だった。

「こういうかたちで内情が外部にもれることについては確かに問題がある。あらぬ憶測を呼ぶことになっては会社にとってマイナスだ。それに、あの文章の表現自体も、事実誤認を含めて行き過ぎのところがある。自分だけの判断で委員会の了解を得ないで出したことについても、それこそ委員会内部の相互不信を招くことだし、彼の行動に軽率な部分があったことは否めない。そのことは瀬川君も、もう一度きちんと受けとめるべきだろう。

ただし、私はこの件で、もう一つ問題にすべき重要な点があると思っている。それは何かというと、この前、参加した若手のオフサイトミーティングでも感じたことだが、今の会社に瀬川君が書いたような状況が多少なりともあるということだ。確かに彼がとった行動には問題がある。しかし、ここで我々が真剣に問題にしなければならないのは、今まで見えなかった**もう一つの深刻な経営の実態**だ。彼はそれを体質の問題と言っているようだが、ある見方をすれば、私たち経営陣がそこを見ようとしなかったために、瀬川君の筆を借りて、じつは社員たちが無言の抗議をしているとは思えないだろうか。少なくとも私は、そのように受けとめている」

凛とした伊倉の声が静まりかえった役員会議室に響いた。

ヨコハマの社長に就任して以来、みんなが見てきた伊倉は決してワンマンタイプの社長ではなかった。むしろ役員たちに配慮してか、その意思表示はごく控えめであったから、今度の件でも伊倉は総意を汲むかたちで判断を下すものと多くの役員たちは思っていた。

社長の意外な一面だった。

「この会社の経営を立て直すために風土を改革すると約束した以上、むしろ私はその点を重くみたい。これが私の考えです。この件については、瀬川君も反省していることだし、これで終わりにしたいと思うがどうだろう」

憮然とした紺野の横で、瀬川の顔がみるみる緩んでいく。常務会は、紺野をはじめとする形式論者にとっては期待に反する意外な展開で決着した。

その後、伊倉の考えは、社内報で社内に向けても示された。ひそかになりゆきを見守っていた社員たちは、そこにともった小さな灯が消えなかったことに安堵した。

すがすがしい新緑の季節である。しぼんだ体に再び薫る風をはらんで、瀬川の長い五月が終わった。

そして六月、BPR推進委員会は初期の役割を終え、新たに『改革推進室』が設置された。誰もが驚いたのは、あの瀬川が課長に昇任すると同時に改革推進室長になったことである。もちろん、一番驚いたのは改革活動の責任者になった瀬川本人だった。

ただし、室といっても部下はない。彼一人の身軽な出発だった。

風土改革ノート❶

日本的企業風土の変革へ

何を改革するのか

「意識改革が必要だ」と、社長をはじめ責任ある立場の人はしばしば口にする。しかし、社長が言うようには意識改革が進んでいないことのほうが圧倒的に多い。その一方で、現実に風土・体質改革に本気で取り組んでいて、それなりの成果を上げている会社と人がいることも事実である。

かけ声とスローガンで終わっているところと、そうでないところの差はいったいどこにあるのだろうか。

経営トップが「意識改革が必要」と言っている段階というのは、まだスタート時点の漠然とした問題提起の段階である。

この段階では、「意識改革」の中身に関しても経営トップがどのくらい本気なのか、まだ社員にとってはよく分からない。

次の段階に進めようとするならば「何を」「どのように」改革しようとしているのか、トップ自身がどれくらい本気なのかを社員に見せなければならない。

口で必要性を説いたり、実行計画をつくったりするところまでは難しくない。「やれ」と指示することも簡単だ。しかし、問題はそれだけでは何も始まらないということである。

より正確に言うならば、始まらないのは意識改革の結果としての「自主的な動き」である。指示すればできること、つまり「意識改革のための研修を実施する」というようなことまではその気になればできる。ただ、それを「新たな行動として展開させていくこと」は難しい。たいていの企業はそこのところで挫折してしまっている。

この本のメインテーマは「**組織が変化していく、その原動力とは何なのだろうか**」ということである。

意識改革というのを本気で考えるなら、風土・体質の問題を抜きにしては何事も始まらない。

経営の側から見れば「社員のやる気を引き出したい」、社員の側から見れば「会社を働きがいのある会社にしたい」とお互いに思っている。そういう気持ちはあっても行動には移せないというのが現実の姿なのだ。

この「行動を抑制してしまう力」は、風土・体質の力だという認識を私はしている。この力を変化させることこそが「新たな行動が自主的に展開されていく」原動力になるということなのだ。

企業の風土・体質改革

比較的大きな組織で仕事をしたことがある人なら一度や二度は「どうせ言ってもムダだろう」とか「言い出しっぺが損をする」と感じたことがあるのではないだろうか。

じつは、組織の中では「まあ組織とはこんなものなんだ」という〝大人の悟り〟〝一種のあきらめ〟がお互いを牽制し合う力になって働いている。そして、こういう力が働き合うことによって組織は安定している。ちょうど氷山がバランスを保って水に浮かぶための、分厚い水面下の部分のような役割を果たしているのである。

つまり、企業の風土・体質改革というのは、このお互いに牽制し合いながら安定している組織（エネルギーが低下している状態）にゆらぎを与えて活性化し、活力を高めていくような作用のことをいうのである。

組織、制度などを変えただけでは企業は変わらない

◉企業組織のハード・ソフト構造

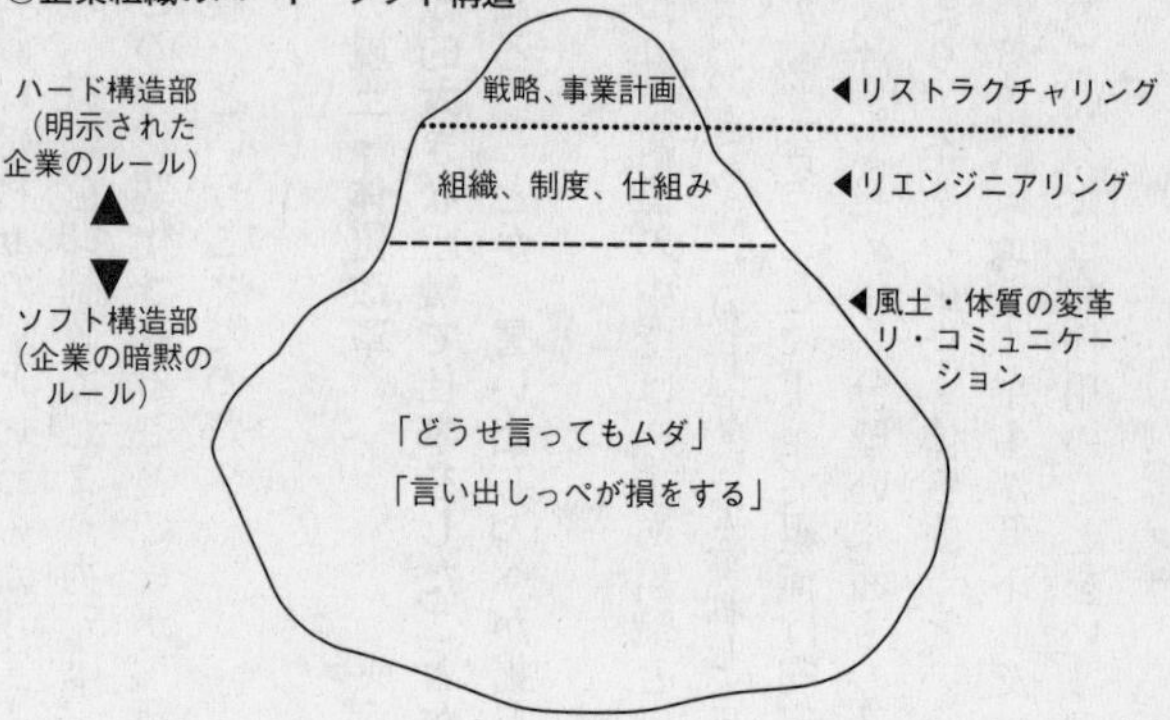

不活性的な状態と活性的な状態

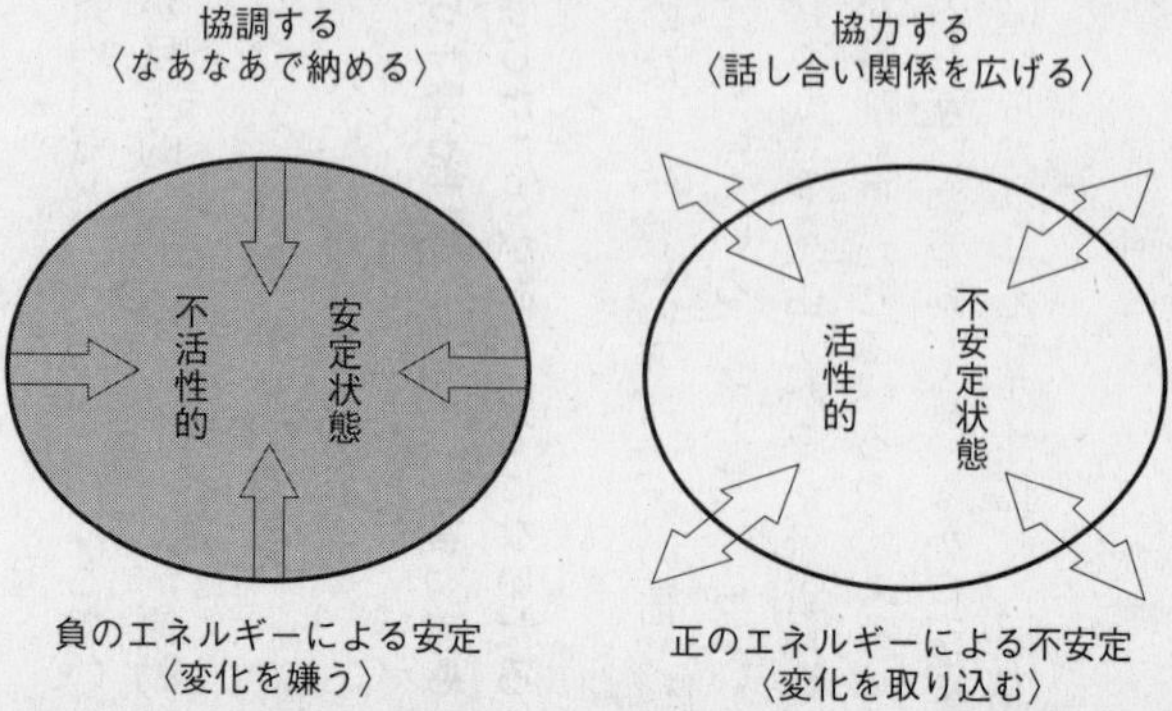

活性化した状態とは

まだ組織が小さかったり、組織が生まれて間もない頃は、お互いに協力し合わなければ仕事が成功しないことをみんな暗黙のうちに知っている。そこでは、対立し合ったりしながらも、それなりに「協力し合う」ことがお互いの了解事項となっている。

この「**協力し合う**」という了解事項が、しだいに「**協調し合う**」ことに変質しやすいのが組織、特に**日本的組織の特徴**でもある。

余計な波風を立てずに「なあなあ」で物事を納めていくことによって安定していく組織は、良い組織のイメージそのものである。ただ、この〝協調する〟という了解のほうが主流になると、しだいに「本当のことを言わない」「言ってもムダ」「言わないほうが得」というような体質をつくっていく。

本当に協力し合おうと思えば、時にはきちんと自分の意思を相手に伝えなければうまく協力などできない。相手と意見が違っていたらそのままにするのではなく、お互いに接点を見つけていく努力をする。そのためには「なあなあ」ではなく、お互いに率直な意見の交換が必要なのだ。

そういう意味では「協調する」というのは、一面で変化を嫌う不活性的な状態に通じる。それが「**負のエネルギー**」つまり「**安定化**」というエネルギーをもっているのに対し、「協力する」というのは「正のエネルギー」つまり「不安定化」という要素を内含している。

すなわち、不安定な状態というのは別の面から見れば活性化した状態でもある。たとえば、生きている自然界は非平衡状態であって、とどまることなく変化を続けている。決して安定した平衡状態とはいえないが活性的な状態である。

大野耐一氏の「トヨタ生産方式」においても、改善へのエネルギーをつくるのは現場が困るような状況をつくること、つまり「不安定化」することにあった。一般的に言っても、現状をよくしたいという改革のエネルギーは危機的状況つまり不安定状態の中から生まれやすい。

組織の肥大化と老化

組織が小さくても不安定な状況というのは、放っておくと常に安定した状態へ、つまり組織でいうと、お互いに牽制し合いながら協調するような状態に移行していきやすい。時間がたって組織が古くなると（それなりのケアを継続的に続けていなければ）必然的に安定化状態、つまり牽制的協調的な状態へと移行していこうとする。

組織が大きくなると、運営がしだいに煩雑になってきて、組織は必然的に機能的な分化をしていく。分化したそれぞれの組織は、それ自体はより効率的に機能を果たせるようになるが、問題はお互いの拮抗が生じることである。つまり、組織同士の勢力争いが生まれてくる。この争いがまた牽制作用を強める働きをするわけだ。いずれにせよ、組織が年をとるということは、大きくなることとも重なり合うことが多いわけで、組織が古くなればなるほど、ほぼ必然的に牽制作用の強い組織（マイナスの安定状態）になっていく。

つまり、組織にも人間と同じように成人病がある。それは人間の場合よりもより確実に、年をとるにしたがって組織を侵してゆく病気なのだ。

風土・体質が不活性的な安定状態になると、どういうことが起きるのか。

こういう状態の組織の中では、人は基本的に**危険やリスクを回避しようとする**（そういうリスクを冒す者は淘汰されていくからである）。

つまり、決められた枠の中で仕事を安定的に処理できる人間、その枠の中でフルに力を見せられる者が評価されやすい。言うなれば、安定を乱す人間ではなく、牽制作用の中でそれを乱すことなく仕事を処理していく能力のある人間のほうがよしとされる。

そこでは「前例を大切にする」「上の顔色を窺い読んで期待に応える」「いつも『頑張るぞ』と言い続けて前向きの発言を繰り返す」「上の意向には直に反応し、下には厳しく取り立てる」というような管理職がしだいに増えてくる。

そういう環境下では、人は問題を見つけても「自分だけが言っても仕方がないからあきらめるか」「解決するために努力をしようか」をてんびんにかけて考え、前者を選択することが多くなる。つまり、自分の力で問題を解決しようとする力がしだいに弱まる。そして、そういう組織に入ってくる若い人たちはしだいに何も発言しない、上から見ると元気のない社員になってしまう。

若い人に対して「元気がない」「何も発言しない」「発言するのはどうでもよいことだけ」という問題意識をもっておられる方には、それを嘆く前に、まず「自分の組織の中に問題点があるのでは」と考えてみることをお勧めしたい。

しかし、そういう組織にもごく少数ではあるが、ほぼ必ずと言っていいほど、自分の意志をそれなりに通して仕事をしている人が存在するということは付け加えておいてもよいと思う。

しかし、全体としてみればこういう組織では、人間は言われたことしかやらなくなるから、人に指示を与えたり管理したりする機能がしだいに肥大化する。つまり、管理機構が肥大化し、スタッフが肥大化する。

「言ってもムダ」というような牽制作用が組織の中で大きな意味をもつような安定的状態というのは、一種の組織の老化現象でもある。見方を変えれば、安定している状態というのは前向きなエネルギーが低下している状態であり、こういう安定的状態つまりエネルギーの低下している状態が続くと老化現象が進行していく。

たとえば、入社以来、長く一つの部署にいるとする。それはそれで安定しているのだが、同時にそれは老化を進行させている。

十年ほど前に、ある合併直後の企業のお手伝いをした時のことである。

そこの人たちとつき合っていると、何も言わなくてもその人がどちらの企業出身かがほぼ分かった。どういうことかというと、合併した一方の側は古い体質の企業でジョブローテーションもほとんどなし。他方はかなり活発にローテーションもやっていたし、まだ組織が比較的若く活力もあった。そして、前者の企業出身の人は良く言えばみんな上品、しかし、全般に覇気がない。後者の場合は明らかにたくましい人が多い、というのが印象的だった。

同じ部署に長くいるというのは、新しい情報の刺激を受ける機会が少なくなる傾向が強い。それに対して、部署を変わったり、外部との接触を強めたりすることは、新しい情報の刺激を受けることによって不安定な状態になりやすい、すなわち変化が起こりやすいことを意味している。

風土・体質を変えるには

氷山の下の部分を「不安定にしていくこと」が活性化であり、風土・体質の改革である。

つまり、お互いに牽制し合って「余計なことは言わないほうがいい」と安定している状態を、「お互いに言うべきことは言いながら協力する」という不安定な状態にしていくことが風土・体質改革の中身なのだ。

しかし、不安定にするといっても組織が壊れてしまっては困る。そうならないように不安定状態をつくり出すというのが難しいところである。

そこで、大切なのは「意図的に注意深く不安定にする」というのと「結果として不安定になってしまった」というのでは、組織が壊れるというリスクの大きさがまったく違うということだ。つまり予防のためのワクチンなのか、病気に本当にかかってしまうのかの違いである。

言うまでもなく、意図的に上手に不安定にするのは難しい。それなりにしっかり考えて周到に準備してやらないとまず確実に失敗する。

氷山の上の部分、つまり制度や組織機構などに大きな変化を与えることによって不安定にする方法は、多分に「結果として不安定になってしまった」ことになりやすい。そのツケは必ずボディブローのようにあとになってきいてくる。

氷山の下の部分を意図的に不安定にしていくことができるのは情報の力である。
この不安定要因になりうる情報には大きく分けて三種類ある。

(1)　外からの情報

外部からの情報による刺激、他社情報、マーケットからの情報、外国からの情報、メディアからの情報等々。『開発だより』もその一つである

今まで隠されていた事実であるとか、知られていなかった本当の気持ち、などはみんな不安定要因になり得る情報であろう。

(2)　自分たちの内部から生み出される情報

私たちはこの情報のことを「知恵」と呼んでいる。お互いに刺激し合うことによって生み出される「知恵」、もしくは外部からの情報の刺激によって生み出される「知恵」などがそれである。

たとえば「こうやれば経営に自分たちの思いを伝えることができる」というのも知恵の一つだし、また、隣の部門に何か問題を見つけたりした場合、それを言わないほうが得と思わずに、上手に伝える工夫をするというのも知恵である。そしてこれらは不安定要因でもある。

(3)　風土・体質改革とは何なのかという問題に光を当てる情報

無自覚的に「言い出しっぺは損をする」と思っている状態を客観的に自覚するこ

とによって整理し、それまで無自覚的であるがゆえに安定していた状態を不安定にする。

「社員の意識改革」のためにはこの「風土・体質を不安定にする」というプロセスを通過することが必要だ。このプロセスを経ないまま意識改革をただ「大切だ」と言うのは、単にガンバレを繰り返しているのと大差なく、何の効果もない。

しかし、繰り返しになるが、このプロセスをうまく通過するのはそう簡単ではない。たとえば、単に話し合いをするだけではうまくいく保障はほとんどないといって良いだろう。うまくもっていくためには、そのための理論的背景とそのための情熱とセンスが必要とされるのだ。

物語の中の例でいうと、瀬川を改革の中心人物に据えるというのは、人事部の山沢担当部長のセンスの良さを示している。

風土・体質改革の担当者を選ぶうえで、優秀であるかどうかも大切なポイントではあるが、瀬川のように「**不安定要因をあえてつくれる人物**」のほうがより望ましいからである。そうでなくては社員の本音ベースでの共感も得られないし、お互いに牽制し合う安定状態を崩していくことも不可能なのだ。

社員が会社を変える

『開発だより』の中身は、この風土・体質改革に対してどのような意味をもっていたのだろうか。

『開発だより』は確かに騒ぎをひき起こした。その中身は経営者の目から見れば、明らかな誤解と、そうせざるを得なかった経営側の事情を無視した意見である。しかし、百パーセント事実に即しているかどうかはともかく、あの文章が多くの社員の共感を呼び起こすものでもあったという点は否定できない。

事実『開発だより』が及ぼした風土・体質改革、つまり牽制的な安定状態に対する〝ゆらぎ〟現象は、かなり広範囲に及ぶものとなったし、その後の改革の展開の一つのきっかけをつくっている。

この場合、経営者の伊倉社長は、瀬川および『開発だより』の否定的な側面をマイナス評価するのではなく、瀬川の改革への熱い思いをプラス評価して、彼を推進室の室長にすることで決着させた。このような経営者の姿勢は、改革のためには非常に重要な環境条件といえよう。

経営側の目から見て明らかに問題と思われる部分をもつ『開発だより』を許容することの意味とは何だろうか。

お互いに牽制し合う機能が働いている状態というのは「ものが言いにくい」状態でもある。

「本当に自分の考えていることを言う」というのは、それが仮に正しいことでも言いにくいものである。自分の言いたいことが間違っていたら否定されるだろうなと思えば、なおさら言いにくい。

ものが言える自由な雰囲気というのは、ただ「正しいこと」だけが自由に言える雰囲気のことではない。「もしかしたら間違っているかもしれないこと」も自由に言える雰囲気である。

伊倉社長、坂巻常務の判断の正しさは、経営の目から見て間違ったことを言っている部分も含めて（もちろん、問題点を正すこと自体は必要なことだが）瀬川の改革への熱い思いをプラス評価している点だ。もし経営がそこでの判断を誤っていたなら「ものが自由に言える雰囲気」は一気になくなり、風土・体質の改革は失敗に終わっただろう。

瀬川のような改革担当者の場合は、仮にやりたくなくても業務命令としてやらざるを得ないからやることになるが、一般社員はそうはいかない。通常の業務を抱えながらやる一種の社内ボランティアみたいなものだから、かなりのエネルギーが必要だ。命令だけだとどうしても「やったふり」をしてかたちのうえだけでお茶を濁すことになる。

その意味では、瀬川が『開発だより』に書いているように、会社から「変えられる」「やらされる」状態では、みんなが〝言ってもムダ〟とお互いに思い合うような牽制的状態を変化させるだけのエネルギーはない。自分のほうが主体、当事者になって「変えていこう」と思わなければ何も変わらないからだ。

つまり、会社が社員を「変える」のではなく、社員が自分の仕事の場である会社の風土・体質を「変える」のだ。このパラダイム（枠組み）転換なくしては、風土・体質は変わっていかない。

第二章　突破口を開く

やりたい者がやる

一九九四年十二月、等々力精機の三村芳郎から紹介を受けて、東京・九段にある㈱PD研究所のオフィスを訪ねた瀬川俊一は、挨拶もそこそこに「せっかくだから一緒に話していきませんか」と、毎月行われているらしい異業種交流の場に案内されて面食らった。

異業種交流といっても、その場は、長野靖行の著書を読んでその体質変革の考え方に共感し、同じ思いをもつ者同士が呼びかけ合って集まる意見交換の場である。渡されたプリントを見ると、十数名の参加者は製造業をはじめ金融業、サービス業、流通業と業種も分野も幅広い。さらに会社での地位や年齢もさまざまで、大半は風土・体質改革に関心を寄せる人事、総務、企画のメンバーだったが、まったく無関係なセクションの人間も混じっていた。

飛び入りは別に珍しいことではないらしく、みんなはそれぞれ近況紹介がわりに思い思いにしていた話を続けた。

ブラインドを上げた明るいミィーティングルームはドアが開け放たれている。圧迫感がない空間の、誰が仕切るわけでもないリラックスした雰囲気につられて、もともと話し好きな瀬川も、会社の厳しい状況や、社員の声を聞いて改革活動をどう進めればいいか頭を痛めていることなどをとりとめもなく話した。

メンバーには瀬川の問題意識を受けとめるだけの共通のベースがあるようで、興味のおもむくままに瀬川の話から材料を拾って会話が膨らんでいく。みんなはいちおう会社の公認で来ているものの、必ずしも会社や上司と問題意識が一致しているわけではなく、この場への参加もあくまで個人の動機で、それぞれが納得のゆく活動に取り組むための突破口を模索しているようだった。

「それ、うちの問題でもあるんだなあ」

「うちなんかも同じですよ。そのへんの問題を見る前に、まずかたちから入ってしまう傾向がありましてね」

どこも**大企業病と呼ばれる組織問題**を抱え、随所にある対立によって身動きできない状態にある。しかし、それらの問題がきちんと整理、分析されないまま、会社は組織・制度をはじめとするハード面の改革に打開を託す傾向が強く、ひと口に風土・体質改革といっても焦点の当て方にズレがあるのが実情のようだった。

メンバーの話を聞きながら、世にいう企業の風土・体質改革も、活動の基本路線はまだまだ未開拓なのだと瀬川は思った。

「長野さんたちのやり方は、悪い部分に的を絞って治療する西洋医学の対症療法ではなくて、おおもとの体質を改善する漢方のようなものでしょうか。そういう意味では、直接的な効果がすぐに利益として目に見えるとは限らないし、やるとしたらそれなりの根気が必要ですよね」

くつろいで聞いていた長野が少し真顔になってうなずいた。

「そうは言っても、そんなに時間をかけられる企業は多くないですから、いかに早く効果が見えるようにするかというのは最大の課題かもしれません」

やりとりの中で見る限り、長野にはギラギラとした押しの強さはない。見かけは大柄であっても、ことさら存在を際立たせることなくみんなの中に溶け込んでいる。服装や髪形を見ても、気負いのない話しぶりを見ても、あまり細かいことに頓着しないらしい長野靖行は、いわゆるコンサルタント人種とは違っていた。

若い瀬川のぶしつけな質問にも熱心に耳を傾け、自分の考えを率直に口にする長野に、瀬川は初対面であることも忘れて打ち解けて話した。

〈自然な感じの人だな〉

気がつくと場のペースに巻き込まれていて、結局、その日は長野とゆっくり話すことはしなかった。けれど、同じような立場にある人たちの話を聞いて瀬川は少し勇気づけられた。何より、自分の言葉でありのままの気持ちを話せるその場の空気は心地よく、誰とでもそういう関係のとり方をするらしい長野や応対してくれた彼のオフィスのスタッフには好感がもてた。

ＢＰＲ推進委員会が発足してまもなくのこと、瀬川は紺野とも話し合って、活動をいかに進めればいいか、名の通った東京のコンサルタント会社に相談したことがある。そして、一人のチーフコンサルタントがヨコハマ自動車部品にやって来たのだが、会うなり彼は面談相手が係長の瀬川だけと分かると露骨に嫌な顔をした。さらに、瀬川が彼を「先生」と呼ばず、名刺を見て「さん」づけで話しかけたことにも心外な表情をみせる。どっしりとソファに納まった彼は、常識知らずの人間にものを教えるような口調で言った。

「全社に関わることですから、通常、こういう場合は役員の方や推進室の責任者の方にお会いすることになっていますが」

「そうですか」といちおう返事はしたものの、負けず嫌いな一面をもつ瀬川は、黙って権威に頭を下げ、心得て形式に従うような人間ではない。

「僕は直接、社員と接する推進委員会のメンバーですし、社内のヒアリングで収集した活動に対する社員の本音を分かっていただいたうえでアドバイスをお願いしたいと思っているんです」

まずは自分なりに集めた情報を提供し、会社に不信感をもつ社員の反感を買うような活動にしたくないという自分の気持ちを伝えようとした。

ところが、そのコンサルタントはろくに瀬川の話を聞かず、過去に手がけた他社の事例を挙げながら〝うちのメソッドを使えば万事うまくいく〟とばかりに、とうとうと自社のプログラムの説明を始める。最後に切り出した提案も、気のない決まり文句だった。

「別料金になりますが、社員の意識改革に力を入れたいならミーティングにウエイトを置いてやることもできますよ。とにかく御社の事情に合わせて企画書をつくります。ご予算はどのくらいみていらっしゃるんですか」

我々は経験と実績を積んだその道のプロなんだから素人は黙って指導を仰げばいいと、尊大な態度が語っている。瀬川は我慢が切れた。

〈人の話も聞かないで何が御社の事情だ。事情ったって予算のことじゃないか〉

早々に話を自分から切り上げた瀬川は、すぐにコンサルタント会社の営業担当者に断わりの電話を入れた。

「おたくは、うちには合わないみたいですから」

頭にきたその理由をまくしたてる瀬川に、電話の向こうの声が困惑していた。

まだザラザラと記憶に残る不愉快な一件が尾を引いて、コンサルタントというものには嫌悪感を抱く瀬川だったが、なぜかPD研究所でのミーティングは後味がよかった。

「PDのプロセスデザインって、どういう意味ですか?」と最初に尋ねた瀬川に「通常のコンサルタントみたいに教えるのではなく、一緒に困って相談し合いながら、一緒にプロセスをつくっていくということでしょうか」と長野は説明してくれた。

〈確かに普通のコンサルタントとは違う感じだな。だからプロセスデザイナーなんて肩書きにしたのかも〉

そこで長野に何かを教わったわけでも、特別な助言を受けたわけでもない。帰り際も

「よろしければ、いつでも参加してください」と声をかけられただけである。あらためて訪ねて来いと言われれば気持ちも引いたかもしれないが、逆に、気が向いたらいらっしゃいとあなた任せにされたことで、どこか拍子抜けした感じだった。

「今度はもっと、ちゃんと話ができるようにしてきます」

翌日、報告がてら山沢に長野に会った印象を話した瀬川は、もう一度、PD研究所を訪ねて、改革を進めるにあたっての具体的なやり方について相談したい気持ちになっていた。

みんなも、あの考え方なら納得できるかもしれない——いつしか、瀬川が描く活動イメージは「やりたい者がやる」という社員の自発性を生かした等々力方式に傾き、重なっていたのである。

一点突破の講演会

年明け早々に、瀬川は再びPD研究所を訪ねた。今年はいよいよ推進委員会の活動を本格化したい。その具体案を練るために、長野の考え方や等々力のやり方をもっと詳しく知りたい。瀬川は気持ちがはやっていた。

二度目に訪ねたその日は、前回ちょっと顔を見かけた若い女性スタッフの原島由美子も同席していた。年齢に似合わず原島は落ちついた口調で話をする。口数はあまり多くはないが、初めて話をした時、涼しげな目元をほころばせながら投げかけた質問が当を得ていて、それがとても心地よく感じられたことを瀬川は覚えていた。

「やりたい人がやるというのはどういうことなんですか？」

瀬川は質問をたくさん用意していた。

「人間というのは、本当にやりたいと思ったら言われなくても自分から進んでやる、それが自然な状態だと思います。といっても、オペレーショナルな仕事の場合だと、やりたいとかやりたくないとか言っていられないわけで、命令があればとりあえず実行するのが普通です。しかし、風土・体質改革というのはそうはいかない。あくまで〝土壌を耕す〟といった性格のものだけに、やりたくなければやらないで済んでしまう。風土・体質の改革という仕事は、必ずしも自分が『これは仕事だからやらねば』と思う仕事の範疇に入っているわけではないんです。

その場合、やりたくもないものを無理にやらせようとすると、相手の気持ちに無理を強いることになり、やらされ感が強くなって不満がたまります。やりたくもないのに、やらされるのは不満なわけです」

長野は瀬川の目を見てゆっくりとしゃべった。

「ですけど、不自然でも、企業社会の中には『やりたくないことでも、やらねばならないのが組織。命令されればやるのが当たり前』という通念があるんじゃないでしょうか。だから『それが会社というものだ』とみんな思い込んでるようにも思うんです。実際、うちの会社なんかでは、厳しいからこそ仕事なのだと思い込んでる管理職も多いように思いますよ」

「そうなんでしょうね。会社というのは人間性を押し殺すことがあってもやむを得ない社会だと思っている人は多いですよね。私生活に対して、公的な会社生活というのは没個性的であって当たり前という仕事観がベースにあるような気がします」

口をはさんだ原島が続けた。

「『おかしいけど、会社とは、仕事とはこんなもの』と、ねじれを肯定して納得しているわけです。だから、上は無理にやらせることには何の違和感もないし、よく言われる〝**活動の動機づけ**〟にしても、やらせることが前提の『仕掛け』として考えられているケースが少なくないように思えます。そこではノルマも立派な動機づけになるわけですね。そういう意味では、動機づけとは言っても、本来の自発性を導き出すような動機づけになっていないことが多いでしょうね」

「通常のルーティンな仕事ならノルマでも動きますよね。でも、体質改革のような活動というのは、社員にとっては、いわばプラスアルファの仕事ですから命令では結局動かないんじゃないかなと、そう思い始めたのが、こちらに相談に来させていただいた最初の動機だったんです」

「みんながみんなじゃないかもしれないけど、仕事を通して何かをやりたい、自分の会社がよくなってほしいという気持ちをもっている人は多いんじゃないですか。私は七年前にこのPD研に転職したんですが、もといた会社にもそういう人が何人かいました。でも、本人がよかれと思っていても、組織の秩序を乱すような出る杭は打たれる。それを見ているうちに、だんだん余計なこと、叩かれるようなことはやらないほうがいいと学習しますから、最初は問題意識をもっていた人も何年かたつと暗黙のうちに自己規制が働くようになってしまう。今の企業の実態は、当たり前に考えておかしいことをおかしいと言ったり、当たり前のことを自然に実行したりできるような環境にないと言えるでしょうね」

「それを、どうやって変えていくんですか」

「『出る杭を打つ』という状況は、お互いが無意識のうちに牽制し合っている**負のベクトルが働いている状況**です。それを、励まし合い、相談し合えるような**正のベクトルにどう変えていくか**。そこがポイントだと思います」

一語一語、言葉を選びながら原島が考えを述べた。

「確かに僕らも親しい人たちとの間では、問題意識が共有できてるな、前向きなベクトルが共有できてるなと感じることもありますが、日常の業務の場ではそうなってないことのほうが多いですものね」

「大切なのは、上下であっても横であっても、立場と立場だけの関係でなく、少しでも信

頼関係ができるような条件を整えることだと思います。まあ、口で言うのは簡単ですけどね。

一つの仕事をやるにしても、立場や役割で『こうするしかない』と思い込んでやるというのはよくあることだと思います。でも大切なのは、それぞれが自分の立場の殻に閉じこもってせめぎ合うのではなく、一緒にやろうという気持ちで協力し合ってやることですよね。そのための条件を整える。たとえば、通常の会議や打ち合わせの場とは別に、そこに関わる人たちが気楽に前向きに話し合えるような**『場』をつくる**というのも方法の一つだと私たちは思っているんです」

「そうか。きちんと話し合う場があれば、お互いの考えや気持ちを理解しやすいということなんですかね。確かにお互いに相手の人間を認めたうえで知恵を出し合い、相談し合えるような仲間同士の関係があれば、自分に不利益な情報を隠したり、分かったふりをして全然違うことをやったりする不自然な知恵を働かせる必要がないですものね。気持ちよく『よし、やろう』と前向きになれる気がしますよね」

「お互いを知るためにじっくり話し合う時間をもっというのは、一見、面倒臭そうだし、ビジネスの場に似つかわしくないように見えるけど、じつは無理のない、エネルギー効率のいい変革のやり方なんだと思います」

いつの間にか瀬川は原島を相手にしゃべっていた。

長野にしても原島にしても、その話の中身一つひとつには響くように共感できるものがある。しかし、その一方で、現実に「活動」の二文字を背負った改革推進委員会のメンバーである瀬川は、あらかじめ全体の輪郭が見えないPD研究所のやり方を消化しきれないでいた。

個人として「やらせない」ことには共感する一方で、推進担当者の立場としては〝あるべき〞シナリオのない活動には不安が残る。瀬川の思考は、今までの常識としての全社運動のパラダイムからすぐにはシフトできなかった。

「あの、等々力でやられたのもそういうことなんですか？」

「ええ。自発的な活動はお互いの信頼関係をつくるところから始まりますから、そのための話し合いはずいぶんやりました。それによって、やりとりできる関係がつくられてくると、情報の流れ方や仕事のやり方が変わって企業の体質そのものもジワジワと変化してきましたね」

「でも、うちは世間知らずで等々力さんほど優秀じゃないし……。話し合いだけで果たしてうまくいくんでしょうか」

まとまらない考えをぶつけながら、瀬川は傾きかけた自分の気持ちに決着がつくのを待っていた。

「そうですね。私たちもそれほど多くの経験があるわけではありませんし、うまくいくかどうかは分からないというのが正直なところです。そもそも、我々が試みているプロセスデザインというのは、その企業に対して最適なプログラムをあらかじめもつわけではない。シナリオにそって、推進組織や○○運動といった駆動装置を使って進めていくやり方ではないのです。〝相互に作用し合う人間集団がともすれば互いに牽制し合いがちになるのを、**人と人との関係に働きかけることで変化させていくやり方**〟とでも言いましょうか、その時どきの経過状態をデザインしながら進めていきますから、どんな変化が起こってどんな展開になるかは予測がつかない。常に、我々自身にもやってみないと分からない部分があるんです」

そこで原島が口を開いた。

「私自身は、長野が言うほどには展開が読めないとは思ってないんです。たとえば、企業が違っても、アプローチのしかた、基本スタンスは変わりません。時には枠をはずしたり、時にはテーマを絞り込んで徹底的に話し合うことで関係が変わる、その変化していく関係をみんなでマネジメントしながら活動を発展させていくやり方にしても同じなんですね。もちろん、経過のたどり方やスピードは違いますけど、それを言うなら、同一企業であっても部署が違えばプロセスもまた変わるわけですから」

長野と原島の見解は必ずしも一枚岩というわけではなかった。

瀬川がぽつりとつぶやいた。

「プログラムがあるわけではなく、話し合いで進めていく……」

「ただし、話し合うといっても、単に時間をかけてまじめに話し合えばいいというものでもないんです。我々は『**気楽にまじめな話をする**』と言っていますけど、相談し合える関係をつくることがとりあえずの目的ですから、その目的に合った話し合いができるような条件設定が必要なんです」

「うちでも社員の生の声が聞きたいといって社長が対話をやったんですけど、全然うまくいきませんでした。やっぱり相手が社長だからでしょうか」

ちょっと考えて原島が言った。

「しっかり話ができる状態にするというのは、そんなに簡単じゃないんですよ。むしろ、場づくりのツボを心得ないでやると失敗するケースのほうが多い。場合によっては、狙いに対して逆効果になることもあります。だから、私たちもそこに多くのエネルギーをかけているんです」

確かに人選の問題、人事部の存在と、社長対話の時も気になる要素はいくつかあった。しかし、その気にさえなれば話し合えるはずと瀬川は何となく思っていた。おそらく、あの対話の事務局をやった人たちも同じだろう。〝話し合うこと〟そのものに気をとられて〝**どういう条件をつくれば、より効果的に話し合えるか**〟までは頭が回っていなかったに違いない。そこまで意図的に場をつくることが必要とは誰も考えてもいなかったのである。

それも含めて、もし等々力方式でやるとしたら、とても瀬川の手には負えそうもない。予算のことも推進委員会の他のメンバーのことも、その時の瀬川の頭にはなかった。

「長野さん、うちの会社の改革を手伝っていただけませんか」

ただ、率直に意見してくれたみんなの顔を思い浮かべて、長野を巻き込めば何かが変わるかもしれないと思ったのである。また、そう思わせるところが長野にはあった。

さすがに長野は驚いたようで、その申し出には即答しなかった。しかし、あれこれと道を探る瀬川の真剣な気持ちを認めたのか「とりあえず講演だけでもしましょうか」と、お金の話をするでもなくヨコハマ自動車部品での講演を了承してくれた。

この瞬間から、瀬川は当事者になった。

自分がやらなければヨコハマの風土も体質も変わらない。BPR推進委員会が活動をスタートして以来、初めてそのことを確信したのである。

それからが大変だった。

長野は講演を引き受けてくれたが、瀬川はまだ委員会の了解を得ていない。

〈早く委員会を通さなきゃ〉

その週の金曜の夕方から開かれた推進委員会の席上で、瀬川は意気込んで社内講演の開催を提案した。

みんなは瀬川がどこからか探してきた講師に難色を示した。

「講演という案は悪くないと思うけど、それも講師によりけりだよね。誰なの、この長野靖行って、聞いたことないね」

「講演なんて人選だけが問題なんだから、一人で勝手に決められちゃ困るよ。何でこの人なのか説明してくれる？」

「説明しなきゃ分からない人より、もう少し名前の通った人のほうがいいんじゃないかな。今の段階では改革に対する社員の関心を高めることが大事なんだから、客寄せパンダじゃないけど、まず人が集められないとね」

もっともな意見であった。

無名の人を有名だとゴリ押しはできないし、かといってPD研究所のあのやり方を分かるように説明するのは難しい。うちの改革には長野の力が必要なんだと心の声は叫んでも、結局、瀬川は引き下がるしかなかった。こんなことなら山沢と一緒に行けばよかったと悔やむが、もう遅い。

唯一、山沢が「長野さんのことは等々力精機の三村さんから紹介を受けてね。等々力での実績もあることだし、内容としてはおもしろいんじゃないかな」と後押しをしてくれたが、結局、事後承諾は成らなかった。

その翌日、瀬川は心配して同行してくれた山沢と一緒に長野のオフィスへ出向いた。率直に事の顚末を話して平謝りする瀬川に「そんなにうまくいかないのが普通です。焦らずにやりましょうよ」と長野は逆に瀬川を励まして、過去の苦労談を披露したりした。物事が思いどおりに運ばないことには慣れているようだった。

「三村さんも言っていたけど飾らない人だね」

「そうですね。正直すぎて、時に本当に大丈夫なのかなと思いますよ」

「考え方は斬新だけど、実際に手がけた例はそんなに多くないみたいだね」

「ええ。この十年の間に実践を通して生まれた新しいやり方とかで、まだ完全に確立されてないとおっしゃってました。そういうこと普通は言いませんよね」

「いずれにしろ、もう一度トライしてみようよ」

「お願いします。よく分からないけど何かピンとくるものがあるんですよ。大事にしなきゃと思うような……」

「いや、その気持ちは僕にも分かるよ」

あれこれ言うけれど、みんなにこれといった代案があるわけではない。次の委員会では、もっとうまく攻めようと瀬川は心に決めた。

二回目の推進委員会でも講演開催の決定までは話が進まなかった。しかし、つい水を差すような発言をしつつも、紺野や山根は、委員会として何か目に見える活動実績を示す必要性を感じてはいた。彼らが後ろ向きなのは、ひとえに瀬川がもち込んだ話であるがゆえのうさん臭さを感じていただけのことである。

結局、結論は、委員長の坂巻常務を交えての臨時委員会にもち越されることになった。そして、ようやく開かれた臨時委員会の場では、瀬川が「そこまで君が言うなら……」と根負けするほどの熱意を動員して、ついに坂巻を落とし、みんなの同意を取りつけることに成功したのである。

「温度差の勝利だな。あんなに熱くなられると阻む気力も失せるよ」

他の委員たちは反対するほどの情熱も執着ももち合わせていなかった。

結果として講演会は開かれることになったが、この間の紺野との一連のやりとりは瀬川や山沢にとっていい教訓になった。こういう話を進める時は、正攻法一本槍では事は進展しない。それを身に染みて思い知らされた。

いずれにせよ瀬川は先々、何らかのかたちで長野をヨコハマの改革に巻き込みたいと考えていたから、今後、もし長野のやり方を導入するとしたら、今回のような手続きを踏んでいたのでは決して埒があかない。しかるべき作戦をひねり出す気構えが必要だと悟った。また、山沢にしても、長野だけに選択肢を絞るかどうかは別にして、外部資源を活用することについては、研修を手がけてきた経験上、まったく抵抗がなかったし、むしろ必要なことだと思っていた。

しかし、二人にとって経理部長の紺野が苦手な相手であり、同時に最大の関所であることに変わりはない。何といっても形式が整っていない、結果が見えにくいものは許容しないのが紺野である。長野がするような漠としてつかみどころのない話は、紺野のようなタイプの人間が最も嫌うところである。

紺野という関門を通らないで、いかに願う方向に事を運ぶ道を見つけるか。いつしか二人は実戦を想定しての作戦に思いをめぐらせ始めていた。

最終的な意思決定者である社長に、直に話をするという手はある。しかし、係長の身分の瀬川では、常務にさえ面会を申し込むのは容易ではない。まして社長ともなると、山沢にしても事情はたいして変わらなかった。企画部長や人事部長のように、仕事上、役員とひんぱんに接触する立場ならともかく、山沢のような部下もない担当部長が社長に話をもちかけるなど異例中の異例のことである。

「これも、まだ正攻法の部類かもしれない」

二人はひとまず外堀を固めながら、何か決め手になる方法を考えることにした。

「長野さんのお披露目になる今度の講演会には、とにかく伊倉社長、坂巻常務、川久保常務……と、理解のあるトップ陣には絶対来てもらえるようにお願いしよう」

坂巻は主催者である推進委員会の委員長だから、山沢が頼めばおそらく出席してくれる。開発トップの川久保には、仕事を通じて比較的、親しくしている瀬川が話をしに行くことにした。問題は社長である。

「田坂さんに頼んでみるか」

秘書室長の田坂保廣は人事部時代、山沢の部下だったこともあって、わりに気安く話せる間柄である。山沢は、講演会の日の社長のスケジュールを田坂に頼んで押さえてもらった。まずは講演を聞いてもらえれば、第一関門は突破である。

そして、思ったよりも早く伊倉の出席の返事が来ると、二人は嬉しさ半分、やましさ半分で「この日が勝負」と、次の作戦を練り始めた。

「長野さんには夜の食事の時間を開けてもらっておきましたよ」

「坂巻さんはたぶん食事もOKだと思うけど、社長だよな、問題は。どうするかなあ」

「やっぱり社長に最初から食事をお願いするのは無理でしょうか」

「長野さんの情報もほとんど入ってないし、初対面でいきなり食事のセッティングというのは違和感があるだろうな。単に儀礼的な食事会になっても意味がないしね」

「川久保さんが出張というのは痛いですね。あの人がいれば他の人も誘いやすいんですけど。まあ、今の段階では話を聞いてもらうだけでよしとしましょうか」

「でも、いちおう田坂さんに頼んで、社長の夜の予定は空けておいてもらってるんだけどね」

「え、じゃあ……」

「講演のあと控え室で社長に長野さんを紹介するだろう？　その時にさりげなく、これから長野さんと食事をするんですが、ご一緒にいかがですかって声をかけてみようかと思うんだ」

「それいいですね。もし、社長が講演の中身を気に入られたら脈があるかもしれませんよ」

一か月後、遅れてやって来た寒波が関東にも大雪を降らせ、瀬川は朝から外をうかがっては気をもんでいた。鈍い色の空のどこからか真綿の雪が吐き出されては視界を舞う。

「午後には、やんでくれないかなあ」。真っ白な山の連なりを眺めながら、瀬川の口から何度もつぶやきがもれた。

〈何か起こって客足が鈍らなきゃいいが……〉

午後三時、講演会場であるセミナールームは空席もなく人で埋まった。ドアの外にも、室内のボード横にも、

やらせない改革への挑戦――二割が動けば会社は変わる

と大書された張り紙がある。

BPR推進室主催の初めての講演会には、瀬川に声をかけられて、あるいは興味半分で集まった若手、中堅の管理職や部長に混じって、窓側の一角には社長の伊倉や坂巻をはじ

めとする部門長たちの姿もあった。

長野と日程調整をして講演会の日時を決めたところで、瀬川はすぐにビラをつくって掲示板や回覧で告知し、参加者を募った。

「おい瀬川、このタイトルじゃテーマが分かりにくくないか」

「興味をもたれなきゃおしまいですから、ちょっとぐらい過激でいいんです。ともかく、来て話を聞いてもらうことが狙いですから」

特に話を聞いてもらいたい坂巻をはじめとする役員や、知り合いの部長たちには直接、声をかけた。

いずれにせよ、この先、長野がヨコハマの改革を手伝ってくれるなら、その内容を上層部や管理者にも理解しておいてもらわねばならない。瀬川にとっては今日は単に一回きりの社内講演会ではなく、長野の考え方を上に認知させるための大事な機会だったのである。

吹き込む新風

「等々力精機の改革をやってるっていうからどんな人かと思ったけど、わりと素朴な感じの人だったな」

課長が引き連れてきた開発部門のメンバーが、鍋を囲んでお銚子付きで残業食事をしていた。雪が残って夜はしんしんと冷えるうえ、どこも不景気風が吹いているためか、駅近くの行きつけの居酒屋は客もまばらだった。

「あの情報の話、おもしろかったね。部長はちゃんと聞いたかな」

係長が思い出したように言った。煮えばなを食べて体が温まると、やっと人心地がついて話が行き交うようになる。

「決まったことを一方的に伝えるだけの情報は、背景などの全体観がもちにくいから情報としての価値が薄い……」
二、三の顔が不思議そうに傾いた。
「ほら今日、BPR推進の講演会があっただろ、なかなかおもしろかったんだよ。お前、よく覚えてるな」

「メモ取りましたから」

「実際、情報価値はゼロだと思うよ。いつも上から降りてくる話は『決まったことだから』というだけで、なぜそうなったのかという事情が僕らには分からない。背景や意図の部分はブラックボックスになっているから、結局こっちは疑ってかかって、やり過ごすことになるわけでしょう。お前らは知らなくてもいいって態度が逆に不信を買うんだよね」

「よその部に対しても壁をつくるじゃない。もっとも、何かというと営業を叩く開発の態度にも問題あるけどね」

「お互い分厚く保険かけてる。部長たち同士だって、全然ちゃんと話さないもんな」

「リスクをとらないマネジメントするから、やらなくてもいい仕事ばっかり増える。俺たち、外に出るより机についてるほうが多くない？　会議のたびに資料フルセットで用意するだろ」

手にしたカニに目を凝らしたまま、資料製造係になっている部下が大きくうなずいた。

「パソコンでやれば早いって部長は単純に思ってるけど、元のデータがきちんと管理されてないから、その手前でものすごい時間食ってるんです」

「お前、カニも食うまでにすごい時間かかってるな」

「やっぱり、**ゆとりがないといい仕事にならない**よね」

しみじみと係長が言った。

「人間だもん。一人でやれることには限界あるよ」

講演の中で「ゆとりが必要」と言った長野の言葉に〈おや？〉と思った人間は少なくなかった。

……変革が大事といくら言っても、上に立つ人間には、仕事やマネジメントのやり方をどう変えていくか考えるゆとりが必要だし、部下に対してもまた、創意工夫ができるような精神的、時間的なゆとりをつくらなければならない。そのためには、今の仕事のやり方やコミュニケーションのあり方を見直すことが必要です。たとえば、仕事にも「やったほうがいい」と思い込んでいるだけのムダな仕事がたくさんある。会議のやり方にしても、セレモニー化した会議だと会議に参加する人が多くなるうえに、資料ばかりが立派になっていく。そういう時間のムダを生む要素が会社の中にはけっこうあって、忙しさに拍車をかけている。そのやり方を変えて、時間的なゆとりをつくることが変革の第一歩として重要です……。

営業、製造、購買の間に立って仕事を進める設計は、常に調整業務やクレームの処理、設計変更などの後ろ向きの仕事に追われている。その間には、会議と称する綱の引き合いがあり、業務に割り込んでくるさまざまな問い合わせの電話があり、設計業務はその合間を縫うようにして行われていた。

「物理的に時間のゆとりがないと何も考えられないのが現実だよね。長野さんの言ってることは実質的だよ。意識改革だの何だの言っても〝ため〟がないと消耗するだけだもの」

「改革が進まないのはゆとりがないからじゃなくて、ゆとりをつくる知恵を働かせていないからというのは、まったくそのとおりだと思うね。『やれ』と言うだけじゃできないってことをはっきり言ってくれた感じだな。ただ、どうなんだろ。それはそれとして、コンサルタントって話のための話をするだろう？　あの人だって、いざやるとなると、上の人間に付いて一緒にプレッシャーかけるタイプかもよ」

「変革は人を説得してやるものでも説得されてやるものでもない。自分の中に〝思い〟がないと何も始まらない……。会社のためではなく自分のためにやるっていうのは確かにそうだと思うけど、でも実際問題として、そんなことで本当に改革が進むのかなあ」

「一人ひとりがバラバラのうちは単に評論家として文句を言ってるだけだけど、評論家もネットワークになったら当事者としての力がもてる。『一人では爆死するからだめ』っていうのはそれなりに説得力があるね。確かに今の組織は地雷帯だよ」

製品企画課の藤田義一は、そんな設計者との雑談を瀬川に話した。

「飲み屋で肴にしてまっとうに議論してるんだから、みんなの問題意識もまんざらじゃないよね。あの話、部下が上の人間に聞かせたいと思っちゃうような話だからさ」

「そうだね。そうやって少しずつ変わっていくのかもしれない」

少しずつではない、この二か月の間に瀬川の内面では大きな変化が起こっていた。同時に、それはヨコハマ自動車部品にも、一つの変化をもたらすきっかけになった。

改革の春、到来

BPR推進委員会が行った講演会は思った以上の反響があった。その後も瀬川は、研究センター、開発部門と要請があるたびに、長野や原島に頼んで小講演を行った。開発の講演では、ひととおり長野の話が終わって、質疑応答の時間になったところで、参加者に係長以下の若手が多かったせいか「せっかくだから、ふだんの業務の中で感じていることを話し合ってみませんか」と、逆に長野のほうからみんなに水を向けるなりゆきになった。

……とにかく雑用も含めて忙しすぎる。課長がプレーヤーになっていて仕事の管理や調整がうまくいってない。クレームの電話がこっちに入る。図面のファイリングができてないから、部分修正で済む時も全部書き直している。やった仕事の評価をしたいがフィードバックの受け皿がない。自分は設計馬鹿なのではないか……。

一人がこぼすと、堰を切ったようにいろんな話が出てくる。振っても叩いても明るい話題などないのだが、終わってみると言いたいことを言い合ったあとの爽快感があった。

「開発の連中、けっこうしゃべりますね。長野さんの考え方が分かってるから安心感があるんでしょうか。僕もはじめて仲間意識みたいなものを感じました」

長野も何か印象をもったようだった。

「ああいう場をきちっとつくっていくことが意外と大事なんですね。たとえば、相談し合えて問題意識を共有できる仲間がいれば、一緒になって会社をよくしようとする動きが起こる可能性が生まれる。互いに学び合いながら自分を変えていく、そういうエネルギーのある人たちが集まる場が増えていけば、企業の体質も少しずつ耕されていきます。それが我々の言うところの場づくりなんですね」

玄関ロビーでタクシーを待つ間も、長野は自分の失敗談を交えてこれまで経験した話をしてくれた。コンサルタントの中にはノウハウを小出しにする一方で、拘束時間一時間につきいくら、ペーパー一枚につきいくらと、吐く息や流した汗まで勘定しようとする者もいるが、長野はそういうタイプではなさそうだ。一緒に動いてみて、あらためて瀬川は長野に親近感を覚えた。

「ずっと考えてたんですが、役員層の意識改革も必要だと思うんです。社長はもちろん改革推進者ですけど、役員の中には保守的な人もけっこういて、もし体質改革を本気でやるとしたら、そういう役員の存在がブレーキになりそうな気がするんです」

「それはあるでしょうね」

「そこでお願いなんですが、今度、この前の続きで坂巻常務や社長とゆっくり話していただけませんか」

「そうですね。いいですよ」

「山沢も私も今は真剣に、長野さんがおっしゃる体質改革が必要だと思っています。そして、それをやるにあたっては、ぜひ長野さんの力をお借りしたいと思ってるんです。ただ、役員層にしても委員会内部でも、体質改革が本当に必要だと感じている人はごくごく少数です。ハナからうさん臭く思って受け付けない人もいます。でも、改革をどう進めるか、今までのようなやり方で検討して決めていくと、間違いなく活動はお定まりのパターンになって、推進側だけの活動で終わってしまうのは目に見えています。それは何としても避けたい。そういう意味で今が正念場なんです」

もし会社としてやるなら、当然それはトップの意思決定になる。それなら、委員会などにかけて下手に手前の段階で潰されるより、長野が直接、伊倉や坂巻と話したほうが成功確率は高い。まずは長野のほうから話したいと申し出てもらえれば、あとは何とか自分たちでアレンジする。一度、直接の連絡ルートができてしまえば、以降はもっと会いやすくなるはずだ。

山沢と瀬川の考えはおおむねそういうことだった。

今の瀬川や山沢の立場であれば、本来、推進委員会で検討して上に提案するのが筋である。しかし、どう考えても、従来の枠組みとは違う長野の改革コンセプトを紺野や山根に理解させるのは不可能に思えた。第一、彼らは目に見えない風土・体質というものを決して積極的に認めようとはしていない。ましてや、それを改革することに合意するなど考えられないことで、そのために骨を折ることが二人には無駄としか思えなかったのである。

「彼らには何の思いもないし、問題意識もズレてるんだから説得するのは無理です」

策謀ともとられかねない意図の部分はともかくとして、このままでは会社はだめになってしまうと真剣に案ずる瀬川の気持ちは痛いほど伝わってきた。

長野は、PD研究所が手がけるかどうかの話は抜きにして、改革に積極的な伊倉や坂巻と話すことについては「ぜひ、そうしたい」と瀬川に言った。

その後、しばらく時間がたって、ようやく三者が個別にゆっくり話をする場がつくられた。そして、そこで生まれた場は、お互いの意思で継続的に維持されていった。どんな話になっているのか、会談の中身は瀬川には分からなかったが、三人の間に信頼関係が芽生えているらしいことは坂巻の言葉の端々から想像できた。

……結果がうまくいくという保証はない。先がどうなるかは常に見えないから、その場その場で最適と思えるプロセスを設計していく。コアとなる人間がどのポジションに、どのくらい出現するかがカギになる……。

甘い言葉は一切なかったが、託してみようと坂巻は思った。山と積まれた調査報告や企画書だけのコンサルティングを受ける余裕は中小企業にはない。変革は理論ではなく実践と、坂巻は経験から学んでいた。

一方、伊倉は、**社員を自立させない日本的経営**の構造的な欠陥を克服し、ヨコハマ自動車部品を、生きることに貪欲な活気のある会社にしたいと考えていた。その意味で、管理色の強い活動は改革の本義に反するばかりではなく、未知数のポテンシャルまでも去勢することになる……。

「同じようにコンサルティングにもパラダイム転換が必要です。従来のように、先生が教える、指導するという固定的な関係を強いているうちはコンサルタント自身も成長がありません。我々は自分たちの考えを一方的に押しつけるのではなく、人間として同じ目線で考え、一緒に困りながら共に成長していきたいと思っています。物事は誰かが初めから答えをもてるほど単純ではないし、現状を変えることはそんなに簡単なことではないと思っています」

伊倉の言葉を継いで、長野は静かにそう言った。

その日。瀬川は「長野さんのところにお世話になることにしたよ」と坂巻から聞かされた。決定を聞いたあと、すぐに長野のオフィスに駆けつけた瀬川の顔は上気していた。

「もう、やるしかないですね」

そして三月、ヨコハマ自動車部品は、長野のプレ・コンサルティングを受けることになった。

長野の考え方に共感したマネジメントのトップは、社員の自発的なエネルギーによって風土・体質を変えていくPD研究所のやり方で、自社の改革を進めていくことに合意した。それはヨコハマ自動車部品の将来を託す、起死回生の改革のスタートだった。

自然治癒力で解決する

南風が春の訪れを告げる頃、BPR推進委員会のメンバーにとって心強いパートナーができた。長野に加えて若いプロセスデザイナーが活動に投入されたのである。

プレ・コンサルティングが始まると、それまでつき合ってきたなりゆきから、瀬川がPD研究所の担当になった。窓口となった瀬川は、すでに顔なじみになっていた原島由美子をあらためて紹介されて、気分が華やいだ。部品メーカーのヨコハマは典型的な男性職場で、本社にも女性は数えるほどしかいない。血を流す覚悟で改革に臨む瀬川だったが、やはりそれだけでは生活に潤いがなかった。

長野の事務所で話した時の彼女の印象は強烈だった。

原島は長野を前にして、臆することなく長野とは違う自分の意見をはっきり述べる。時には二人が意見を戦わせて議論になることもあった。それでいて我が強い、口だけ達者というわけでもない。たたずまいはごくさりげない女性なのに、与える印象は長野よりも強いくらいだった。

その少し前からヨコハマでは、瀬川を中心に小野田や石原が支援して、設計部やシステム管理部の有志によるミーティングが始まっていた。

長野がきっかけをつくった講演後のやりとりのあと「あんな感じの場をもとう」と何人かが話し合い、**自発的にインフォーマルな場をつくった**のである。BPR推進委員会としての応援態勢は残念ながらできていなかったが、そこには推進室カラーを抜いた瀬川が「世話人」として関わっていた。世話人としての瀬川は、職場の問題や改革について話し合ったり、委員会周辺の動きを伝えたりと、孵化したばかりの場に自主的に集まり始めたメンバーを見守るようにサポートしていた。

「**世話人**」という呼称は「コンサルタントや推進室が権威になってはいけない」と考える

長野らが、社内の実質的な改革推進者や支援者、場の主催者に対して使っている言葉である。その姿勢はあくまで同じ価値観をもつ仲間として動くことであり、精神はまさにボランティアであった。

瀬川も世話人を名乗るようになってからは、改革推進委員会という業務に携わる担当者ではなく、会社をよくしたいという思いで結ばれたネットワークの一環に自分を位置づけていた。そのスタンスはプロセスデザイナーも同様である。

ただし、長野や原島が具体的に何をするのか、その役どころはよく分からなかった。それを最初に垣間見たような気がしたのは、開発部門の若手グループが集まって行ったミーティングの時である。

ミーティングも始まったばかりの頃は、腹を割って話す飲み屋の会話がそうであるように、「本音で話す」と言ったとたんに鬱積した不満やこらえていた怒りが一気に噴出する。

その日のミーティングも、一人が口火を切ると、いつも裏で言い合っているらしい会社の悪口や上司の批判、悶々とした愚痴が部屋いっぱいに充満した。

ただただ**言いたい放題の不満の応酬**に、瀬川は内心〈こればっかりじゃ埒があかないぞ。もっと建設的な話し合いをするべきじゃないか〉と思いつつ、一緒に入って向かいの席についた原島の表情をうかがっていた。すぐにほころぶ原島の人なつこそうな顔は、さっきから真顔になっている。プロセスデザイナーがこの場をどう仕切って収拾するのか、瀬川には興味があった。

ところが、その場の空気に溶け込んだ原島は、みんなの話に共感して耳を傾けつつ、適時、言葉少なに質問を投げかける。一つ聞けば、かき立てられて話はまた膨らんでいく。それに対して原島が相づちを打つ……。

瀬川は少し不安になった。

〈火に油を注ぐようなものではないか〉

案の定、その反応にみんなは我が意を得たりとうなずいている。告発や問題提起といった性質でもない、たまっていたものを発散させただけの不満や怒りが誘われるように溢れ出た。

一回目のミーティングはそれで終わった。

そして、二回目の時も、まだまだ言い足りないとばかりにみんなは腹にたまった不満を吐き出した。しかし、二回目のミーティングが終わりかけようとする、そのあたりが臨界点だった。

不思議なことに原島が共感で応えていると、それまでのネガティブな発言が鳴りをひそめて「言いわけみたいな仕事ばかりしてきた気がする」「自分が一方的に思い込んでいるだけなのかもしれない」と、ぽつりぽつり前向きな発言が出始めた。どうやら、みんなは気持ちに決着がついたらしい。

山火事を鎮める時、水で消そうとするとかえって逆効果で、火薬を使って一気に燃やし尽くしてしまうと聞いたことがある。みんなが心のどこかで〝指導する立場の人間〟と思い込んでいる原島が止めもせずに丸ごと受けとめたことで、不完全燃焼の怒りが気持ちよく燃え上がり、十分納得して燃え尽きたようだった。

「一緒になって怒ったり悩んだりしてくれる人がいると、気持ちがすっきりして、やがて前向きになっていく。もちろん、どんな時もそうなるとは言えないのかもしれませんが、私たちの経験ではいつもそういう変化が見られます。どうしてそうなるかといえば、人間がもっている**自然治癒力**がそうさせるんでしょうね。我々のやり方が漢方療法だという人がいるのは、抗生物質のように特定の病原を叩くやり方ではないからです。人間が等しくもっている生命力、精神力、能力をいかに引き出すか、言い換えれば、自分が自分の力で解決できる状態をいかにつくるかを第一に考えているからなんです」

後日、瀬川がそのミーティングの時のことを話すと、長野はそう説明した。

「ただ、その場に立ち会っているだけのようで、そうではない。プロセスデザイナーという仕事は簡単そうで意外に難しいのかもしれませんね」

「自然にね、相手の気持ちになって自然に考えて、不自然なことをやらないというのかな。目線が高いところにあると、どうしても相手を変えようとしてしまいますからね。そういうスタンスだと、おそらく場を共有できないで壊してしまうことになるでしょうね」

もしかしたら、自分は心のどこかで焦ってみんなを変えようとしているのかもしれない。気持ちのゆとりがないのかなと瀬川は思った。

「そういう話、みんなでしたいですね。特にラインのマネジメントに関わる人には考えてほしい」

深く考え詰めることはしないが、聞いた瞬間、やる価値があるかどうかを嗅ぎ分ける嗅覚の鋭さが瀬川にはある。そして、この活動にはそういう感度をもつ人間が世話人として必要とされた。

「瀬川さん、一回、**オフサイトミーティング**をやってみましょうか」

「オフサイトミーティング？　話は聞いていましたけど、具体的にどんなことをするんですか」

「会社の中では、会議のようにまじめにまじめな中身の話をする場はあるけど、今やっているミーティングみたいに、ざっくばらんな雰囲気で気楽にまじめな話をする場は意外にないでしょう。通常、会議のようなフォーマルな場というのは、みんな部署を代表する〝立場〟で参加しているから、自分たちの利益や安全を守ろうとして建前で話をしがちです。だから、どうしてもオープンな議論にはならない。公式の会議の場というのは、そういう性格をもちやすいんです。もちろん、それを改善する余地は十分あるにしても、会議という場の機能と形態を考えると〝結論を求める〟というノルマを課さずに自由に話したいことを話し合うような場にはなりにくいのが現実です。ですから、既存の場の性格を無理に変えるのではなく、目的に合った別の場をつくるんです」

「オフサイトって、どのくらいの規模でやるんですか？」

「メンバーは二十人が目安かな。仕事の場、立場を離れて気楽に話をするのが目的だから、職場を離れてやることがかなり重要な条件といえるでしょうね。我々は通常、二泊三日で合宿みたいにやっています」

「何か、プログラムのようなものがあるんですか？」

「いや、特にありません。しかし、そうは言っても流れはできますけどね。でも、そのくらいじっくり時間をかけて、なおかつ結論を出そうとしないで話をすると、お互いの気持ちとか考え方とか、背景が分かってくるんですね。会社の人間関係って、けっこう知ってるようでお互いのことを深くは知らないから、表面的な誤解があったり不信感をもったりする。お互いに人間として心を許し合う前に利害関係が前に出て、往々にして対立関係をつくってしまう。理解しようにも相手のことをよく知らないからそうなることが多いんです。その関係を再構築するというか、何かをやるにしても気持ちよく協力し合って知恵を出せるような信頼関係をベースにつくることが狙いなんです」

「おもしろそうですね」

「メンバーによって場の雰囲気がまったく違うからおもしろいですよ」

「結論がないというのは、どうなるんですか」

「結論がないわけではなくて、結論を出すことをノルマにしていないということです。ノルマにすると無理にでも結論らしきものをつくる。いや、場合によっては初めから結論めいたものをつくっておいて、その結論に合うような話し合いをするというようなことも起きてくるわけです。

ただし、ノルマではなく自然に出てくる結論は大歓迎です。そういう結論は本当に意味のある結論ですから。でも、それは最初から期待すべきじゃないでしょうね」

見たこともないからイメージが湧かない。分かったような分からないような……。瀬川は漠然と今までやってきたミーティングの大型版を思い浮かべていた。

〝分かったような分からないような〟その不可思議なミーティングの説明に、やがて苦しめられることになろうとは瀬川は夢ゆめ思っていなかった。

風土改革ノート❷

新しい人間関係を築く

気楽にまじめな話ができる関係

「風土・体質改革」そのものにパラダイム転換が必要であることはすでに述べた。じつは、同じようなパラダイム転換がコンサルテーションにおいても必要になってきている。

どういうことかと言えば、現状でのコンサルタントとコンサルテーションを受ける側の間には「教える側と教えを請う側」という関係が厳然として存在しているように見える。

そして、教える側と教えを請う側という立場がはっきりすればするほど、両者の間のやりとりや情報の流れは一方通行になりがちである。特に日本の場合はそれが顕著に表れやすい。先生と呼び、呼ばれるような関係では、一方が他方に対して自由にものが言えなくなる。日本ではよく見られる光景である。

もともと企業行動とは、そんなに単純なものではない。まして人の心を伴う風土・体質の改革となると極めて複雑なもの、つまり「複雑系」そのものといってもいいだろう。

常に変化し発展している現状に対しては、いかに優秀なコンサルタントといえども、過去の知見からのみ企業の現実を把握することなど不可能である。つまり、何人たりとも、**現状とのたゆまない対話**によってしか現状をより正確に把握することなどできはしない。

その意味では、単なるヒアリングという意味ではなく、企業の現状をその現場において最もよく知っているクライアント企業の人々との情報の交流、担当者とのやりとりを通じてこそ新しい知恵も生み出され、コンサルタントとしての役割も果たし得ると言えるのだ。

私たちはこのようなコンサルテーションを、旧来のそれと区別して「**プロセスデザイン**」と呼んでいる。したがって、プロセスデザイナーは先生と呼ばれたり、またそのように扱われることをよしとしない。「さん付け」もごく当たり前と考えているし、「クライアント企業の中に信頼関係に基づく仲間をつくっていくこと」と「仕事が成功すること」がほぼ同義であることを知っている。

じつは、このお互いに信頼し合う関係、相談し合える関係を組織の中に築いていくことこそが、「言ってもムダ」とお互いが牽制し合う安定状態を崩していくうえでのキーワードなのである。

ということは、つまり、風土・体質の改革というのは「**牽制し合う人間関係**」を「**信頼し合い、相談し合える人間関係**」に変えていくことなのだ。言い換えれば、互いに目線を合わせて相手を人間として尊重しながら、お互いに学び合うことこそ風土・体質改革の出発点なのだ。

牽制的な機能が働いている状態というのは、お互いに「〜しないほうがいい」というように、自らの行動に自主規制をかけていく状態である。こういう状態の時も、教える側と教えを請う側という関係の場合と同じく、情報の流れが一方通行になりがちである。なぜそうなるのかと言えば「問い返し、聞き返しが行われにくくなるから」というのが要因の一つである。

しかし、それだけではない。最も大きな要因は、お互いが牽制し合っている状態では「**気楽にまじめな話をする**」機会がほとんどなくなってしまうということにある。組織がまだ新しかったり小さかったりすると、比較的「言ってもムダ」というようなお互いの牽制的な機能は働きにくい。若い組織では、時と必要に応じて、ちょっとまじめに雑談をしたりすることはあるものだ。つまり「青くさい議論」をするようなことがよくある。しかし、組織が老化してくると、素朴な疑問や改善意欲も薄らいでしだいにそれが少なくなる。アフターファイブに同僚と飲みに行っても、せいぜい上司の悪口を言うくらいで終わってしまったりする。

この「気楽でまじめな話」がどのくらいできるかというのは、組織の老化を計るバロメータでもある。

では「気楽にまじめな話をする」ことは、どのような効用をもたらすのだろうか。

一番大きいのは、ふだん聞かれないような話がバラバラと出てきやすい点である。たとえば、まだ頭の中ではしっかりまとまっているわけではない何らかの「思い」であるとか、「もしかしたら重要ではないかな」と思う程度の断片的な情報を気楽に口にしやすいのがこういう場である。

大切なことは、そういう情報が露出することによって、お互いが刺激され、そのことによってイメージがはっきりしてきたり、断片的な情報の寄せ集めで全体像が見えてきたりすることだ。また、そういう情報の中には断片的であるがゆえに見逃しがちだが、しかし本当は非常に重要な問題というのも存在する。そういう問題は、正式な会議のテーブルの上にはなかなか乗ってこないが、こういう「気楽にまじめな話をする」なかでは顕在化しやすく、カバーされやすい。

つまり雰囲気こそ気楽であっても、いわゆる会議をいくらやっても集めきれないような濃密な中身をもちやすい。そういう場では公式会議にはどうやっても出てきにくい情報が出てきて、会議とは違うざっくばらんな雰囲気でその情報が話題にされる。こういうところで拾った生の情報、やりとりの中で育ってきた情報というのは意外に戦力になるものだ。

しかし、組織が老化してくると「気楽でまじめな話」は減ってくる。つまり「気楽でまじめな話」は組織の青さ、若さ、みずみずしさを保つ一種の〝潤滑油的な役割〟〝ハンドルの遊び的な役割〟を果たしているということもできるわけで、その潤滑油が切れると組織は老化状態に陥るということなのだ。

風土・体質を変える具体的な方策

牽制的に安定している風土・体質を変えようと思うと、老化している組織体質に潤滑油を入れてやらなければならない。どうすればいいかというと、一つの方法として、意識的、組織的に、そして、より質を高めて「気楽にまじめな話をする場」をつくるのである。

これは一見、簡単そうで何でもないことのようだが、実際にやってみると意外に難しい。特に「質の高い」という形容詞がつくとなると、かなり努力と技術を要することになる。それなしにつくられた場というのは往々にして、単なるつまらない雑談で終わってしまうか、気楽になれずに終わってしまうか、どちらかになる可能性が高い。

そういう意味では、伊倉が社長就任直後に試みた「社長対話」が失敗するのもごく自然ななりゆきである。ただ何となく企画して（的はずれな企画をして、と言ったほうがいいかもしれない）、それで成功するほど簡単なものでないというのが経験上の感想である。

まず、社長対話となると、いくら社長が気楽にやろうと思っていても、社員の気持ちの中には牽制的な働きが充満しているといってよい。もちろん、なかにはチャンスとばかりに言いたいことを言ってやろうという向きも時にはいる。しかし、全体としてはそういうことは部分的、散発的にしか起こらない。

もちろん、そういう場も、たとえば気の利いたコーディネーターが一人いるだけで雰囲気はずいぶん違ってくる。つまり、成功させるためのノウハウというのは明らかに存在する。

問題は、多かれ少なかれ管理職ぐらいになると、自分はこういうコーディネーター的役割がそこそこできると多くの人が思っていることだ。ところが残念なことに、たいていの場合、そういう〝場をコーディネーションする能力〟そのものがずっと狭い範囲でしかとらえられていないことが多い。誰にでもできそうでいて、じつは難しい。それがゆえに、かえって失敗しやすいというのが、この種の場づくりの特徴なのだ。

たとえば、いわゆる司会のうまい人（仕切るのがうまい人）がコーディネーターに向いているわけでは必ずしもない。むしろ、仕切るタイプより「人の話をうまく引き出す能力をもっている人」のほうが向いていると思うこともしばしばある。漫才のボケとツッコミで言えば、ボケタイプのほうが適している。少しボケながら人の話をどんどん引き出して、要所では流れをうまくリードできる、そういうタイプが一番合っている。

オフサイトミーティングとは

「気楽にまじめな話をする場」という場づくりのコンセプトで組織的に行っているのがオフサイトミーティングである。

「オフサイトミーティング」とは「職場を離れて」行うミーティングという意味である。

このオフサイトミーティングは、ミーティングとしても研修としても使える汎用的な性格をもっている。ちなみに、私たちは今までの研修を「旧世代研修」と呼び、研修のパラダイムを転換する目的で行っているオフサイトミーティングを「新世代研修」と呼んでいる。

第三章　改革はなぜ失敗するのか

かみ合わない歯車

「長野さんも言ってたけど、等々力精機でもやってるらしいな。いいんじゃない、保養所を使うのは。どうせ、あそこはたいして利用者がいないんだから。予算は教育・研修費を使えばいいだろう」

若手社員のオフサイトミーティングをやってみたいと相談したら、坂巻常務は思いのほかあっさりと賛成してくれた。

「社長にも話しておくよ。ただ、他の委員たちとよく相談してからにしろよ」

「はい、分かりました」

一九九五年三月にPD研究所が導入され、活動が本格的にスタートしてからは、瀬川俊一は坂巻常務と直接のコンタクトが取りやすくなっていた。オフサイトの件も、山沢や石原には相談したが、委員会で検討するのはあと回しにして、瀬川はまず坂巻に相談していた。依然として煙たい紺野の存在はともかく、PD研究所と一緒に動くようになってからは、具体的な動きがあちこちで徐々に進行しつつあった。

意気揚々と部屋に戻った瀬川は、すぐにPD研究所に連絡した。プロセスデザイナーは、曜日は決まっていないが週に三、四回はヨコハマ自動車部品に来て、社内の誰かしらに会っている。といっても、彼らは必ずしも瀬川を窓口にして動いているわけではなく、役員クラスを除けば、芋づる式に紹介された人づたいに歩いているから、瀬川が長野靖行や原島由美子に会うのも不定期だった。

翌日やって来た原島に、瀬川は早速、オフサイトミーティングの相談をした。

内容的にはかなり大まかではあったが、すでに自分たちの仕事のしかたや業務における問題意識を話し合う場は生まれている。しかし、それはまだごく一部の有志の動きにとどまっていた。瀬川は、まず問題意識の旺盛な若手を中心に世話人を開拓し、そのネットワークをつくるためにもオフサイトミーティングをやりたかった。

「いきなり年齢層の高い管理職でやるより、若手中心がいいですね」

「ええ、最初は**手を挙げてくれそうな層からやったほうがいい**でしょうね。主任、グループリーダークラスは元気な人がけっこういますし、彼らの中から世話人を募って、部署内で声をかけてもらうようにしましょうか。私のほうでは品質保証部と生産技術部の人たちに相談してみます」

世話人の発掘は、瀬川と原島を中心にした人海戦術である。手間ひまをかけて一人ずつ会って話をする。意気投合すれば人を紹介してくれるから、その人にまた会う。その繰り返しだった。彼らはふだんは別々に行動し、カバーする部署も異なった。

瀬川は原島に生産部門と開発部門を任せ、分担して参加者にあたりをつけていくことにした。

「じゃあ、僕は営業と管理部門をやりますよ」

その件を打ち合わせたあと、予算の話も含めた相談をしに瀬川は副委員長の紺野経理部長のところへ行った。

三月も終わりに近づき、あわただしい時期ではあった。しかし、紺野があまりいい顔をしない理由は、それだけではなさそうだ。あからさまに、また何か始めるつもりかという顔をしていた。

オフサイトミーティングという議論のための合宿をしたいと瀬川が切り出すと、耳慣れないその言葉に紺野清則はけげんそうな顔をした。

「オフサイトミーティング？　それ何やるの」

紺野の管理的な態度と自身の生かじりの心もとなさもあって、つい弁解めいた口調になり、瀬川はひと息に言い切った。

「問題解決や結論を求めることを前提にしないで、みんなが日常的にもっている問題意識をぶつけ合って、ざっくばらんに議論しようという場なんです。長野さんもおっしゃってましたけど、今のうちの仕事のしかたというのは、それぞれの部がバラバラに動いて、**自分たちの城を守るためのムダな仕事**もたくさんしています。基本的に話し合おうという姿勢がないから、業務上の接点では調整に時間を取られるし、何か起これば起こったで責任のなすり合いになる。みんな自分たちの利益が優先で、会社をよくするために一体になって仕事をしようという空気がありません。部署間もそうですし、部署内であっても上下の間に意思の疎通がない。それは、やはり信頼関係をきちんとつくったうえで仕事をしていく習慣がなかったからで、その信頼関係をつくるための話し合いをするのがオフサイトミーティングなんです」

「それを合宿でやるわけ？」

背もたれに肘をかけ、斜めに構えた紺野に瀬川が身を乗り出して説明する。二人はパーティションで仕切られたミーティングコーナーで話をしていた。

「はい、二泊三日で山中湖の保養所を使おうと思っています」

「え、三日？」

眉間が縮まって紺野の細い目がさらに細くなった。

「そんなに三日もかけて、中身は何やるの」

申請書類の項目をチェックするような定型の思考パターンで、紺野はいつも形式から攻めてくる。自分が欠格者のような気にさせられる紺野との会話が瀬川は苦手だった。

「フリーディスカッションが中心ですが……」

「ああ。最近は研修もグループディスカッションやチーム活動を取り入れてるからね。それはそれとして、研修みたいなものならプログラムがあるんでしょ」

「プログラムというか、基本的にはPD研独自のやり方があって、コーディネーターの長野さんと原島さんにお任せしています。自己紹介とか情報提供とか、いくつか決まったことはあるそうですけど、あとはやりながら流れをつくっていくやり方だそうです」

「やりながらといっても、ある成果を狙って計画的にやるから三日も必要なわけでしょう。当然、何らかの指導の組み立てがあるはずだよ。そのフレームで説明してもらわないと分からないな」

あらかじめ講師が答えをもっていて一方的に受講者をリードする研修と違って、参加者みんなが互いに学び合う、従来の研修の枠をはずしたコロンブスの卵みたいなもの、と長野は言った。それを紺野に説明するのは難儀だった。

「で、対象者は?」

「今回は、ラインを中心に若手社員だけでやろうと考えています。できるだけインフォーマルでやりたいので、これから希望者を募ろうと思っていますけど」

人選は人事の仕切りとばかり思っていた紺野は希望者を募ると聞いて唖然とした。

「そりゃ君も無計画すぎるなあ。年度の教育・研修プランもあることだし、予算だって限られてるんだから、この手の活動は人事とすり合わせて体系的にやらないと。聞いてると、やり方はともかくとして、狙いは『ニューあすなろ活動』と似てるんじゃない?あれも業務の見直しと職場風土の改革を重点課題にして自主活動でやってるんだからね」

人事部とTQM推進室が主管となって行ってきた小集団活動は、社長交代を機にリファインされて《コスト・技術・情報感度の進化》をテーマに活動している。課長クラス以上はマネジメント改革を、以下の層はチーム活動での業務改革を目的に、各部門の課題にそってテーマを申告させ、その進捗を事務局が管理していた。活動は半年ごとに実績をまとめて発表会を行い、優秀な職場は表彰を受ける。ただし、業務と並行して義務づけられたニューあすなろ活動は、あくまでTQM推進室のペースで運営、管理されているため、テーマ申告から自己評価、実績報告に至るまでの書類作成も含めて、やらされる側の負担になっていた。

しかし、もう一つの側面から見れば、きちんと目が届き手が入っている以上、活動と名のつく何かが行われているのは事実で、少なくとも〝何もしてない〟わけではない。テーマを設定する、やったことを評価する、書類を書く、そこにも自己啓発はあるのだと紺野は確信していた。

めざすところは同じようなものなのかもしれないが、瀬川の話はどうもすっきりしない。「バラバラにやると部門も混乱することだし、いっそ、ニューあすなろ活動の中でやったらどうなの」と紺野は言い出した。

「風土・体質改革に的を絞った活動として、BPR推進委員会で独自にやりたいと思っています」と、かろうじて瀬川は突っぱねたものの、紺野にとって形式をもたないものは検討外である。聞き置くだけで瀬川の話を紺野は受け取らなかった。

理解が得られないまま、かみ合うことなく打ち切られたやりとりだった。

「研修とは根本的に違うんだけどなあ。土壌のないところでオフサイトミーティングの説明をするのは難しいね」

瀬川は、のれんに腕押しのような紺野とのやりとりを原島に説明しながらこぼした。

「総論では賛成でも、各論になると今までの自分たちのやり方があるから、すんなりとは受け入れられないでしょうね。無理に説得しようとしないほうがいいですよ。じわじわと環境が変わってくれれば考えもまた変わりますから」

答える原島の言葉には何となく納得性がある。年下なのに肝がすわってるなと、あごにかかるストレートヘアの原島由美子の小さな顔を見て、瀬川は苦笑した。

研修アレルギー

集まって何かをやろうとすると、すぐにかたちから入り、かたちをまず整えようとする紺野の存在は、意気込む瀬川の気持ちにブレーキをかけた。しかし、事態は意外なところで急転することになった。

その後、オフサイトミーティングの参加希望者は、進んで初回の世話人になってくれた小野田課長や石原課長たちの手を借りて、自薦他薦も含めた十八名になっていた。人選の際の条件は〝問題意識の強そうな人間〟である。係長クラスが中心で、数名の課長、それにエンジン工場からは若手の工長クラスも二名参加することになっていた。

といっても、みんながみんな前向きに応じたわけではない。なかには、ＢＰＲ推進委員会に懐疑的な者や、話し合うこと自体に乗り気でない者もいて、気心が知れた小野田たちが「やってみなければ分からない」「その問題意識が改革には必要なんだ」と説得して引っぱり出すといういきさつもあった。

しかし、声をかけられた若い社員のほとんどは、その頃すでに広く知れ渡っていた九五年三月号の『開発だより』の瀬川の文章を読んでいて、その瀬川が頑張っている改革活動に今までとは違う〝何か熱いもの〟を感じ取っていた。そんなこともあって、最後は本人もそれなりに納得して、ひとまずメンバーは揃った。

そこに、もう一人、当初予定していなかった参加希望者が飛び入りしてきた。

若手社員が集まってオフサイトミーティングをやるという話を坂巻常務から聞いて「私もぜひ参加したい」と社長の伊倉が手を挙げたのである。社長対話の失敗をどこかで挽回しなくてはと思っていた伊倉は、長野と話すうちに、その場に立ち会ってみたいと素朴に関心をもったのだった。

「社長が積極的に関心を示すのは願ってもないこと」と瀬川は思った。ざっくばらんになるかどうかはともかく「あの人なら」メンバーもおおむね歓迎だ。

しかし、紺野にとっては別の意味で大問題だった。

まず社長が参加するとなると、委員会がオフサイトの開催に消極的だという印象を与えるのはまずい。かといって、やるとなると瀬川の仕切りでもあるし中身が心配だ。社長が出席するという話を耳にしたとたん、顔色を変えた紺野は即刻メンバーリストを要求し、人選に口出しを始めた。

「おい瀬川、このメンバーはどういう基準で選んでるんだ」

「あくまで自発的に話し合いたいと希望して参加するメンバーですけど」

「こいつはまずい。誰がこんなのを選んだんだ」

いきなり呼ばれて渡されたリストには、二人の名前にバツ印がついていた。品質保証部の世話人が熱心に働きかけて、参加を了解してくれた加工工場のグループリーダーとエンジン工場の主任だった。

「えっ。どういうことですか」

思わず荒げた声を瀬川はかろうじて抑えた。

「社長も出席するミーティングだろう、こういうことはもっと慎重にやれよ。工場の人間はけっこうバイアスかかってるのがいるぞ」

紺野は、かつて労務課長だった頃には労務対策に手腕を発揮した人間で、経理屋としての目だけでなく労務屋の目ももっている。そのもう一つの目で、社内の要注意人物はすべてマークしていた。彼にとって、声の大きい人間や職場の秩序を乱しそうな人物はすべて反乱分子である。

「つまらない話が社長の耳に入るとまずい」と、経験を盾に紺野は頑として譲らなかった。そうやってこれまで幾多の局面で事態を丸く納めてきたのだ。

瀬川は頭を抱えた。

〈社内秩序……〉

別の問題も出てきた。やっとのことで紺野と話をつけ、推進委員会から部署長あてにオフサイトミーティングの出席願いを出したところ「辞退」の声が上がり始めたのである。手薄になった陣容で目標達成に汲々とする駆動開発部では「この忙しい時に三日も人を抜くなんて、何のんきなこと言ってんだ！」と、部長の古賀が依頼状に向かって一喝し、紺野に文句を言ってきた。自部署の事情をめんめんと説明し「とても物理的にやりくりできないから、よそに頼んでくれないか」と、やんわり断わってきたのはエンジン開発部長の柳瀬である。

そうかと思えば、人事部に向けて苦情を言う者もいた。

「矢崎さん、うちの関野を指名してきたのは何か理由でもあるんですか」

生産技術部長の茅原は、人選を見るなり胸騒ぎがした。係長の関野は部長に対しても、おかしいことはおかしいとはっきりものを言う男である。かといって、口先だけではなく行動力もあって部下からの信望も厚いだけに、茅原にとっては扱いにくい存在だった。

〈たとえ社長の前だろうと、あいつが萎縮するとは思えない。不用意に部の悪口でも言わ

れてはかなわない〉

不安になった茅原は、顔なじみの人事部長の矢崎に電話したのだった。

「ああ、あれに関してはうちじゃないよ。俺からも二、三注意はしたけど、推進委員会が独断でやってることだからね。それで予算だけはくれっていうから、うちもどうしたもんかと思ってるんだ」

「社長も出るんでしょう？　何か意図があって選んでるんですかね」

「瀬川が言うには単純に希望者ってことらしいよ。各部だって人の調整の問題があるから、窓口を一本化したほうがいいんじゃないかとは言ったんだけどさ」

「オフサイトミーティングって、三日も何をやるんですか」

「瀬川が妙に意気込んでるみたいだけど、どうも話が要領を得なくて分からないんだ」

てっきり人事部の仕掛けだと思って相談をもちかける部長は他にもいた。研修が入っているから別の人間に振ってほしい。もっと適役がいる……。

毎年、年度初めには、人事部の山沢から各部門に対して年間の教育・研修計画表が渡される。カリキュラムの中には、知識や技能を身につける自由参加の研修もあったが、新入社員教育をはじめとする階層別研修や、昇格の前提となる資格取得研修などと同様に、よほどのことでもない限り参加が義務づけられており、各部門は人を割り振りして所定の頭数を出していた。

「やりゃいいってもんじゃないだろう」「ただでさえラインは人手が足りないんだから、フルメニューを組まれると響くよな」「パソコン講座なんて、システムもできてないのに各部から人を出す必要あるのか」「それなら、実効なんか上がりっこないんだからTQMをやめればいいんだ」

研修担当の山沢はというと、改革に対して熱意もあったし、行動するだけの意思ももっている。研修についても、何とか実践に役立つ内容にしようと彼なりに努力は続けていた。しかし、努力はすれど、根本的には〝やらせる研修〟から脱しきれていなかったために、相も変わらず現場からは迷惑がられる存在になっていた。

人を出せ、これをやれと通達がくるたびに、各部は「また赤紙が来た」と言っては嫌々ながらに受け取るというのが現実である。日々の業務を回すだけでも手一杯の状態なのに、スタッフときたら、お荷物を増やすことばかりを考えている。「机で考えたことを落とすだけだから気楽でいいな」「こっちはいい迷惑だ」と、スタッフ部門に対する不満は心中ではくすぶり続けていた。

とはいえ人事部ともなると、そのくらいのことは先刻承知である。矢崎などは山沢とは違って「教育というのは長い目で見て計画的にやらなきゃだめなんだ。ただでさえ現場なんて学習機会がないんだから、多少無理してでもやらないと人材育成なんかできない」と信じて疑わなかった。

発信元がどこであろうと名目が何であろうと、上から降りてくるものはお荷物である。瀬川や参加メンバーの真剣な気持ちとは裏腹に、絶対強制でないなら一切お断わり、とばかりに当該部署の上司たちはブーイングを発した。

紺野や矢崎から「文句が来て困ってる」と聞かされた瀬川は、それからすぐに各部の部長に会いに行った。この間のゴタゴタには原島由美子も一緒に頭を悩ませていたが、結局、書面では気持ちが通じないから、直接会って話したほうがいいという結論に達したのである。

〈お願いのしかたも今までみたいなやり方じゃだめなんだ。ちゃんと背景やいきさつを説明して納得してもらわなきゃ〉

説明に行くと言われれば、拒む理由もない。やって来て一生懸命説明する瀬川に部長たちもほだされた。エンジン工場長の岩城などは、最後までうさん臭そうな態度を崩さなかったが、社長も参加するということを聞いて、最後には不承不承で承知した。

「ただ集まって話すだけなのに、何でこんなに骨が折れるんだろうね」

紺野の強硬な意見には逆らえず、やむなくメンバーを差し替えることで妥協して、初めてのオフサイトミーティングは、やっとどうにか実施にこぎつけた。疲れるな、とぼやく瀬川に「まだ始まったばかりですから」と原島が励ますように言った。

参加者からは「事前に何を話すか打ち合わせなくてもいいのか」「終わったあとで感想

文とか報告書を書くのか」「スケジュールはどうなってる」といった細かな問い合わせが入る。

「体ひとつで来てください。服装もラフに。ただ、前もって長野さんの著書を読んでおくことだけお願いします」

そう答えつつも、瀬川自身、どんなミーティングになるのか内心では不安だった。

社長、驚く

里はもう春だというのに、山中湖畔の林間にはまだ雪が残っている。

オフサイトミーティング最終日の朝、わざわざ息子に借りた四ＷＤで駆けつけた伊倉は、軽くみんなに挨拶をしてから、食堂の大テーブルを囲むメンバーの輪の中にうながされて座った。

昨日までの流れは瀬川からの電話で聞いている。

一日目は**自己紹介**が予想外に長引いて、夕食後も自己紹介の続きをやって終わり。二日目は、みんなで出したテーマを選んでグループディスカッション。最終日は議論した内容の紹介や感想をみんなで共有しようと思っています……。

「何か眠そうな人もいるね。ゆうべはみんな何時頃に寝たの」

社長が来ても雰囲気は変わらず張りがある。すぐに場になじんだ伊倉は気軽に声をかけた。

「夜中まで残業してました」

誰かが真面目な口調で言ってみんなが笑った。間髪を入れず、世話人の小野田がフォローする。

「飲みながら話をしていたら二時過ぎまで話し込んでしまって。そこで一回寝ようとしたんですけど、布団を敷いたら安心して、また集まって続きを四時頃までやってしまいました」

「自主残業か」

察した伊倉も笑った。

「じゃあ、次は私が」と声がかかって、話の続きが始まった。

壁際に押しやられたホワイトボードには、三つに分かれたグループのディスカッションテーマが書き残されている。

『どうやって仕事にゆとりをつくるか』

『なぜ品質がよくならないのか』

『会社における信頼関係とは何か』

伊倉はそれを新鮮な気持ちで眺めた。

いかに目標を達成するか、いかに生産性を上げるか、いかにムダをなくしてコストを削減するか——とりあえずは現状のあり方、やり方を前提に、それをよりよくする方向でオペレーション上の問題や改良が議論されるのが通常の会議である。どちらかと言えば、運営上の合意、調整の意味合いが強いヨコハマ自動車部品の会議では、今現在、立脚している足下、つまり前提そのものから見直して、そこにある問題を発見し、議論するような〝場の設定〟そのものがなかった。

そうでなくても、すでにある流れを止めないで流し続けるのが企業活動の日常である。いったん流れを止めて、その軌道を疑ってみるなど、仮に上からの命令があっても簡単にはあり得ないことだった。

しかし、風土や体質の問題は流れの外に立って見なければ顕在化しにくい。ボードに書かれた素朴な言葉をよく読むと、その裏で、問題の本質に迫ろうとする真摯な議論が展開されているらしいことは伊倉にも想像がついた。

二日間、じっくり話し合って気心が知れたせいか、場をいっぱいに使ってやりとりするみんなの口調は打ち解けていた。

「……それに不具合が出た時の事故伝票が上がってくるのが遅いから、設計のほうの問題だったりすると、対応するまでの間に製造のロスが出る。それなら先に電話をもらって直接話をすればもっと早く手当てがつくことも多いのに、設計と製造がそういう関係じゃないから情報が遅い。第一、製造の人間とはまともに話をしたこともないしね」

「女性と一緒で、**知り合う機会がない**」

「それでは本来まずいのかもしれないけど、非公式でもルートがあれば、少なくとも情報だけは早く取れるよね」

「部長同士が仲が悪かったりすると、自然に部同士も対立するじゃない？　組織的に交流しようという話には絶対ならない。僕らもそれに乗っかって、一緒に問題を解決しようとか考えたことがなかった気がする」

「ああそれ、営業も同じですね。僕ら営業は価格の話、設計は仕様の話と別々にやって、すり合わせる時に部同士が綱の引き合いをしてる。両方で話し合って『これでいこう』と合意する、そういう接点をつくろうとしないで、**同じ会社の人間なのに川をはさんで石を投げ合っている**」

「こんなふうに話し合う場がなかったんですよね。変な話、上の人抜きで担当者同士が話し合うなんてのは初めてのような気がする。仕事もこうやって進めたほうが絶対いいよね」

「ほんとは、そういう環境をつくるのが上の人間の役割じゃないかと思うんです。でも、部長たちは単に決められた枠に納めるための管理をやってて、枠からはずれたら叩くのが仕事だと思ってる」

部長たちが聞いたら目を剝きそうなやりとりになっている。しかし、真剣に問題をたぐろうとしているだけで、メンバーに悪意はなかった。

「会社の中で、強制力に頼って物事を推し進めようとすると、どうしてもノルマをつくって追い立てざるを得ないし、**数値での管理**が最大の関心事になりますね」

「そういう環境だと、管理される側の下の人間は進んで自己規制してしまうものです。せめて身近な人間だけでも話し合って知恵の貸し借りをするようになればいいけど、通常は、同じ課内でも意外に助け合うことをしないで、みんな自分の殻に閉じこもってしまいがちです。ここにいるような、前向きの価値観を共有している仲間がいれば殻も破れるのかもしれないけど、一人だけ出る杭になると、やはり負のベクトルが働いている組織の中では爆死してしまうんです」

原島は、仲間の存在についてふれ、互いを深く知ろうとする姿勢、話し合うことで得られる知恵をもって助け合うことの大切さを語った。その話を受けて、また別のメンバーがしゃべり始める。メンバーが自然に主役になっていて、プロセスデザイナーは節目節目でそうした短い投げかけをするだけだった。

「まさか、こういう話が聞けるとは思いませんでした」

伊倉は驚きを隠せない表情で、目を輝かせて長野に言った。

みんなが帰ったあとのロビーは潮が引いたように静かである。残った二人は、しばらくその場にとどまって、初めて行ったオフサイトミーティングの感想を話し合っていた。

ついさっき、世話人が言った言葉がまだ伊倉の耳の奥で響いている。

「今回は、こういう話し合いそのものが初めてだったから、みんな不満を吐き出したというか、問題を提起するばかりで〝自分たちがどうする〟という話にはなりませんでした。でも、みんなと腹を割って話してみて、**同じような思いをもつ仲間が会社にいる**こと、真剣に討議することで思いがけない知恵がもっともっと出てきそうだということが分かりました。このミーティングをきっかけに、今日を僕たちの出発点にして、職場に戻ってもみんなに仲間づくりを働きかけていきたいと思います。そして、このような場をもっと増やして、自分たちで自分たちの仕事を変えていきたいと思っています」

この締めくくりは、たぶん彼の実感なのだろう。伊倉はそれに応えて、励ましの言葉を贈らずにはいられなかった。

「前の対話の時は本音がまるきり聞けなくて、みんな覇気がなかったものですから、社員に果たしてエネルギーが残っているのか心配していたんです。でも、今日のメンバーのようすを見ていると捨てたもんじゃないですね。あんなに真剣に会社のことを考えてくれてるなんて思いもしなかった。ずいぶん手応えのある場になりましたね」

しみじみと言う伊倉に、長野は説明した。

「自然にはなかなかそうなりにくいのです。**場というのは設定のしかた一つで性格を変える生き物**ですから、当然、その設定や運営にははっきりした考え方とそれなりの技術が必要だと、私たちは考えています。特に、オフサイトミーティングの場合は、組織の中での情報流通のあり方を変えて、組織を創造的な体質にしていくという狙いをもっていますから、まず『他人の話を真剣に聞いてみる』『立場を離れて議論をしてみる』ことを通して、仕事の場とは違う、仲間の存在を実感することができるような場を意図してつくっているんです」

伊倉は組んだ片手を頰に当てて、じっと耳を傾けた。

「同じ人間が集まって話をしていても、どんな価値観をその場で共有しているかによって、場の状態はずいぶん変わります。たとえば、通常の日本的組織では、お互いが**牽制し合う負のベクトル**が働いていることが多い。よくある『自分だけが何を言っても始まらない』『正直者が馬鹿をみる』といったネガティブな思いは、負のベクトルをつくり出す価値観の一つです。そういう価値観が働いている組織というのは、あまり活発な動きをしないし、変化に乏しい。つまり、一種の安定状態になっているわけです。しかし、こういう負の価値観については通常、公の席で語られることはありません。だからこそ、その盲点になっているものに光を当ててみることが大事なんです。

たとえば、今回のオフサイトでは原島がメインの問題提起役になったのですが、そのなかで『こういう負のベクトルをつくっている暗黙の価値観も努力をすれば前向きの方向に変えられる』というような問題提起をしています。そういう問題をみんなでオープンに議論するだけで、少なくともその場では負のベクトルのパワーが下がります。だからといって、一度それを経験しただけで前向きの方向に動き出す人というのはそんなに多くないのですが、それでも何人かはいるものです。そういう人を、どうバックアップしていくかなのだと思います。

ただ、その時に〝オープンに議論する〟というのが意外に難しいのです。どうしても立場の枠にとらわれがちだし、全体として枠にはまった議論をしがちです。そこで、枠はずしの手法の一つとして〝無理に結論を求めない〟ということもやっているわけです。『こうあるべき』『こうすべき』といった観念や形式の枠を取り払って、自由に気楽なスタイルで発散的な議論をしてみる。そうやって利害や立場意識を抜きにして、負の価値観に光を当てながら真剣な議論を積み重ねていくと、不思議なことに人間というのは、自分で何かに気づいたり、他者から学んだりして、本能的によりよい方向に向かおうとするんですね。それを場としてみると、プラスの方向にお互い作用し合って自然に協力し、成長ベクトルが生まれる有機的な場なんです。だから、おっしゃったような手応えのある場というのは、きっと彼ら自身が場に素直に反応して、自分の殻をうまく壊した、**自律的に動き始めた**ということでもあるんですね」

信頼に基づく活発なやりとりの増幅によって進化、成長のベクトルが生まれる――。その〝場〟で蘇った活力が組織に還流して、じわじわと体質を変えてゆくさまが今の伊倉にはありありとイメージできた。そして、そのような場が会社の中で増えていくことの意味も。

重しをはずせ

「オフサイトミーティングはうまくいきました。社長も励ましてくださったので、みんな職場に戻って仲間づくりをするって張りきってます」

山中湖から帰ってきた瀬川は、何か言いたげに口を開きかけた紺野の先回りをして、三日間のようすをざっと説明した。

「出だしはみんな勝手がつかめないこともあって、ちょっと緊張ぎみでした。それに、部署が違うと社内の近くにいる人間でもほとんど話す機会がないみたいなんですね。ですから最初は、まず打ち解けるのに時間がかかりそうで心配しました」

「社内でも知らない人間てたくさんいるんだよな」

「二日目になっても、まだむっつり黙っている人間がいましてね。なかなか場に溶け込もうとしないから、途中で帰っちゃうんじゃないかと思いましたよ」

「で、どうなったの」

「それが、二日目の途中から何かのきっかけで議論に一度口をはさんでからは、一気に態度が変わりましてね。後半は埋め合わせてるみたいに、かなりハイテンションでしゃべってました」

「だけどさ、ざっくばらんな話し合いなんだろ。そうやって乗りきれない人間が出るっていうのはどういうわけ」

「今までは、ざっくばらんに話そうといっても、結果としてそうならないことのほうが多かったように思います。その学習効果というんでしょうか、どうやら彼はオフサイトが信じるに足りるものかどうか観察してたみたいです。そういう心理ってあるんですね、いい勉強になりました」

「ふうん。で、その気にさせるようなうまい仕掛けでもあるの」

言われてみると、長野も原島もときどき口をはさむ程度で、あとは黙って人の話を聞いていた。これといって特別なことをしたわけではない。

「最初に原島さんが情報提供をしたぐらいで、特にこれといって思い当たることはなかったような……。二人ともだいたいが聞き役でしたから」

「てことは、偶然そういう状況になったってことも考えられるな。君は何をしたの」

「進行は世話人の小野田課長がやりましたから、僕もみんなと一緒に議論しただけです。自己紹介の時に委員会で考えている改革の話はしましたけどね」

みんなが密度のある時間を過ごしたことは分かるが、全体には曖昧模糊とした印象である。「自己紹介を丸一日やった」という話にも、紺野はやはり首をかしげた。

決して瀬川の表現力に問題があったわけではない。他部でも同じように報告を求められたメンバーが説明に苦慮していた。

「仲間をつくる時には説明しやすいのに、業務報告になるとかたちが決まらないんだよ」

ただ、参加した全員が〝活発な議論をした〟らしいことだけは誰もが漠然と理解した。

それからまもなくして、オフサイトミーティングの余熱が残るうちに、いくつかの新たな場が誕生した。

エンジン開発部では自分たちの職場の問題を話し合う五、六人のミーティングがスタートした。生産技術部とエンジン工場の間では、オフサイトミーティングで知り合った若手のメンバーが世話人となって意見交換の場がつくられた。営業部は、これといった場にはまとまらなかったが、時間と予算が許す時に集まって情報交換をする「情報飲会」がゆるやかに結成された。そして瀬川は、ＢＰＲ推進委員会主催のアフターファイブの定期社内交流会を、パソコン通信フォーラムと連動させて開始した。それと並行して上層部に対しては、定期的な社長との面談をはじめ、役員たちとの懇話や、マネジメント研究会と称する部長層を対象とした意見交換の場を設けようと、長野が働きかけを始めていた。

プロセスデザイナーはトップとボトムの両層にアプローチして、分断されがちな上下の情報を流通させる媒体となっていた。

「せっかく若手がやる気になって動き始めているんです。この流れを止めたくありません。部長、部門長の中には僕らの活動を理解して応援してくれる人も出てきていますし、ここで思いきって会社として、部課長層、役員層のオフサイトミーティングをやっていただけませんか」

五月になった頃、孵化した場の成長を見守る瀬川は、決して理解があるとは言えない紺野を説得するのをあきらめて、委員長の坂巻のほうへ相談に行った。

部下を束ねる管理職は職場風土への影響が大きい。その風土を改革しようとするなら、マネジメント責任をもつ部課長層、役員層には考える余地なくマネジメントの変革が要求される。明々白々の筋ではあった。

「確かに上がまず変わらないとな。どっちにしても今度の部長業務連絡会で相談して各部門に降ろしてもらうよう話してみるよ」

坂巻もその必要性を感じていた。ただし、一律にやるとなると坂巻の一存では決められない。

その月の業務連絡会はいつになく過熱した。

「この前は結局、四人も人を出したんですよ。な、部長、そうだったな。まあ、本人たちがどうしてもと言うし、一回きりのおつき合いと思って目をつぶったけど、今度は我々に参加義務ですか。そうやって何かにつけて引っぱり出されるのは今の状況が状況だけに少し配慮してもらいたいもんですな。メーカーのモデルチェンジも間近だし、うちはとても気を抜ける状態じゃないんですよ」

この忙しい時に余計なことで煩わされたくない、とばかりに営業部長の一瀬は反対した。営業部は部長以下、足で稼ぐセクションである。一瀬は常々、この席で「頭数じゃなくて足の数の確保が問題なんだ」と声を大にして言っていた。

「うちは頭の回転数だけどね」とまじめな顔で続けたのは開発管理部長の宮内である。「確かに話し合いは必要だと思うけど、平日を二日も潰して三日間拘束でやるというのはどうかな。そんな遠くで三日もやらなくても、どうしてもと言うなら社内で一日取って、密度の高いミーティングをやればいいんじゃないの」と、いつもの調子でさらりと言った。

開発部門が抱える設計部署は、メーカーの細かい注文や設計変更に追われてフル稼働しても人が足りない。頭数の確保、CADの確保、設計業務に集中する時間の確保と、まず物理的な条件を満たして品質を確保することが最大の課題だった。

仕事への要求は厳しくなる一方なのに頭数は減っていく。だからといって、その体制でお客の求める品質、コストを満たさなければ会社が立ちゆかない。購買にしても生産にしても事情はみな同じで、苦しい時はせめて業務に直接関係のないものだけでも省きたいというのが本音である。しかし、その上司たち自身が部下にとって「余計な重し」になって部下の首を締めているとは誰も思っていない。

防波堤として外部からの干渉をシャットアウトし、厄介の種を〝つくらず、もたず、もち込ませず〟が部門の利益を代表する代弁者の意識だった。

「ただ、会社全体がこれまでのやり方で行き詰まってる部分はあると思うし、タテ割行政に変革が求められるなら、部門や部のトップの意識改革も必要だと思う。これからどんな会社、組織にしていくか、そのためにマネジメントをどう変えていくか、一度じっくり話し合ってみてもいいんじゃない」

しばらく黙って聞いていた開発担当常務の川久保が流れを変えるような発言をした。〝攻撃は最大の防御なり〟を信条とする川久保はアグレッシブな改革論者である。本能的に彼は水面が鎮まりそうになると、ドボンと石を投げ込むのだった。

「これまで職制のマネジメント研修でやってきたことが実践されてないと言えばそれまでだけど、上には上で、社員の力を最大限に発揮させるようなマネジメントのルールというか、規範づくりが必要なのかもしれませんね」

水面が騒ぐと反射的に鎮めようとするのは、組織の倫理的コントロールタワーたる人事の本能である。人事の矢崎はそれすらも〝管理の問題〟としてとらえ、制度や仕組みの話に落とし込もうとした。

「これからのマネジメントに求められる要件とは何か、それをいかに満たしていくか、まず山沢部長のところで長野さんを交えて勉強会をやるのが先じゃないかと思いますが」

「というかさ、突き詰めればラインの長の資格を問う話でしょう。それをもし徹底的にやるとしたら日本的経営の慣行を見直す壮大な議論だよ。それこそ議論のための議論になりかねないから、ちゃんと着地点を決めてやらないと無駄骨になるんじゃない」

エンジニアであり機能論者の生産部門長、仙石孝一には、結論のはっきりしない議論のどこに意味があるのか想像できない。もとより、現実に組織内のコンフリクトが業務系にどう作用するか、イメージできるだけの現場感覚が役員たちには希薄だった。

「今回は見送りだな。テーブルにつくまでの合意も取れない」

業務連絡会のあと、瀬川を呼んだ坂巻は苦い口調でそう告げた。

「上の人間には、下が変わるのは大いにけっこうだけど、自分たちが変わるのは別問題という守りの意識が強いね。雲の上で霞を食ってるような観念的なところがあって、現場との隔たりがあるというか、当事者意識が薄いんだな」

かく言う坂巻もその時点では、自分がこうだと確信し、みんなを説得するだけのリアリティのある現場情報をもってはいなかった。

「まるで貴族階級ですね」

思わず皮肉る一方で、瀬川はどこか坂巻の言葉に消極的なものを感じていた。

「意見調整のための話し合いで終わったわけではないんでしょうけど、単純に反対者が多いから駄目というのでは納得できません。坂巻さん自身の意思はどうなんですか」

守りの議論の総意には意思も責任もない。意思を示して、火中の栗を拾えと言わんばかりの瀬川に、坂巻はムッとした。

「何も反対者が多いから駄目だと言ってるんじゃない。ものには順序というものがあるんだ。今この状態でゴリ押しして役員の感情を害したら大変だろう」

「逆ですよ。話し合う土壌がないからオフサイトをやるんです」

「君も簡単に言うけど、上の人間の場合は下のようにはいかないんだよ」

互いに問題認識の背景となる現実が違うから、必要性のバックボーンも違う。どちらも一方的に張りつめたまま、言い足りない気持ちを残して話を打ち切った。

〈ああいうところが一本気で困る〉

俺だって、これでいいと思ってるわけじゃないんだと坂巻は不愉快だった。

しかし、公式でも非公式でもない「公式に非公式な第三の場」とささやかれるオフサイトミーティングや、〝この指とまれ〟方式で有志が集まる自主的な場づくりの動きは、これまで「言ってもやっても変わらない」と思っていた社員たちの意識の蓋を開けた。ある割合の問題意識をもつ者たちにとって、これら一連の動きは確実に変化の兆しを感じさせるものだったのである。

一時は腹を立てた坂巻も、そういう小さな変化を感知するアンテナはなくしていなかった。しだいに、そのことに気づき始めた坂巻は自分のほうから意識的に社員と接する時間をとるようになっていた。六月に入ってからは若手グループ主催の「坂巻常務に会社の事情を聞く会」にも招かれて行って話をしたし、職場の問題から開発方針へと議論が発展した設計の若手グループに対しては、もち得る情報を提供して、役員の立場からアドバイスをした。あるいは、瀬川の依頼でいくつかのミーティングの場に顔を出して、社員の問題意識にふれる機会も多くなった。

　実務に携わる若手の社員は、素朴な疑問から身の周りにあるムダや矛盾に目をつけ今までのやり方を変えようと話し合う。しかし、課長や部長に話をもちかけると「その前にやるべきことが山ほどある」「人が足りない」と相手にされなかったり、「今度、部内会議で話してみるよ」と請け合ってくれはしても、口先だけで実際には動いてくれないことが多い。そういう愚痴に対して坂巻は、最初こそ「上をあてにしてちゃだめだ。君たちは君たちなりに、できることをやればいい」とハッパをかけてきたが、動いては壁にぶつかり、なす術なく若いエネルギーが消沈するさまを目にするうちに〈ほんとに、これでいいのか〉と問題を感じ始めた。

　世話人を中心とする若手社員の間では「上に漬物石があって、このままでは僕らは塩漬けだ。早く役員、管理職のオフサイトをやって動きやすい土壌をつくってほしい」という声がしだいに大きくなってきた。

動くことで初めて打ち破るべき壁を知る。

坂巻はしげく足を運んで社員たちの話を聞くうちに、小さく早く回す仕事のやり方、行動がリアルにイメージできるようになった。そして、それを妨げている無数の関所の存在も。

それができない体質

第一章で述べた五月の経営会議での『開発だより』をめぐるゴタゴタは、上と下がせめぎ合うこの微妙な時期にもち上がった事件でもあった。それが社長裁定により落着したことで、坂巻の物事を見る目が一皮むけるきっかけになっていた。

「せっかくエンジンのポテンシャルは高いのに、従来どおりの道を走れというのでは信号や渋滞が多すぎて高速で走れない。その規制を解いて、新しい道をどんどん自由に走れるようにするのが私たちの仕事かもしれない」

「社員が自分で考えて動こうとしても、マネジメントが変わらなければ行動環境が開けない。そのことを認識できるような話し合いが必要でしょうね」

動きの中で感じることを長野に投げかけているうちに坂巻は考えが整理されてきた。

経営トップの交代から一年がたつ。銀行筋の信用を回復するためのパフォーマンスとしても、上層部や管理層の意識改革をはかる何かしらの手立てが必要だった。

それに社長の伊倉も前回のオフサイトで好印象をもったらしく、ああいう話し合いがもっとできないものかと、さりげなく坂巻にもらしていた。

「やってみるか」

「そうですね」

瀬川が炭鉱のカナリヤのように『開発だより』の三月号で危機を訴えた、あの最悪の頃の状況に比べると会社も少しは変わってきている。何より会社は六月に、**BPR推進委員会に代わって改革推進室を新設**し、瀬川を室長にして改革活動に本腰を入れる姿勢を示した。

口実は何とでもなる。坂巻は腹を決めた。

「いろいろ意見もあるだろうけど、会社が独立経営で生きていくためには我々も脱皮が必要です。世間でもさかんに言われているように、量産システムの一環だったピラミッド型組織のルールが時代の要請に合わないことははっきりしています。たとえば、プロジェクトに応じて結成されるチーム組織のように、これからは組織の運営ソフトも小回り対応できなければならないし、マネジメントもそれに準じて変えていかなければならない。そのことは知識として個々に認識はしているだろうけど、いざ、実際にやるとなると何をやればいいのかよく分からない。その分からないことを話し合って共有することは、特定の課題を解決することとは違うから、それなりの時間と場所を用意してじっくりやりたいと思います。ちゃんと考えることは我々の義務でもありますから、よほどのことがない限り全員参加で一斉にオフサイトミーティングをやるつもりでいます」

七月の部長業務連絡会での坂巻の発言には、もはや迷いは見られなかった。出席者の手元には、役員、部課長を網羅したミーティングの参加者リストがある。世話人は、瀬川と初回のオフサイトミーティングに参加した若手メンバーを中心とするグループだった。

ふだんから、ここ一番にはビシッと決める坂巻の性格を知っているみんなは、異論の余地のない正論に屈して巻かれることを観念した。

「いっそ、この場で議論すればよさそうなものだけど、場所が変われば気分も変わるってこともあるな」

「若い人の前でみっともない議論だけはしないようにするか」

あからさまに不満の表情を見せる者もいたが、ここまでお膳立てができてしまうと反論するにもエネルギーが要る。三日間我慢すれば済むことだと割り切って、渋々ながら了承したのが大方だった。

それから足かけ三か月の間に、役員のグループ一組を含め、管理者全員を十二組に分けてオフサイトミーティングが行われた。夏休みを除いては、公式の世話人となった瀬川もプロセスデザイナーもフル稼働状態だった。

ミーティングは自己紹介に始まり、テーマの設定、テーマ別のグループディスカッション、全体ミーティングと、大まかな流れは変わらない。ただし、場の雰囲気や展開はメンバーによって変わるため、時間配分や内容にはそれぞれ違いがあった。

比較的若い課長クラスは、世話人やプロセスデザイナーともつき合いがあり、それほど構えもなく場になじんだ。

通常、**引っ込み思案な人間**は、会議などの場では自分から発言することもなく、最初から最後まで見物人で終わることが多い。しかし、話したいことを話したいだけ話す、型にはまらない自己紹介をやると、彼らも自分の欠点を前置きしながら、けっこう気楽に言いたいことを言うのが不思議だった。

趣味の話、家族の話、生い立ち、仕事で悩んでいること、やりたいこと……話したいことから自由に話を始めて、入りやすい入口から場に溶け込んでいく。時間も内容も無制限の自己紹介は、議論の誘い水となる柔軟体操だった。

最初に自分を開示してしまうと、うまく話そう、りっぱな意見を言おうといった〝勝ち負け意識〟も薄められる。

「うまく考えがまとまらないんですけど」と素直に気持ちを表現しながら、まとまらないなりに一生懸命考えを伝えようとする者がいると、馬鹿にするどころかみんなも安心した。

「理路整然とした答えが必ずしも正しいとは限りませんよね。ある人にとっては正しいと思える答えでも、別の人にとってはピンとこないこともある。一つの問題に対して答えが一つとは限らないし、たとえ論点からはずれていても、その人がそこで一生懸命考えて出した答えのほうが正しいこともあると思います。答えも答えの出し方にも多様性を認めるということを一度、真剣に考えてみてはどうでしょうか」

流れの中でタイミングをみては、思いついたことを長野が話す。

それは、ものの本に見られる「ディベートのやり方」や「効果的な議論のしかた」とは大きく隔たる考え方だった。

相手を論破することだけが議論のあり方として正しいわけでない。かといって、中途半端な妥協をしようというわけでもない。そこで行われるのは、**人の言うことにまず耳を傾け**、そのなかで「これは」と感じるところに自分の意見を重ねていく、駆け引きではない〝積み重ねの議論〟である。そういう「聞く姿勢、話す姿勢」をもつ努力をすることが自由な議論環境を形成していく伏線となっていた。

中間管理職の課長たちは、上と下の板ばさみになっているせいもあって問題意識も旺盛だから、フリースタイルの議論の流れにうまく乗って活発なやりとりをした。

一方、同じ設定であっても役員の場合は、逆に緊張がなくて場に乗りきれない。自分を開示することよりも自己顕示欲が前に出て、自己紹介ではどうしても自慢話や経験談、持論が咲き競った。そうかと思えば議論になると立場意識が頭をもたげて、隙をみせない建前発言やあるべき論で守りに入る。

みんながみんなというわけではないが、明らかに評論家のほうが数で勝り、人の話をちゃんと聞かない、人から学ぼうとしないでマイペースを貫く者が多かった。

その彼らに現場の声を聞いてもらう狙いもあって若手の世話人が何人か入っているのだが、若い社員が問題をぶつけるたびに「僕らが若い頃は教えてくれる人もいないから、叱られるのを覚悟で自分で考えてやった」「上の人間が動いてくれなくても、担当者同士で話はできるはず」と**一緒に考えないで指導**してしまう。役員ともなると、一つや二つの成功体験も含めて豊富な経験があるから、若い社員の一を聞けば、自分が得てきた経験の中から十の答えを出すことができるのだった。

しかし、たとえばプロジェクトチームの編成や進め方を検討してほしい、クレーム情報を設計と製造で一元化したいといった、現場レベルの話し合いから出た業務変革的な問題は、問題発見者のやる気だけでは前進しない。やはり、管理者の意思や行動による支援、組織的な動きがないと、実行段階では最初にそれが壁になる。

けれど、実務でのリアリティに乏しい役員たちの多くは「課長とよく相談して部長に話してみたら」「部長会で提案したらいいんじゃないか」とありきたりのアドバイスをするだけで、多くは〝**それができない体質の問題**〟に想像が及ばなかった。

「ふだん聞けないような意見がいろいろ聞けたけど、結局、自分はどうするって話がなかったような気がするね」

「困ってるなら助けようっていうんじゃなくて、やることやらないから困るんだって逆にお説教もらったものな」

「あそこで部門長同士が話し合ってくれれば前に進みそうな問題だってけっこうあったのに、上の人たちってふだんからあまり話をしないのかな。ディスカッションでも意見はたくさん出るけど、私の見解、私の考え、私の知ってる範囲の話が多くて人の話から何かを学ぼうという姿勢がないから、キャッチボールになってなかった」

「まあ、でも立場を離れて役員同士で議論するなんて前代未聞のことだし、年代からして頭が固いんだから、いきなり殻を破れ、変われというのは性急すぎるんじゃない。批判的なこと言ったり攻撃したりってことがなかっただけでも上出来だと思うよ」

「坂巻常務はイライラしてたみたい。無理もないな、のれんに腕押しだもん」

「習慣の問題もあるし、だんだん議論にも慣れていくんじゃないかな。それでも変わらない人はしかたがないから置いて行こ」

気苦労たっぷりで役員オフサイトに立ち会った世話人たちの総括だった。

見たこともない顔

「……女房がいなくなってみて、初めて家事の大変さが分かりました。それまでは主婦なんて三食に昼寝が付いた気楽な身分だから家のことを黙ってやるのは当たり前、俺は家族を食わせていくために毎日めいっぱい働いて疲れて帰ってくるんだから、うちに帰った時ぐらいはゆっくり休ませてくれと、ろくに話も聞いてやりませんでした。子供は結婚して遠くに行って、女房と二人だけの生活です。私が背中を向けてしまえば話す相手もないから、うちの中は静かなものでした。

具合が悪いと言い始めた頃は、新しい車型がちょうど立ち上がったばかりの時期で、メーカーに詰めっぱなしでピリピリしてたんです。『おかしいと思うなら病院で診てもらえばいいじゃないか』ぐらいのことを言っただけでまったく気にかけていませんでした。寝込んでる日なんか『何だ、病院行ったのか』って逆に負担に思ったりして……薄情なものですね。入院すると聞いた時もそんなに悪いとは思わなかったから、私はいつもどおりに会社に行って、女房が一人で仕度をして病院に入りました。

あの時『どうした』とか『大丈夫か』とか、何でももっと女房を思いやってやれなかったのか。仕事にかまけて、やさしい言葉の一つもかけてやれなかったことが悔やまれます。毎日、明かりのついてない家に一人で帰ると、こんなふうに女房も寂しかったんだろうなと思ったり、気がつくと、洗濯物はたまるし風呂は汚れるし、暑くなると夏服も出さなきゃいけないし、手が回らないことがいっぱいあって家事に追われていると、女房は毎日これればっかりだったんだなと。こうやって一人になってみると、自分は何のために働いているのか分からなくなる時があるんです……」

部長オフサイトの第二組では、夕食後も自己紹介が続いていた。七月といっても山中湖畔の林間は空気が澄んで涼しい。七時を過ぎてガラス戸を閉めると虫の声が消えて、室内は急に静かになった。

年齢的にもこなれた部長層は、場を盛り上げる役どころを心得ている者も少なくない。牧歌的な趣味生活がいきいきと語られ、生い立ちや入社の動機、失敗談が披露され、ふだんとは違った一面が顔をのぞかせる自己紹介に、聞く側も思わず笑いこけたり質問をしたりして、それなりに場を楽しんでいた。笑いの余韻を残しながら、また一人が話し終えたところで、エンジン開発部長の柳瀬が去年亡くした妻の話を淡々と語り始めた。

仕事人間とも言えるまじめな柳瀬信也は、派手さはないものの実直な仕事ぶりでみんなに一目置かれている。聖人とは言わないまでも、君子のような印象が強い柳瀬が、胸のつかえを吐き出して楽になろうとするかのように意外な話を始めたから場がしんとなった。声も表情も消えて、みんなはただ柳瀬の話に聞き入った。

柳瀬の話に呼び起こされて父親の思い出を語ったのは、鬼工場長とささやかれるエンジン工場の岩城健吾だった。

「……父は早くに亡くなって、一緒に過ごした時間はほんのわずかですけど、今でも忘れられない思い出があります。私の父は、私が生まれた時には戦争に行っていて、物心がついた頃には家には母親しかいなかった。『お父さんはね』と話してくれるおふくろの話だけを聞いて育った私は、幼な心に父の姿をぼんやり想像するだけでした。

親父に初めて会ったのは五つの時です。今もはっきり覚えています。お父さんが帰ってくるよって、前の日からおふくろが何度も何度も言って、復員してくる父親を迎えに横浜港に行ったんです。人でごったがえした港に大きな船が着いて、荷物をしょって兵隊の服を着た人がたくさん降りてくる。私は顔が分からないから、母の側でキョロキョロしているだけで、初めて父を見た時もピンとこなかった。知らない人と同じです。どう接したらいいのか分からなくて、黙って母にしがみついていました。

横浜からの帰りの汽車の中で、私は父の横にくっついて座っていました。そしたら、横に座った父が大事そうに胴巻きからにぎり飯を出して、それを私にくれたんです。不格好に潰れてたけど、あったかい。たぶん私に食べさせてやろうと思って大事にとっておいたんですね。ずっと、腹の中に入れてたからぬくもってました。まだ戦後まもなくですから、食糧事情も悪くて、米の飯などなかなか食べられない時代です。初めて感じた親父のぬくもりでした。

それから、そうたたないうちに体を壊していた親父は死にました。だから、一緒にどこかへ行ったとか、遊んでもらったとかの思い出はありません。あのにぎり飯が唯一の思い出です。親父というと、初めて会う息子に食べさせようと大事に腹の中に抱えてきてくれた、あのにぎり飯のぬくもりを今でも思い出すんです」

蛍光灯の音が聞こえそうな夜の食堂である。

〈意外な人から意外な話を聞いちゃったな。これからは憎まれ口もトーンダウンしそうだ〉

ホロリとしそうな自分に逆らうように、瀬川は心の中で軽口を叩いた。若い世話人たちは上役を初めて一人の人間として眺め、その人生の重みに圧倒されていた。

部長たちは良くも悪くも、場を変えても個性的だった。楽天的な者は進んでエンタテイナーになったし、いやいや出てきた者もそれなりにスマートに適応した。そうかと思えば柳瀬や岩城のように、突然、**場に感応して自分の殻を壊してしまう**者もいる。単に輪郭や横顔だけでなく、その人間の生きざままでもが垣間見える、自己紹介と称するこのプロセスは何だろうと瀬川は不思議だった。

閉じた世界

初日、エンジン工場の岩城は、憮然たる表情で腕組みをして宙を睨んでいた。

部下に対する管理は徹底的にやるが、管理部門からのお仕着せは大嫌いな岩城だから、抵抗の末にいやいや参加した一人である。「改革のために」と聞いてミーティングの意図を警戒し、慎重にようすを窺う何人かと同じように、彼も最初から場になじもうとはしなかった。

〈のんきなものだな、製造は一分、一秒削ることを考えて汲々としてるっていうのに〉

自己紹介もさっぱりと型どおり済ませるつもりだった。

ある種、まじめに前向きに仕事をしている人間は、お仕着せの指導や教育と称するものや、形式でしかない場への参加を嫌う。彼らにとって、それは苦痛なだけのつき合いにすぎず、何をも生み出さない非生産的な時間だった。

〈改革推進室なんていっても、結局こんなことしかやらないんだからな。いいや、死んだふりだ〉

そう思っていたのに心ならずも父親の話が口をついて出て、恥ずかしくも涙を見せてしまった。

〈変な話をさせられちゃったもんだな〉

岩城は昨日と同じように憮然とした表情を崩さなかったが、今日のそれはポーズだった。

二日目は自分たちでテーマを決めて議論に入る。そのテーマ出しの参考として長野が情報提供を始めると、少し後ろに引いた椅子の背にもたれて岩城は目をつぶった。

「……最近の日経新聞に『日本が沈む』という記事がありました。これから日本は大丈夫かなと何となく感じていた不安が白日のもとにさらされるというのは何か衝撃的でもありました。

ご存じのように、アジアの新興国がめざましい成長をみせて製品コストや価格を激変させ、さらに情報の一元化によって市場や経済がボーダレスになってくると、今まで日本企業が依って立ってきた日本市場という枠組みが無効になってしまった。いわゆる国境なき大競争時代の到来です。国際間競争が熾烈になると、同時に敵の姿というのも見えなくなるから、何が起こるか分からない環境の中で企業は変化を吸収し、機敏に対応していかざるを得ない。そこで、経営における『速さ』と『柔軟性』が問われるようになってきているわけです。

そういうことから、さかんに日本的システムを見直そうとか、企業の構造転換が必要だとか、組織のルールや仕組みを変えなきゃいけないと言われているわけですが、そう言いつつ結果として出てくる結論は、いつも日本的結論というか、この国でしか通用しない、ローカル日本の文化、システムに基づく結論です。政治の世界でも産業や経済の世界でも、ずっとそういう結論の出し方をしてきて、年を追うごとに日本と海外の差は大きくなっている。このままでは日本丸は進路を誤って沈んでしまうということです。

一方、個々の企業を見るとリストラをやりコストダウンをし、みんな身を削って働いている。製造業なんか、それこそ一日三十時間なみのサイクルで一生懸命働いています。にもかかわらず状況は必ずしも良くならない。自分たちなりに頑張ってやっているのに成果が出ない。

ということは、もしかして我々の判断基準そのものに、いわゆる国際的な基準とズレがあって、相変わらず日本的なローカルな基準に基づく企業経営をしているから根本的に状況が好転しないということも考えられます。日本という枠内思考から脱却できないために、競争の軸がズレてしまって、社員の貴重な努力が駆動力として発揮されていない。

そこで体質の問題に目を向けると、日本というのは市場も政治も内向きに閉じた閉鎖社会ですから、上が『あ』と言えば下が『うん』と飲み込んで動く、**暗黙の理解・了解システム**が幅をきかせています。つまり、物事を論理的にクリアにしない『曖昧さ』が許容される社会です。それは企業社会も同様であって、たとえば自分の頭で考えないで上の言うことを〝何となく〟理解して、言われたままに行動している。言葉一つにしても、厳密に共通理解することをしないままに、みんなで勝手な解釈をしたまま、曖昧性を引きずったままでも、具体的な指示さえあれば仕事ができたわけです。自分の頭で考えなくてもよかったから、その前提となる理解に曖昧さがあっても別段、問題は生じなかった。つまり、責任をもって意思決定しなくても事が運ぶ社会だったわけですね。

ところが、競争の機軸が世界標準になり、開発も生産も情報化も世界との戦いになると、従来の商慣習は通用しない。敵は八方にいて食うか食われるかの自由競争です。明日が見えないほど変化のスピードは速いし、勝敗の行方も複雑すぎて予測がつかない、何が正しいかも分からない。その混沌としたなかで生きていくためには、上で誰かが意思決定してくれるのを待っていたのでは追いつかないし、間違いも犯しやすい。つまり、一人ひとりが自分で考える頭脳となって意思決定し、自律的にプロセスを切り拓いていくほかはないのです。

またそのほうが、中央の考えや指示をとにかく処理していくという中央統制型のやり方よりも圧倒的に速く、生産性も高いのです。指示待ちで動く、手続きや調整にばかり膨大な時間を割いているような組織では、生産性が悪すぎて変化のスピードについていけないのは明白です。それは部品メーカーでいらっしゃるみなさんが一番実感されていることでしょう。

やはり、これからの基準がグローバルスタンダードだとしたら、今までの日本的経営にあったこのような負の側面を改革していかなければなりません。

自分で考え、意思決定することを大切にする組織であるためには、多様な個性を大切にするといった価値観が共有され、お互いに相談できる人と人との信頼関係が必要です。互いに牽制し合う関係が主流を占めるのではなく、サポートし合う関係が主流を占めるような土壌をつくる必要があります。そういう土壌をつくれるかどうかが、これからの企業の基礎体力、生産力を左右することになります。

つまり、戦略を実行するにしても、システムを変革するにしても、それを実現しうるポイントは組織の土壌づくりにあるのです」

腕組みをしたまま胸にあごを埋めた岩城は、寝てしまうかなと思っていたのに途中から目が冴えてしまった。気がつくと宙に据えた目を見開いていた。

〈このままコストが下がらないと、今のメーカーなら転注もあり得る。だから口を酸っぱくして言ってるのに、あいつらは言われなきゃ動かない。自分でものを考えようとしない。やっぱり、それで済まされるわけないんだ〉

改善も、黙っていると難しい課題には挑戦しようとしない。クレーム対策もメーカーに回答したことを徹底せずに同じ失敗を何度も繰り返す。出せと言ってもオシャカを隠して嘘の申告をする。クレーム費が抜きん出て多いエンジン工場には問題が渦巻いていた。

もちろん、そんなことはうっかり他人には言えない。

〈結局、よその不手際も製造のせいになる〉

ホワイトボードに次々と挙がっていくテーマを岩城は複雑な気持ちで眺めた。

血の通う場

過去の取引実績に関わりなく、その時点で最適と思える相手と国境を超えて取引する――完成車メーカーの社長の談話が載った最近の新聞記事を見て「いよいよか」とささやき合ったことを部長たちは思い出した。

自動車業界のリーディングカンパニーは、すでに主要部品の世界最適調達をめざして下請けの選別を開始している。判断基準が国際基準でなければならないという長野の話は、みんなにもありありと実感できた。

「ゼロベースで見直されたら今のヨコハマにはこれといって優位性がない。いかにして、メーカーに指名されるだけのメリットを生み出す存在になるか、そこに我々の将来がかかってると思う。さらに言えば『いかに我々がメーカーを逆指名できる強みをもつか』。私はそのテーマで議論したい」

「今はメーカーの生産ラインと同期しているジャストインタイムシステムに助けられて、どうにかつながりが保たれているだけ。まったくつき合いのない会社が同じ体制をつくるのは言葉で言うほど簡単じゃないと思うけど、生産量の少ない製品はコストが高いから結局、よそに取られてしまう。そのうえ、量産効果の大きい製品の受注量が減っていったら、うちはもう利益が出なくなってしまう。そういう現状認識というか、我々の会社が現状どういう立場にあるのか、弱さも含めて確認が必要だと思う」

単にテーマ出しだけを要求すると、議論したい中身よりそれらしいテーマを捻出することに神経を集中してしまう。長野の問題提起はみんなの問題意識を喚起して、思考に一つの方向性をもたらした。

やりとりの発言の中から次々とテーマが書き取られていく。

「コスト削減が必要なのは言うまでもないけど、町工場だって今はNCを入れて受注を増やしてるところもあるでしょう？　もっと力点を絞って投資のメリハリをつけることが大事で、設備や開発費をただ抑えるのは逆効果じゃないかと思う」

「そうそう。身が細っていくばかりでね、ここ一番という時に踏んばる体力がない」

「営業してて感じることなんだけど、年々、メーカーの開発予算が削られてるってことは、その代替機能がもしかしたらどこかに必要なわけで、そこにうちのもう一つの役割があるんじゃないかと思うんです。今はもう、昔みたいに下請けですって顔して仕事を貰ってるとこなんかないからね」

そこで何人かに求められて営業部の部長が最近の他社の動向について情報提供した。

「生産性向上は各部で目標を決めてやってるんですか」

原島由美子が質問した。

「人員削減計画がドンと先にあって人がどんどん減ってるから、少ない戦力で現状を維持するのがやっと、というのが実態ですね」

「人が減れば数字上の効率は上がるけど、では、体力的な面で生産性が向上しているかというと、考えたり工夫したりする余裕がないから、さっきの話じゃないけど無理なダイエット状態で力はついてない」

「そもそも生産性の向上という問題は、各部がバラバラに追求しても効果がないんじゃないでしょうか。たとえば直間比率を大幅に見直すとか、もっと大胆にモノづくりに戦力を集中する体制を全社で検討する必要があると思います」

「メーカーがさかんに自律的生産と言ってるけど、生産部門では具体的に何かやってるんですか」

エンジン開発部長の柳瀬が思いついたように岩城のほうを向いた。不意をつかれて岩城は当たり障りのない答弁をした。

「まあ、それをめざそうということで……。今のところはみなさんが言われている基礎体力の部分で、改善技術を学んだり、自分たちで装置をつくれるように電気や溶接の勉強会をしたり、できる範囲で工夫しながらレベルアップをはかっています。世間では多能工化とか言われていますけど、やはり手足を伴う製造の場合は一足飛びにはいきませんから。動機づけだけでもけっこう難しいんです」

最後のほうは本音だった。

「挙がってる以外に議論してみたいテーマはありますか。たとえば動機づけなんてみなさん共通の悩みという気がしますけど」

原島が水を向けた。

「それも一つあるんですけど……それより自律的というのが何とも糸口がつかめなくて。実際に、どう具体化するのかなと」

「生産に限らず、**どうすれば社員が自律的に動けるようになるか**を考えるのは確かに僕らの課題だね」

すかさずシステム管理部長の阿部が反応したことで、意見というより感じたままを言っただけの岩城は、漠然と自分の中にあった疑問に関心を向けた。人にぶつけて初めて問いの輪郭が見えてくる。妙なものである。

さらに話題は八方に飛び、おおよその意見を尽くしたところで、みんなは自分の希望する議論テーマの絞り込みに入った。昼食も間近になると自然に進行に巻きが入る。前の休憩から一時間がたち、そろそろ集中力も限界だった。

午後からは、七、八人の単位でまとまった三つのグループが三部屋に分かれてディスカッションを始める。岩城は結局、思ったより希望者が多くて最後まで残った『自律的に動く（動けるようにする）ためには』というテーマを選んだ。残り二つのテーマは『国際基準で考えるとはどういうことか』『体力を消耗しないコスト削減を考える』である。岩城のグループは他に比べて間接部門の人間が多かった。

ふだんは本もあまり読むほうではない。ましてや議論の機会さえない製造部出身の岩城は、読み書き考えることが仕事のスタッフ部門の人間にいささか気後れを感じていた。

〈ディベートなんかになったら出る幕ないな〉

ただし、筋道立てて議論を進めようとして場を仕切りかけた総務部長を「いいんじゃない、まとめる必要ないんだから」と軽くいなしたシステム管理部長の阿部が、ふだん感じていることを気負いなく話し始めると少し気が楽になった。仕事柄、各部と横断的につき合いのあるシステム屋の阿部は、好奇心が強く、物事をじっくりと観察するタイプである。彼の話は具体的で言葉も素朴だった。

〈議論なんていうから構えてしまうけど、普通に話せばいいことなんだ〉

製造では「組立ラインの神様」と呼ばれ、知識や経験で岩城の右に出る者はいない。プライドが高く、ふだんは強気で鳴らす自信家だけに内弁慶ぶりは激しかった。

グループディスカッションはあくまで議論を深めることが目的である。結論を出すことや発表のためのまとめには価値を置かない。「ほんとにまとめなくていいんだよね」と最初はみんなも戸惑ったが、しばらくするとその気楽さに慣れて、各グループは思い思いのスタイルで熱心に話し込んだ。

「こうして自然にふれると組織の中のしがらみなんてちっぽけなもんだね」

「やっぱり外の空気はいいねえ」

会社を離れて外に出てみると、常に閉塞感に支配されている自分たちに気づく。煮詰まると、気分転換に散歩に出かけるグループもあった。

その日はみんな夜遅くまで話し込んだ。

世話人やプロセスデザイナーは他のグループにも顔を出して議論に加わる。そのようすを見て、同じように別のグループの話に興味をひかれて傍聴に出かける者もいた。夜も九時を過ぎると約束のように酒が出る。グラス片手の訪問者はゲストとして歓迎された。

「研修もこのくらいリラックスしてやれるとおもしろいのにな」

「研修なんてそんなもんだよ。人事部がやるんだからさ」

「あそこのフロアにいると何ていうか、権化みたいになっちゃうんだよ」

「でも、矢崎さんも家では奥さんに頭が上がんないらしいよ。あの人、ほら婿養子だろ」

「そうなの？　とてもマスオさんには見えないねえ」

「奥さんが老舗の乾物問屋の一人娘だって。惚れた弱みってやつだな」

岩城のグループにも威勢のいいゲストが現れて、さっきから埒もないやりとりになっていた。酒が入って気持ちがほぐれた岩城も顔を緩めて聞いている。半日、顔を突き合わせてきちんと話ができると、メンバーの間にはある種の親和感が生まれる。最初の頃のような警戒心は消えていた。

〈気楽なのも悪くないな〉

知らず知らず和んだ岩城の顔がそう語っていた。

最終日は朝から全員が集まり、昨日話し合った内容や議論を終えての感想を思い思いに述べ合った。他部署の事情を理解する、話し合うことの効果を実感する、問題意識や危機感を強める……。個人として向き合い、腹を割った話し合いを体験して、何かを感じ取った者の発言はそれぞれに真摯だった。

ずいぶん顔つきが変わったなと瀬川は思った。初日、部長の顔で出てきたメンバーは、まだ無意識に防備した不透明な殻をまとっている。ことさら孤立はしていなくても〝関係の脈〟のない間は、場に血の通った温かさがなく、みんな一人だった。

初日に亡くなった妻のことを話した柳瀬は、憑き物が落ちたように明るい表情で場に気持ちを預けていた。武者のように鎧兜で身を固めていた岩城も、興味をひかれたようすで話に聞き入っている。固い芯は依然として固いままで残っているにしても、個々に小さな変化は起こっていた。

彼らの最大の収穫は、議論を通じて同じような問題意識や価値観をもつ存在を互いに確認し合えたこと、同じような気持ちをもつ仲間がいることに気づいたことだ。自分のこととして問題をとらえている当事者同士の話し合いは、関心のやりとりを経て、知恵のやりとりへと発展していく。ごくわずかだが、このオフサイトミーティングの三日間にもそんな出会いがあった。

頭で考えるだけでは分からない、みんなで共有したこの場の体験は明らかに関係を変化させていた。バラバラにあったものが結びつくと、まったく新しい力が生まれる。そんな発芽のきざしを瀬川は感じていた。

十二回のオフサイトミーティングのすべてを終了した翌日、瀬川はＰＤ研究所のオフィスに足を運んで、次のプロセスをどうするか、長野と原島に相談した。

参加者の気持ちには明らかに微妙な変化が起こり始めているとはいえ、そのまま放っておくと、人間関係が少し良くなった程度の話で終わってしまう。土壌を耕すだけでは実は実らない。やはり、種を蒔き、水をやって育てていかねばならない。アフターフォローが必要だ。

耕されつつある土地の、どのあたりに最初の種を蒔くか、すぐに次の手を打たねばならなかった。

風土改革ノート❸

オフサイトミーティングの手法

通常、参加者を集める時にフォーマルなかたちをとることがあるため「研修」の範疇に入れられることもあるが、オフサイトミーティングは従来の研修とは明らかに性格を異にする。そのことから、私たちは、研修の機会として行う時は、オフサイトミーティングを「新世代研修」と呼んでいる。

では、オフサイトミーティングは、いわゆる研修とどこが違うのか。理解しやすくするために従来型の旧世代研修と対比させて特徴を説明すると、明らかな違いは四点ある。

1　答えがあらかじめ用意されていない

普通の研修（ここでは旧世代研修を指す）では、あらかじめ受講生に対して教えるべきことが用意されている。そして、その内容をどういうかたちで、どの時点でどのように伝えるべきかというようなこともプログラミングされている。研修用語では、用意された答えを受講生に納得させることを指して「**受講生を落とす**」という言い方もあるように、落としどころもきちんと決められている。

それに対してオフサイトミーティングでは、初めから答え（これが正しいという教える側の答え）は用意されていない。といっても、情報提供というかたちでの基本的な問題提起はなされる。

しかし、それは「これが正しいのですよ」といって提起されるのではなく、「正しいかどうかは誰も分かりません。みんなで検討しながらもっと意味のあるものがあれば一緒に見つけましょう」というスタンスで投げかけられるだけである。

同じようにコーディネーター（旧世代研修でいうと講師の役割）が問題を投げかけるにしても、研修の場合のように「これが正しい（答え）ですよ」と言って話をするのと「議論をする際の誘い水ですよ」「批判と検討の材料ですよ」と言って話をするのとでは、本質的に大きな違いがあるということに注目してほしい。

つまり〝**決して価値観の押しつけをしない**〟ということを大切にしているのである。

2 結論を出すことがノルマ化されていない

旧世代研修では、結論を出すことはそれなりのノルマである。グループでの議論もまとめを要求され、模造紙などに書いて発表するようなことが多い。

しかし「まとまる」とか「結論が出る」というのはあくまで結果だから、知恵を出し合ってお互いに刺激し合おうというような場では「まとめる」ということをノルマにしないほうが頭も心も自由になって効果的なのである。

冷静に考えるなら、せいぜい二泊三日程度の研修で今まで長い間抱えてきた問題に「いつでも」「きれいに」答えが出されるべきだ、と要求するのはあまりにも脳天気ではないだろうか。もちろん答えが出る場合もあるだろうが、出ないことのほうが多いのが本来、自然なのだ。

まとめることをノルマ化すると、どうしても初めからまとめるという方向で単線的に話が進みがちになる。極端な例では、あらかじめ結論を想定して、それに向けてプロセスをそれなりのかたちにつくり上げるというような芸達者な人が出現したりする。これは国語の長文読解のテストなどで、先に設問を読んでから長文を読み始めるといった〝要領〟の話と同じようなものであろう。

〝**創造とは発散の中により多く出現する**〟というのが私の経験から得た実感である。良い議論というのは、最初に十分に発散したうえで収束（まとめ）に入っていく議論である。まとめは必要なのだが、初めからまとめることをノルマにしてしまうと、まとめることだけが先行して発散ができなくなってしまう。そこで、思いきって「まとめはあえて必要ない」という設定にするわけだ。

まとめがノルマからはずされると気分的に一気に楽になる。発想に枠がなくなって楽になっていくのだ。もちろん、だからといって、すぐに創造的な意見がいっぱい出てくるわけではないが、少なくともその傾向は強くなる。

いずれにせよ「まとめる必要はない」といくら言っても、習性のようにまとめようとするのが多くの人の常なので「ノルマからはずす」と言っておくくらいがちょうどいい。

ただ、まとめてはいけないと言っているわけではないので、そこのところを誤解しないようにしてほしい。存分に発散したうえで、自然にまとまって結論らしきものが出てくるのは大いに歓迎すべきことなのだ。

3　決まったプログラムがない

最初から決まったプログラムがないというのは、この種の議論が、決められた時間どおりにきちんと進行するという形態にマッチしないからである。主催者にしてみれば時間表にそって計画的に進行していったほうが、あたかも何か立派に義務を果たしたような気分になるのかもしれない。しかし、実際には構成メンバーやその時の状況によって、かなり議論の中身の熟成度合いなどは変わってくる。それぞれの議論の中身はそれなりの個性をもっているのだ。

それに対して、どんな構成メンバーの議論も同じ進行表で区切ろうというのはあまりに無理が大きすぎる。

たとえば、九時からグループで議論を始めたとする。場合によっては、十二時ぐらいにはもう話が出尽くしたような状況になることもあれば、夕方五時ぐらいまでしゃべり続けてもまだ集中が途切れないというような場合もある。進行はあくまでその時の状況しだいなのだ。したがって、その時の状況に応じて時間配分を決めて進行していくというのは、ごく自然な発想である。

ただ、枠を設けずに進行するというのは、下手をするとだらけてしまって、しまりのない議論になってしまう可能性がある。こういう時の進行役は、技術的にはかなり難しいということを心得ておいてもらったほうがよいように思える。

4　議論の前に心の枠をほぐす

さらに、オフサイトミーティングにはもう一つ大切なことがある。それは最初の段階で「自己紹介」にできるだけ多くの時間をとって、心の柔軟体操をしてから議論を始めるというものだ。

自己紹介というと、普通、思い浮かべるのは入社年度、社歴などを長くとも数分間で述べる程度のものである。それに対してオフサイトでの自己紹介は、それを自己紹介と呼ぶのが適当かどうか考えてしまうほど異色のものだ。

自分というものを率直に表現する、仕事をしている時の部長とか課長とかの顔ではない自分というものの存在を主張してみるというのがとりあえずの狙いである。ある女性参加者の言葉が印象的だった。自己紹介が進んでくると、それまで**静止画だった人が次第に動画になってくる**。暗かったその人の周りが明るくなってくるというのだ。私の実感でもまったくそのとおりだった。

これは仕事の合間の遊びやゆとりといった部分であり、仕事を本当に効率的に進めたいと思うなら、それくらい心の余裕があるほうがうまくいく。言うならば、仕事という枠の中に閉じこもって、その中で過剰に安定してしまっている仕事人間の心の状態に自ら刺激を与え、満足感と同時に、ある種の不安定状態をつくり出すプロセスである。

そうは言っても、何でもいいから自己紹介を長くやればうまくいくというものではない。それなりの細かい配慮がないと、単に自慢話のオンパレードになったりして場が白けるだけになってしまう。心の柔軟体操もやり方を間違えると、まったく効果がないどころか逆効果になる。

このオフサイトミーティングというのは、さかのぼること五年前、部長研修として大手メーカーI社で初めて実施された。その当時の自己紹介というのは、少し長めではあったけれど、まだそれほど特徴的なものではなかった。今のような自己紹介が行われるようになるには一つのきっかけがあったのである。

三年ほど前、I社の研修センターでオフサイトのコーディネーターをやっていた私は、一日目を終えて夕食のために地下の食堂へ降りて行った。そこで私を呼び止めたグループがあった。工場の係長さんたちだった。「何をしてるの」と問いかけた私に「オフサイトミーティングをしてるんですよ」と彼らは答える。よく聞いてみると、自分たち係長八人で自主的にオフサイトをやっているという話だった。

「どんなことをしてるの」と尋ねると「いやあ、今日は朝から集まって自己紹介から始めて、結局、今までに(夕方六時過ぎだった)、四人が終わったところなんですよ」と言う。驚いた私が「いったい、どんなこと話してるの」と聞くと「いつも隣の席に座っていながら、よくもここまでこいつのことを知らなかったなと思いますよ」と言う。「生い立ちも家族のことも、それに何をやってるのか仕事のことも知らなかった」というのである。これには本当に驚いた。

もう一つ、印象的だったのは彼らの顔がいきいきと輝いていたことだった。その後、彼らが仕事のうえでも非常にいい成果を出しているということを知るなかで、自己紹介というものの位置づけをもう一度、問い直してみる必要を私は深く感じた。

そして、生まれたのが今の方式である。もちろん、試行錯誤しながら現在のようなかたちになったわけだし、まだこれからも変化していくとは思うが、うまくやれば著しくミーティングの効果を上げられることが経験的に明らかになっている。

議論のベースをつくる問題提起とは

オフサイトミーティングの質を左右するもう一つの重要な要素（ある意味で必要不可欠の要素として）は、議論の入口でどのような問題提起が行われるかということである。

それはすでに、このノートの中で述べてきたことでもあるが、

①　風土・体質とは何か

②　風土・体質が老化するとどうなるか

③　風土・体質を変えていくにはどうすべきなのか

という最もベーシックな事柄に関する問題意識を共有するためである。

同時に、この問題提起を受けて行う議論は、いったい何のために「気楽でまじめ

な議論」をこの**忙しいなかでわざわざ時間を費やしてやる**のか、ということを理解するために不可欠な議論でもある（すでに共有できている時は必要ない）。

もちろん、これはあくまで問題提起（問題の投げかけ）だから異論があってもかまわない。異論があったらあったで、じっくり話し込むことが大切なのだ。

「話し合う」と言っても普通と違うのは、むしろ「聞き合う」ことを大事にするということである。

ふだん会社で（あるいは家庭でも）じっくり耳を傾けるほど関心をもって人の話を聞いたことがあるだろうか。相手の意見を正しいと思うか正しくないと思うかにかかわらず、相手が言いたいことをできるだけ相手の身になって受けとめたり、話し手を受け入れ、黙って話を聞くというのはけっこうエネルギーを要することである。うまく話す以上に聞くのが苦手という人も少なくないだろう。

こういう「気楽でまじめな議論」をより有効にやろうと思うなら、人の話を聞くという基本姿勢をお互いにできるだけもつようにすることがなくてはならない。このことは、信頼関係をつくり、さらに議論を深め、**場から知恵が出やすい状態**にするためにどうしても欠かすことができない大切な点である。

自分の意見を言うこともももちろん大切なのだが、その前提として人の話に耳を傾ける姿勢、人の話から何かを学ぼうという姿勢が最も大切なのだという点は、議論に際して繰り返し強調される必要がある。

私たちはそういう観点から、オフサイトミーティングを「聞き合う場」とも性格づけている。


オフサイトミーティングの前にやるべきこと

共通の知識を前提として話し合いをすると議論の質が高まりやすくなる。


そのためには参加者に前もってある程度の共通の知識をもってもらうべく、本などを読んでおいてもらうと議論が活発化する。

私たちは風土・体質の改革をめざしたオフサイトミーティングをすることが多いので、いつも共通に読んでいただいているのは『コアネットワーク・変革する哲学』という私が四年前に書いた本である。参加者に本を一冊読んでもらうには条件が整っていないと思えるような時には、雑誌などに書いた原稿のコピーで済ませることもある。

必ずしもこの本だけが効果的ではないと思うが、〝改革とは何か〟を書いた本を共通の知識としておくことが議論の質を高めるためにはかなり決定的な要素である。

ただ、いつも体質改革ばかりを直接のテーマとしているわけではないので、その時々のテーマに応じて前もって読むものを用意することが話し合いの質を上げる一つの方法である。ただし、この中身を間違うとあまりよい結果は期待しにくい。

ある時、いろいろな会社から人が集まって行うオフサイトミーティングをやった際、手違いで半分以上の人が『コアネットワーク・変革する哲学』をもっていなかったし、読んでいなかった。残念ながら、この時の議論は散漫になってしまって決して満足のいくレベルではなかった。前もって本を読んで共通の知識をもっているかどうかというのが、かなり決定的な意味をもつことを再確認させられた出来事だった。

オフサイトミーティングの後にやるべきこと

ヨコハマ自動車部品の場合、管理職がほぼ全員参加してオフサイトミーティングが一巡したところで、ある程度の土壌の耕しができた。

オフサイトミーティングも、特にあのような部門横断的な交流型のものは網羅的にメンバーを集めて行われるため、テーマを絞り込んで深く掘り下げるには時間的余裕がない。役割としては土壌の「耕し」がメインである。それ以上の期待をもち込むと逆に役割が曖昧になるから、その場で何をするか目的は絞り込んだほうがいい。

しかし、この段階で放っておくと、せっかく耕された土壌もまた固まってしまう。たまに風に運ばれて種子が飛んできて実がなることもあるが、その確率はそんなに高くはない。大切なのは**種子を蒔き水をやり肥料をやり、世話をすること**なのだ。

つまり、種子を蒔くというのはオフサイト後、一人ひとりの参加者と世話人が手分けをして個別にミーティングを重ねていくなかで動きをつくり出していくことである。このフォローの動きがあって初めて耕された土壌は生きてくる。

実際にどのように進めるのかというと、種子は全体にまんべんなくは植えられない。一番可能性の強そうなところから種蒔きを始める。どういうところが条件的に良いかといえば、

① 影響力のある人物から手が挙がったところ
② 影響力のある人間がいて改革のエネルギーがあるところ
③ 複数の世話人がいるところ

などが挙げられる。

オフサイト後のアフターフォローとしてやることの具体例としては、

① これは、と思う人との個別の対話
② オフサイト通信のような情報紙の発行

たとえば個別に対話した他の参加者の声をのせるなど、電子メールでの通信の発行も可能である。

③　具体的なテーマをもった小さなミーティング等々

従来の研修も、その中身は覚えていなくても、研修の時に知り合った人との人間関係は残っていたりすることがあった。

オフサイトミーティングの目的

オフサイトミーティングはこの部分の役割を強化して、「新しい人間関係づくり」を目的の一つにしている。

管理職でやるオフサイト研修には、そういうネットワークづくりを自分の周りでもやっていくための一つのトレーニングとしての要素もある（実際にやるのはそれほど簡単ではないが条件さえ整えば可能である）。

もう一つは、問題意識に刺激を与え、問題意識を強めていく役割だ。オフサイトミーティングの中ではいろいろな人の話、日頃聞けないような話をたくさん聞くことができる。そのことを通じて、人によって程度差は大きいが、問題意識を強めていくことが可能である。

本来、オフサイトミーティングは風土・体質改革の手段の一つとして「言い出しっぺは損をしない」と思える人とのネットワークを増やしていく役割をもっているのだが、残念ながら単発のオフサイトミーティングにはそこまでの力はない。

個別の話し合いを「点」とすると、オフサイトミーティングは「線」である。オフサイトミーティングも数多くやっていくと「線」が「面」になっていく。

また、オフサイトミーティングのフォローをきちんとやっていくことも、面をつくっていくあと押しとなる。

線が面となり、それが厚みをもってくるというように、土壌がつくられていって初めて「言い出しっぺは損をしない」と思える人が当たり前になってくるのだ。

オフサイトミーティングはその第一歩だ、ということができる。

第四章　動き出す自律のサイクル

言わせてもらおう

岩城が工場長に就任して以来、環境の悪化とも相まってエンジン工場はますます混乱を深めていた。

新しいエンジンが立ち上がって半年以上がたち、初期の流動期もとうに過ぎているのに、生産性は目標値をはるかに下回ったままでビクともしていない。組立ラインは増産にうまく対応できず、依然として不安定な生産を続けていた。生産ボリュームは常にラインの能力を上回り、少々の現場改善では乖離幅は縮まらない。誰もが身を粉にして働いているのに、犬が自分の尾を追うような堂々めぐりが続いている。

岩城は、とにかく「挽回あるのみ」とふだんにも増してみんなにハッパをかけながら、先日の会議を思い返して歯がみしていた。

部長層も交じえて期初に行われた経営会議では、さまざまな数値目標が発表されると同時に、前期の達成状況が総括される。そのなかには、各工場の品質水準のバロメータとなる通期の〝クレーム費〟の報告もあった。

生産部門のエンジン関連のクレーム費は、前期も全体の二分の一を占めており、会議の席ではいつもながらに、それはエンジン工場の問題として取り上げられた。厳密に言うなら、その半分以上は設計に由来する問題であり、製造だけではなく開発にも責任はある。しかし、毎回、ロスリーダーとして名指され追及されるのはエンジン工場だった。

「改善の努力をしてるといっても品質は上がらないし、コスト削減も進んでないみたいですね。第一、遅れの対策すらちゃんとできてないんじゃないですか」

経理部の紺野部長から声が飛んだ。業を煮やしての発言である。それに対して弁解がましく現状説明を繰り返す工務課長の横で、岩城健吾は憮然と宙を睨んで座っていた。

〈現場のことなんか何も分かっちゃいないくせに、お気楽でいいよな。座ってあれこれ言うだけが仕事かよ〉

いっせいに向けられるみんなの視線、「未達」という結果の前に一方的に裁決を下される、あの悔やしさ。半ば意地になった岩城は、現場の目標管理をさらに強化して、もう一段、改善活動にも加速をつけようと作戦を練っていた。

そもそもエンジンの組立ラインは、強制駆動ラインもフリーフローラインも遅れ進みが目で見て分かるように管理されていないため、いくつ数ができているのか分からないままつくり続けてきた。

出来高は一日の終わりに集計結果を見て初めて分かる。クリアされている時もあれば、ダメな時もある。しかし、プロセスをつかむ手法をもっていないから、たとえ途中で遅れていても挽回のためのコントロールができない。そのため、とにかく多くつくればいいという過剰防衛的な発想になり、ラインサイドには部品を山のようにもっていた。

とても改善に手をつけるどころではない。いってみれば、出たとこ勝負で一喜一憂する、賭けにも等しい無計画な生産活動を行っている。やみくもな〝頑張り〟の一手で運よく「未達」は防げるかもしれないが、逆に、つくりすぎて在庫が膨れることもある。結果があるだけで狙うことができない、彼らにとって目標はいつも実体のない逃げ水だった。たとえ設備は向上しても、モノづくりの発想はおそらく十年来、変わってはいない。しかし、誰もそのことには気づいていないし、残業に残業を重ねる日々が続いても、製造現場とはそういうものだと工場の人間は思っていた。ある面で、ラインというのは改善活動という建前をもってはいても、本音のところでは「現状維持」が合言葉で、〈これで本当にいいのか〉〈おかしいのではないか〉と疑問をもつようにはプログラムされてはいないのである。

ポカが多くてラインがしょっちゅう止まっても、工長たちの口ぶりは総じて「仕方がない」だった。

現場はこれまでも、管理部門の小集団活動推進事務局が行う定期の勉強会で、生産技術コンサルタントの指導を受けながら改善学習らしきことをやってはいた。けれど、それはノルマ達成式に与えられた宿題をただこなしていくだけの活動であって、やらされ感ばかりが残る。そのつど、部分部分の改善を完結させてはいくものの、肝心の〝改善ごころ〟は育たない。しょせんノルマで引っぱろうとするために、現場の自主活動といいながらも、その性格は業務の延長さながらであった。

しかし、作業者が日常の仕事の中で無意識に感じている不便や、おかしいなと感じる疑問は必ずある。日頃からお仕着せの改善に問題を感じている若い社員の中には、四月の若手オフサイトへの参加を契機に、みんなでもっと改善課題などを話し合って知恵を引き出せないものかと考える者も出てきた。

彼らは生産部門の世話人である石原課長や瀬川改革推進室長たちと行っているミーティングを通じて、改善活動というのは個人のアイデアをベースに現状を打開していく、もっと創造的な活動ではないか、もっと違う改善のやり方があるのではないかという思いを強くしていたのである。

その思いはまた、工場運営やマネジメントのあり方にも向けられていた。

「ただ命じられたことを実行するだけでは現場は元気にならない」

「みんなの知恵を生かすようなマネジメントが必要だ」

工場が抱える問題は、やはり影響力の大きいトップの存在を抜きにしては語れない。もっとやりがいがもてる職場にしたいと願う彼らにとって、工場長に仕事のやり方を変えてもらうことは不可欠の条件でもあった。

一方、工場長の岩城は岩城で、今のままの工場ではだめだ、工場を変えなければという強い思いをもってはいた。しかし、いくら岩城が力んで「意識を変えろ」とみんなにハッパをかけ、目標を挙げて管理を強化しても、受け身の姿勢は相変わらずである。現状維持に四苦八苦する工場が、**ズルズルと悪循環を生む体質**を引きずり続けることにも変わりはなかった。

そんな時、岩城に「工場のオフサイトをやりませんか」と瀬川が声をかけてきた。

鬼工場長と呼ばれる岩城も全社の管理職のオフサイトに参加してからは、高圧的な態度や言葉が幾分和らいだようにもみえる。しかし、だからといって岩城本人が部下たちの気持ちに気づき、現場を困らせる主要因が自分にあることを理解したわけではない。ましてや、それが工場の体質悪化につながっているなどとは思ってもいない。世話人たちは、岩城がそのことに気づくきっかけになればと思い、職場でのオフサイトミーティングを思いついたのだった。

ただし、元凶は一つで、それさえ取り除けば環境が良くなるなどということは現実にはあり得ない。鬼と言われる岩城のやり方も、個人の性格というより過去のマネジメントがそうさせた、ある面では環境の産物である。モノづくりの工程の中でも最下流に位置する製造職場は、一面で、上流工程の目に見えないシワ寄せを受けながら、生産実績という目に見える数字で、その帳じり合わせを要求される職場でもある。なまじ結果が見えるだけに、工場というのは叩かれやすい。岩城はそんな工場をとりまく理不尽な圧力に反発し、負けるものかと先頭に立って部下たちを引っぱってきた。それが結果として、岩城の足下を見えなくしていたのである。

岩城に声をかけた瀬川は、オフサイトをやりたいという若手の意向を伝え、岩城に二人の世話人と話をしておいてほしいと頼んだ。世話人は現場の工長の酒井と松原である。瀬川としては、あらかじめ彼らを通じて現場の声を岩城の耳に入れ、岩城の反応を知っておきたかった。

そんな思惑があるとは知らない岩城は、上司の立場から「ああ、いいですよ」と瀬川の頼みを軽い気持ちで引き受けた。

その日の午前中は会議でふさがっていたので、岩城は三時前の休憩時間を見はからって、瀬川と約束した二人の世話人に会うために現場へ降りて行った。静かな事務所を出て、一歩、工場に入ると、熱処理工程から漂ってくる油煙の臭いがする。機械が回り、部品や工具がふれ合って響く鉄のざわめきを聞くと、岩城の気持ちは不思議に落ちついた。根っから現場の空気が好きだった。

若い二人の世話人は率直で明るい性格である。彼らは悪びれもせず、いつも現場で言い合っている話を岩城にしたようだった。

次の朝、瀬川は少し早めに工場に出向いた。工場の事務所は殺風景だからと、瀬川が自宅からもってきた花の鉢を女子社員と一緒に会議室のテーブルの上に並べているところへ、岩城がのそりと入って来た。

「おはよう」

「ああ、おはようございます」

女子社員が黄色のボサ菊の鉢を一つもって出て行った。岩城は花をほめたり話題にしたりできない。話には前置きも何もなかった。

「話、聞いてきたよ」

「そうですか。けっこう意欲的な世話人ですから楽しみですね。テーマについては相談されました？」

瀬川はニコニコしながら問いかけた。岩城は見るとはなしに、置かれたばかりの花のほうへ視線を泳がせながら話した。

「いや。何だか知らんが、いきさつの話から私の話になって意見された。私がいちいち口出しするのが邪魔だそうだ。下に任せて、目をつぶってデンと構えてればいいらしいよ。オフサイトでもそういう話をしたいって言ってた」

岩城は、言われたそのままの内容を感情を交えずに瀬川に伝えた。

「僕らから見ると、工場長は世話をやきすぎですよ。頭がいいから人の三倍、ああだこうだと言いたくなるのかな。ちょっと過保護じゃないかと思いますよ。そりゃ、工場長から見れば部下には頼りないとこもいっぱいあるでしょうけど、放っとけば困ったなりに自分で何とかするもんです。それを転ぶと危ないからって目配りきかせて、あれこれ指図するっていうのは……ね。何ていうか、古いですよ。もっと部下を信じなきゃ」

よくまあズケズケと……。岩城はあきれた。けれど、世代的に離れていることもあり、今まであまり接触のなかった彼らの言うことには、なぜか冷静に耳を傾ける気になれた。そして一瞬、岩城自身、彼らが語る岩城像を客観的に垣間見ることができたのである。おもしろくはなかったが、不愉快ではなかった。

淡々とそんな話をする岩城を、内心、瀬川は意外に感じた。

「若い社員もいろいろ感じてるみたいですね。自分たちの問題をみんなで話し合いたいという声もあって、今度、工場でもオフサイトをやろうかという話になったんですけど、どうですか、工場長も参加してみませんか」

「そうだね」と言いながらも、みんなと話し合いをすることには気が乗らなかった。〈仕事のしかたを変えなきゃいけないことは先刻承知のはずだ。それを今さら話し合ってどうなるというんだ〉と岩城は思った。

俺には言いたいことが山ほどある。

工場長になってからというもの、**自発的に動こうとしない部下**たちを、岩城はずっともどかしく思ってきた。生来の負けず嫌いで人一倍の知識と経験を身につけた岩城は、工長、課長と異例の早さで昇進し、その統制能力を買われて工場長にもなった。なったらなったで上の期待に応えなければと重圧はどんどん大きくなる。評価はあくまで数値目標の達成にかかっているから、指示命令で動かしてもれなく管理するといった〝最速・最短〟

の到達方法に走る。自分がやればうまくいくはずのシナリオで他人を動かすのだから目につくのは欠点ばかり。言われたことも十分にできない部下の未熟さがいつも不満で〈今は助けてやるけど、早く一人前になって恩返ししてくれよ〉と心の中では思っていた。すぐ上に頼る、指示待ち姿勢、失敗を避ける、自分の意見をもたない、向上心がない……俺がやらなきゃ誰が現場を回すんだ。多かれ少なかれ管理職たちは、そんな使命感をもって現場の上に立っていた。

〈もしかしたら……〉あらためて部下に自立をうながす格好のチャンスかもしれない。岩城はそう思うと少し気持ちが前へ向いた。

オフサイトの日程が来週末に決まりましたと世話人から声がかかったのは、その後まもなくだった。

頑固者、動く

「長雨か」岩城はつぶやいた。このところの雨雲はいっこうに去る気配がない。車から見る保養所の建物も、山なみを背にして沈んだ空に溶け込みそうだ。マイカー通勤でいつも傘をもたない岩城は、駐車場に車を置くと、雨の中を小走りに玄関へ駆け込んだ。

ロビーで新聞を読んでいた瀬川がソファから立ち上がって岩城を出迎えた。

「おはようございます、今日はよろしくお願いします」

にこやかな顔につられて、岩城もおはようと頭を下げる。すでにメンバーはそれぞれの部屋に分かれて、昨日の続きをやっているらしかった。七、八人を課ごとにまとめた三グループは、それぞれ自分たちの選んだテーマで話し合っていた。

前日の夕食時。

「明日は午前中から岩城工場長が参加される予定です。今まで話し合ってきたことが岩城さんにも十分伝わるように、各グループで議論した内容を紹介しながら話し合っていきたいと思います」

原島由美子がそう告げると、笑顔がたちまち表情をなくして食堂は静まり返った。先刻承知のことなのに、岩城を前にして話し合いの中身を披露するという現実がにわかに迫って、潮が引くようにみんなの頭熱が下がった。

その夜は遅くまで、あちこちで話が交わされていた。課長の脇田と世話人の酒井の部屋でも、酒をもち寄ったメンバーが思い思いにくつろいで、とりとめのない話をしていた。

「あしたの話、どうするかなあ。言いたいことは山ほどあるけどさ、多勢に無勢じゃ工場長も気の毒だよな」

「それより、あの顔を前にして言えるかだよ。最初の発言者は大変だぞ」

「アミダにするか。でも小林みたいに気の弱いやつが当たっちゃって、あやまりながらやったんじゃ立場が逆だしな」

「坂元さん、やりなよ。声大きいしさ」

「やだよ、俺しゃべるの苦手だもん。丸められちゃうよ」

「そうか、別に一人じゃなくてもいいんだよね」

「一山いくらじゃあるまいし。多けりゃどうにかなるってもんじゃないぞ」

「俺たちの話を黙って聞くような人じゃないからやりにくいんだよね。オフサイトの精神にマッチしないっていうかさ」

「てことは、俺たちだって工場長の話を聞かなきゃまずいんじゃないか」

「それはいつも聞いてるよ」

そして翌日、気楽な気持ちはすっかり失せて、みんなは気の重い朝を迎えた。岩城の存在が気になって、どのグループも気持ちに余裕がなかった。

その彼らが予想したとおり、岩城のほうは自分が問題の焦点になっているらしいことに気づいてはいたが、工場長としての**立場意識は簡単には抜けない**。部下たちの話をじっくり聞こうというより、この機会に部下たちをどう指導するかということに気持ちは傾きがちだった。

九時には全員が神妙な顔で大会議室に揃った。岩城は目立たない壁際の席に原島と並んで腰をおろした。

脇田課長の司会で各グループの議論内容の紹介が始まった。

口火を切るかたちで最初に話し始めた工長は、聞いているほうもいたたまれないほど緊張し、それ以上ないほどギクシャクと口を開いた。遠慮がちにひと言、ふた言を発するや否や、岩城から割れるような声が飛んだ。

「聞こえないよ」

綱渡りを見守る者も、渡っている当人もおじけづいて、その場の空気は凍りついた。すかさず原島がとりなそうとしたが、もう遅い。工長は「もうやだよ、交代してよ」とふてくされて席に戻ってしまった。

「おいおい、始まったばっかで投げるなよ、佐々木」

脇田課長が声をかけたが、工長は苦情をこぼすばかりで立ち上がろうとしない。

「分かった分かった、誰か代わってやってよ。佐々木は一番嫌な役やったんだからさ」

脇田が言い、少し和らいだ雰囲気にうながされて年長の工長がやれやれという顔で出てきた。

「佐々木君に代わりまして、みんなで話した内容を報告させていただきます」

生真面目で動じない工長は、ノートを見ながら淡々とまとめを読み上げ、折り目正しく説明していった。

「今のように、いちいち工場長が口を出すとみんなの気持ちが萎縮します。言われるまでもなく、みんな仕事の中でも自分なりに〝これはまずいな〟と感じて解決方法を考えようとしているんです。そんな時に、いつも横から干渉されるとどうでしょうか。人間、やる気がなくなります。いちいち、やる気をなくすなと言われるかもしれませんけど、普通に注意されるならまだしも、ケンカごしで言われると押さえつけられているみたいで心安らかではありません。若い人なんかは腐ってしまいます。ですから、ちょっとぐらい未熟な点が目についても、その場その場で叩かないで、もう少し余裕をもって指導していただきたいと思います」

岩城が初っぱなから存在をアピールしたために、話は工場長に向けてもの申す口調になった。

「上ばかり見て仕事をしている」「人の気持ちを無視する」……改善発表で手慣れた工長は、工場長の問題点を半ば機械的に列挙していった。

表に出すことはしなくても、みんなはいろんなことを感じている。思った以上に冷静に見てるなと、瀬川はあらためて感じていた。

ソツなくこなした工長のスタイルに乗っとり、各グループの報告が続いた。しかし、不慣れで要領の悪い話には、岩城は懲りずに口を出した。

「言ってる意味が分かんないよ」

声にはドスがきいてる。ちゃんと言えないなら言うなと責められているようで、話し手はそのたびに立ち往生した。いくら査定のことは気にするなと瀬川が言ったにせよ、工場長が見て評価しているという事実は部下を威圧するに十分だ。あるいは内容に対して「その受け取り方、間違ってるんじゃない」と突っ込まれると、つい習い性で、自分たちのほうに非があるかもしれないと気後れしてしまうのだった。

目の前にはことあるごとに、上司と部下の固定した関係が顔を出した。凸が打って凹が受ける。その形状はどちらも固まって元に戻らない金型のようだ。オフサイトのこの場は〝上司と部下がお互いに相手の思っていることを聞く場〟なのに、岩城はいつもの上司然とした自分から脱皮できないでいた。

実際、岩城はかなり不愉快な気分でみんなの言い分を聞いていた。いつもなら、もっとひんぱんに話をさえぎって自分の言い分を主張しただろう。しかし、今回は、前にやった管理職オフサイトの経験が、かろうじて聞く側の立場に岩城をつなぎとめていた。岩城にしてみれば、これほど辛抱強く部下の話を聞いたことは今までにない。口は出したが、話も聞いていた。

隣に原島の気配を感じては開きかけた口を閉じ、知らず知らずのうちに黙って聞くことに集中し始めた岩城は、ふと、何かにしがみついて居座り続ける自分、立場だけにこだわり続けている自分に気がついた。みんなはというと、勇気をふり絞って無防備な殻の外へ出ている。昨日まで、工場長に意見するなど自殺行為も同然の世界にいたみんなが、どうやって自分を動かしたのか、今は違う景色の中に身を置いて岩城を見ている。

岩城は〈あれ?〉と思った。この疎外感のような寒い感じ、どこかで味わった……。そう、管理職オフサイトの時も、あの若い二人と話した時も。人の目に映る自分の姿が視野をよぎった。

岩城は急に今までの自分が小さくなったような、離れていくみんなを懐かしむような奇妙な思いにとらわれた。そして、最後のグループが報告を終える頃には、自分のマネジメントについてどうこう言われたことよりも、こんなことまでみんなにやらせた自分のふがいなさのほうを責める気持ちになっていた。

査定権をもつ直属の上司に向かって、あなたのここを直してほしいと言うこと自体、部下たちにすれば途方もない勇気が要るはずである。単に場を借りて不満を発散しているわけではない。犠牲を払って、至らない上司が脱皮するのを手伝ってくれているのだと岩城は理解した。

〈俺がこんなだから、みんなが苦労するんだ〉

昼食前にミーティングは終了した。

食事を終えると挨拶もそこそこに、岩城はさっさと帰宅してしまった。うちに帰って気分を落ちつけて、早くいろんなことを整理してしまいたい。グズグズするのが嫌いな岩城は立ち直り後の処理も早い。気づいたところで、猛反省に向けて気持ちは収束していた。

そんな心の動きを知らない瀬川は、誘いにも乗らず家に帰ってしまった岩城を案じていた。雨の夜、一日をふり返りながら脇田や酒井と酌み交わす瀬川の酒は、いつもと違って静かだった。

「最後のほうは黙ったままでしたけど、ちょっとショックでしたかね」

「いやあ、あの工場長のことだもの、そんなに簡単にはめげませんよ」

岩城をよく知る脇田はカラッと言い放った。

「態度は変わるとしても、相手の立場でものを考えるデリカシーなんてないですからね。万一、そうなっちゃったら僕らのほうだって気味が悪いな」

缶ビールの冷え具合を確かめるようにひと口飲み、うなずいて酒井も受け合う。

それは、部下たちにほぼ共通する認識でもあった。

「そうか、そんなものですか。けっこう頑固そうですものね」

目覚める瞬間

週明けの朝は、かろうじて雨をこらえた厚い雲がどんよりと空を覆っていた。いいかげん、さわやかな秋晴れが恋しい。けれど、昨日の緊張を無事くぐり抜けた解放感からか、定例の工場会議で会議室に集まったみんなの顔は曇りが取れてリラックスしていた。

「おはよう」

ファイルを抱えて最後に入ってきた岩城も、きっぱりと迷いのない顔をしていた。大きな声で挨拶をして席につく岩城に、みんなもあわてて挨拶を返した。それはいつもの自信に満ちた工場長の姿だった。

原島や瀬川が予想した以上に岩城はうまく決着をつけていた。

「会議を始める前にちょっと言っておきたいことがあります。昨日のみんなの話を聞いて感じたことですが……」

続く言葉を想像して、瞬間、みんなは身構えた。しかし、その口ぶりには何の皮肉な調子もなく、岩城は淡々と話をした。

「初めは正直なところ『何言ってんだ』と、言いたいことはたくさんあったけど、冷静に考えるとまさしく私の悪い癖で、人の痛いところはガンガン突くくせに、自分の欠点には目をつぶって認めない。往生際が悪いというか、器の小さい人間だなと自分を反省しています。なかには勘違いや誤解もちょっとあって、正したい気持ちがないわけではありません。でも、そんなことより、せっかく勇気を出して私の至らないところを教えてくれたんだから、二日かけてまとめてくれた問題点を戒めにいただいて、このあとじっくり検討してみなさんの気持ちに応えたいと思います」

何をやるにも徹底してやるのが岩城である。

「……ご存じのように頑固なほうだし、性格だから急には変われないかもしれないけど、時間がかかっても、とにかく一つずつでも、直していく方向にこれから努力することを約束します」

〈なるほど、そうなるのか〉あとでその話を聞いた瀬川は感心した。またも岩城の意外な一面を見て、強気一点張りの人間だと思っていた先入観がくつがえされた。怖いもの見たさ半分、不安半分のみんなは、そのスマートな結末にむしろ拍子抜けしたらしかった。

しかし、その話を聞いて一番安心したのは長野靖行かもしれなかった。

長野は、荒療治とも言える手段に出ることで岩城が受けるダメージをひそかに心配していた。事の成り行きでそうなったにせよ、部下が集団で上司にもの申すという設定はあまり好ましいとは思えない。対立的な立場をとって始まるこういうやり方は、よほどうまくやらない限り両者の溝を余計に深め、後々までしこりを残すものなのである。

かつて長野は、あとになって「失敗したな」と思うような苦い経験をしていた。以前、一緒に活動していたある会社では、開発部門の責任者である部門長のマネジメントに対して、多くの部長層が不満をもっていた。部門長自身は、自分が新しいマネジメントを試みる先進的なタイプの管理者だと思っているふしがあったが、部下の多くは、あの人は部門の実態がまるで見えていないという冷めた見方をしていた。どこの組織にもよく見られるマネジメントへの不信である。

このような場合の立場のとり方の問題だが、当時、プロセスデザイナーは部下たちの不満を代表するような立場をとって、いつしか部門長との間に対立関係をつくってしまった。

多数の批判の声は一つの世論であるから、漠然と世論を代表しているという正当性は感じていた。しかし、それは結果として企業内に一種の対立構造をもち込むかたちになってしまった。企業の中で部門長に対する評価を本当に下すことができるのは経営トップだけである。いくら世論が批判的でも、対立構造をつくるような動きによってそこを踏み越えてしまうと、あとには必ず不信感が残る。そのことを当時の長野はまだ実感としてよく分かっていなかった。

一度生まれた不信感は簡単には消えない。正しい、正しくないの議論では片付かないでアザを残し、いつまでも尾を引くのが不信感である。当時の長野にしてみれば、部分だけを見て恐れずに立ち向かっていったら、水面下に潜む部分がしだいに姿を見せて、相手が予想外に巨大な存在だったことに気づいた——そんな衝撃だった。

どこまでも信頼関係を大切にしていくスタンスを崩さず、問題意識をもつ人たちとネットワークしながら話し合いを積み重ねていく。そのことを通じて問題というのは自然に顕在化してくる。そういう経過を経営トップに見守ってもらうことは必要だが、最終的な判断はあくまで経営トップが行うべきことである。自分たちは判断する者ではなく、判断のための材料提供者だ。それを体験から学んだ長野は、反省と共にそのことを深く心に刻んでいた。

その苦い教訓があるから、長野は対立構造が余計に深まりはしないかと工場オフサイトの行方を案じながら見守っていたのだ。

ところが岩城は、そんな長野の心配を吹き飛ばすかのように、巧妙に、たくましく自身の難局をすり抜けた。これは、うれしい誤算である。それが何であろうと受けて立つ岩城が、前向きにちょっと押し出しさえすれば、じつに頼れるパワーに転化することが想像できたからである。

変わってくれそうだなと、長野は手応えをつかんだ。

が、岩城の本当の内的変化は、オフサイトの場ではなく自宅に帰ってから起こっていた。

その日、各グループの報告内容を書き留めたメモをもち帰った岩城は、家に着くと、ただいまの挨拶もそこそこに居間に直行して、鉄は熱いうちに打てとばかりに整理を始めた。B四サイズのレポート紙にサインペンの大きな文字で、メモから拾った言葉をどんどん書き付けていく。またたくまに、文字で埋まった紙がテーブル一面に広がった。

「何やってるの、お父さん」お茶をもってきた妻の志津子が目を見張り、何事かに一心不乱の夫の側に来て、膝をついて覗き込んだ。

関白亭主の岩城に口ごたえもせず、かいがいしく気持ちを配る妻である。筋の通らないことには心を曇らせるが、それが自己主張になって表れるようなことはない。岩城家を訪ねたことがある部下たちは「鬼さえもあったかく包み込むような人だ」と夫人の人柄に感心していた。

その志津子が、お茶をのせた盆を手にしたたたまま、食い入るように紙に書かれた文字を見ている。沈黙に気づいた岩城が顔を上げると、妻の目は涙でいっぱいになっていた。

「おい、どうしたんだ」

「……」

「何だ、いったいどうしたんだ」

志津子は盆を脇に置いて涙をぬぐった。

「何だか、情けなくて」

「ん？　ああ、これのことか。うちの連中に突き上げを食らったんだよ。まあ確かにみっともないな」

「そうじゃないの」

「え」

「私……お父さんがうちの中でいくら威張ったり頑固なことを言っても、ほんとは家族思いのお父さんだと思ってる。でも、工場長という責任の大きいお仕事をさせてもらってるんだし、会社では大変だろうなと思ってたの。うちの中ではわがままで人の言うことも聞かないけど、会社ではそんなこともなくて、我慢して一生懸命やってるから周りのみなさんも信頼して慕ってくださってるんだと思ってた。だから、私も我慢のしがいがあったし、一緒に頑張ってるつもりだったのよ。でも、ここに書いてあるのを読んだら……。会社の方たちがこんなふうに思ってるなんて、これがほんとにお父さん？」

昼をかんだ妻の目は、なおも書きなぐった文字を追っていた。

岩城は絶句した。考えてもみなかった。

会社は組織で上下関係もある。それなりの厳しさは必要だし、人間関係にも多少の不愉快はつきまとうものだと割り切っていた。そして、そういう自分を妻も黙って支えてくれているものだと思っていた。しかし、違う。妻は、家と同じように会社でも、夫に人の話を聞こうとする姿勢がないから部下に嫌われている、慕われてなんかいないことを知ってショックを受けている。そして、部下たちと同じように、人の話を聞かないのはおかしいと抗議している。

そういうものだと思っているのは俺だけか？

〈俺って、そうなのか〉

会社と家庭の二段構えで思い知らされて、今度こそ岩城は合点した。

そういうもんじゃないんだ。言いわけがついても欠点はやっぱり欠点だ。俺はずっと建前にすがって、自分じゃないものに成り下がっていたのか。

岩城は生まれて初めて、あるがままの自分を直視することで、長野の言う「みんなが主役」「自発的にやる」ことの意味を知ったような気がした。そして、自分に求められている改革の真の意味も。

結果を出すための遂行力が評価されるうちは、それに荷担する岩城のなりふり構わぬやり方も組織内では都合よく肯定されてきた。今までは岩城とて〝やらされ構造〟の中に生き、自分を顧みる動機が入り込む余地はなかった。しかし、**一人の有能な遂行者だけが機能するのではなく、多くの部下の個性と能力が機能することに価値を置く環境**の中では、部下のそれぞれが「何を発想し、何を追求していくか」が評価の対象になる。それは工場長にしても例外ではない。

〈上司は部下に課題を与えてやらせるだけが仕事ではない。最も重要な仕事の一つは、部下がもてる能力を十分に発揮できるような環境をつくることなんだ。ごまかしの勝負はもう通用しない。実力主義だ〉

そこでは自己評価が行動の推進力となる。やりがいは大きいが厳しいに違いない。けれど、上昇志向の強い岩城にとって、むしろそれは納得のいく、信じられる尺度のような気がした。

「知命」と呼ばれる五十も過ぎた成人男子。冷静になって自分の隅ずみまで陽にさらしたら、何を今まで憤っていたのか不思議なくらい肩の力が抜け、改革に対するわだかまりもすでに正体をなくしていた。

仕事を任せる

上が数値の枠を決めて、そこからはずれる異常値を徹底管理するという従来のやり方を、工場長の岩城が「やめる」と宣言したのは十月の工場会議の席だった。

「今日を一つの出発点にして、エンジン工場は**『自分たちがやりやすいようにやる』『今日の飯の責任は現場がもつ』**ことを基本方針にしたいと思います。これからは、みんなで工夫して仕事のやり方を変えてもいいし、ムダだと思うことは思いきってカットしてみるのもいい。職場を良くしたいと思うことがあったら、自分たちの判断でどんどん実行してください。すでにオフサイトなんかをやって少しずつ感じがつかめてきてると思うけど、この方針はお互いに相談し合うことが大前提です。相談し合える人間関係があって初めて、個々の知恵や技術や経験を生かすことができるし、難しい課題にも挑戦できる。その半面、任されるだけみなさんのほうの責任も重くなるけど、一方的に申し渡された指示や指標に基づいて仕事をするより、ずっとやりがいがあるはずです。

それに関連して、もう一つ、自分たちに必要な管理指標を自分たちでもつことも大切です。それが、たとえば自分たちの工場が『儲かっているかどうか』分かるような仕組みにまで発展していくと、自分たちが何をやり、どんな成果が出たかが明確に分かるようになります。そういう自己完結的な職場経営ができるようになると、いっそう張り合いをもって仕事に取り組めるのではないかと思います。

この新しい工場方針は、みなさんからいただいた意見を受けとめて考えたうえでの私の回答です。私自身、方針にして言いきることには覚悟が要りましたが、みなさんに勇気をもつことを教わって私も決めました。初めはお互い戸惑うこともあるかと思いますが、その時は相談してやっていきましょう。

それから、不満が多かった改善については完成車メーカーにお願いして、購買部門の改善チームのお世話になることにしました」

あの工場オフサイトのあと、岩城は瀬川に連絡をとり、原島や時には長野も交えて何回か話し合いの場をもった。「今までのやり方を改めて、新しいやり方を打ち出す工場方針をつくりたい」「やるからには徹底してやりたいから力を貸してほしい」というのが岩城がもちかけた相談である。

ノルマで縛って成果を求めるのではなく、みんなの気持ちをフリーにして知恵を引き出す環境をつくりたい。そのために自分は何をすればいいか。工場オフサイト以来、まず自分が変わらなければと決意した岩城は、初めて自分から進んで人の知恵を借りて、工場方針の変更に至ったのだった。

その少し前、原島からようすを聞いていた社長の伊倉から励ましの電話がかかってきた。その一本の電話が岩城をさらに奮い立たせていた。

その変わり身の大きさには、さすがに部下たちも戸惑った。

今までは、たとえば問題が起きれば工場長が即座に指示を出してくる。何かにつけ、考える間もなく上から答えが飛んでくる。そんな工場長の態度が急に変わるとは思えない現場は、初めはやはり待ちの姿勢でいた。しかし、その彼らも時間がたつにつれて、事情が一変したことを認めざるを得なくなった。

今までどおりうかがいを立てても「まず**自分で解決策を見つけてごらん**」と返事が返ってくるだけ。岩城は人が変わったように自分の意見を控えて「考えてみたら」と投げかける。〝自分の頭で考えること〟は、岩城にとっても最大の課題だった。

「そんなの僕らの仕事ですか。指示どおりにやってモノができればそれでいいじゃないですか」

そう思っている人間は少なくなかった。しかし、そう思わない人間も出てきた。

ラインの運営を現場に任せるという方針が出て、任されたことがみんなの間で実感されるようになると「自分たちがやりやすいように」という方針を素直に受けて、まず**職場の環境に変化**が現れた。

現場の貴重な休憩時間をより快適に過ごそうと、休憩所の改装があちこちで始まったのである。

今までの休憩所といえば、ねずみ色のパーティションで仕切ったコーナーにスチールの机と椅子を置いただけの殺風景で無味乾燥な場所だった。それが驚くほど遊びのある空間に変貌したのである。丸太を使って山小屋風にしたもの、駅の待合室を模したもの、リゾートっぽくデッキチェアやパラソルを配したり、あるいは畳をもち込んで和室仕立てにしたものと、工場内に競うように多彩な休憩所が出現した。

もちろん、すべて現場の人間の手づくりである。みんなは、あり合わせの材料をあちこちからかき集め、製造職場の技能をフルに生かして木工作業や溶接、塗装に腕をふるい、ごくわずかな予算で思い思いの城をつくり上げた。

それだけではない。灰色一色だった工場の内壁にはカラフルな大壁画がペイントされた。それに続いてロッカールームの柱や階段の踊り場の壁と、無地の平面をポップなタッチのペイントが次々に埋めていくと、ついにはコンベアにまで、ブロックごとのテーマカラーが塗られるようになった。「うさぎライン」などとネーミングした工程も現れた。ラインのエンドの検査工程には、やはり誰かが手づくりしたプランターが置かれ、小さな赤い花が最終仕上げのゾーンに色どりを添えている。無彩色の現場が生まれ変わったように息づき始めると、知らず知らず、職場の空気もみんなの表情も和らいでいった。

一方、十月に入ってまもなく、完成車メーカーから来た「鳴沢チーム」の三人が改善支援に入ってからは、ラインの仕組みづくりはゆっくりとだが着実に前進していた。

改善の道場にもなる対象ラインは、先に「うさぎ」と名を改めたFラインである。

「基本をよく理解して確実にものにしておくとあとが楽なんだよ」

チーフの鳴沢は、みんなのやる気を大切にして現場の目線で話をする。彼のチームは来てすぐに現場に溶け込んでいた。

強制駆動ラインの場合、遅れ進みを見るには、コンベアに等間隔でモノを置き、足元のフロアに目盛りの線を引いて、作業者がどの範囲で一個の作業を完了するか、作業者の動きを見る。そうすることで改善につなげていくのが等ピッチ流しの仕組みである。仕組み自体は、簡単な仕掛けとルール化だけで決して難しいものではない。説明を聞いた限りでは簡単そうだなと誰もが思う。しかし、作業者が実際にやってみると、これがなかなかの難物だった。

人手によって常に等間隔でモノを置くには、かなり持久的な集中力と熟練が必要である。二、三日でコツをつかんだら、あとは時間をかけて動作の安定精度を高めるだけだが、半月たっても早すぎたり遅れたりで思うように安定しない。鳴沢は、みんなが辛抱強く作業を続けるのを黙って見守っていた。

そして、ようやくみんながリズムをつかみ、動作がこなれてきた頃をみはからって、人手の作業を機械に切り替えた。

「初めから自動化すればよかったんじゃないですか」

若い作業員が鳴沢に尋ねた。

「機械というのは故障するものだからね。もしトラブルがあっても、人手でカバーできれば被害が小さくて済むでしょう。加工なんかそうしてるけど、フェイルセーフのシステムにして人が代われるように次善策を用意しておくことも大事なんだよ」

〈保険は安全在庫しか考えてなかったな〉みんなもなるほどとうなずいた。

口で言うだけでなく、支援チームのメンバーは実際にやって見せてくれる。プロセスを逐一見ていると、自分たちにもやれそうな気持ちになるから不思議だ。考えてたことと、そんなには違わないな。これくらいなら自分たちでも工夫すればできそうだ。何でやらなかったんだろう。

初歩中の初歩だ。できてなきゃおかしい。みんなとっくにやってる。進んでるとこはこんなもんじゃない。

今まで、さんざん言われてきたけどピンとこなかった。何が問題なのか分からなかったから、簡単な仕組みだと言われても必要性を感じなかった。しかし、自分たちの責任と判断による現場運営や仕事のやり方を任されている環境のもとでは、当事者の目で問題を見、当事者の頭で考えるようになる。

それを肌感覚で観察しながら、やる気をうまく誘い出して一緒に歩いてくれる鳴沢チームは、現場が初めて出会ったよきパートナーだった。

ちょうど同じ頃、山中湖の保養所や近くの保健センターの会議室を使って、工場の課長たちが瀬川や原島を交えた話し合いを行っていた。

最初は、工場オフサイトの直後に原島が声をかけて集まったのがきっかけだったが、以降は必要性が自然に日程を決めていき、週一、二回のペースで行うミーティングは毎回、フルメンバーだった。彼らはふだん、コンサルタントと会って話をすることなどほとんどない。けれど、プロセスデザイナーは改革推進室の世話人の延長のようなものだし、第一、原島由美子は女性である。まじめな議論をしていても、場には男性職場のミーティングにはない和やかさがあった。

課長たちの話し合いは、目下の最大の懸案事項である**「現場に仕事を任せるとはどういうことか」**「自分たちの役割は何なのか」といったテーマに集中していた。

方針が変わってからは、管理職の彼らにとっては〝任せる〟ことも仕事である。しかし、頭では分かっていても実践となると迷いや悩みの連続である。日常業務の範囲ならまだしも、異常時の判断も任せるとなるとそれなりに勇気も必要だ。

「任されるみんなのほうも慣れてないから、お互いに戸惑うことが多くてね」

「ただ任せるだけじゃ放任だし、任せ方とかフォローのタイミングとか考えてると、結局、任せるっていうのもひと仕事だね」

「まったく。本音を言えば、指示だけしてるほうがはるかに楽だったね」

しかし、任せてみると、意外な人間が意外な力を発揮したりするという発見もある。失敗した時のサポートのしかたや、お互いに方向性を共有するなど、事前にしっかり話し合っておかないと失敗することも分かった。また、自分たちが部下に仕事を任せきっていても、他の部署にその方針が伝わっていないと「何でこんな重要な席に課長が出て来ないんだ」とクレームがついたりする。

「方針が変わってからは一から出直し、勉強のし直しだね」

疲れるよとこぼしながらも、実際に任務の見直しをしながらの話し合いだから課長たちは真剣だった。

保健センターの会議室にはまた、一日がかりで話し込む工長たちの姿もちょくちょく見られた。

現場のことは現場に任せろと言われた課長たちが、これから自分たちは何をしていけばいいのか、宙に浮いた戸惑いの中で話し合いを始めた頃、任された側の現場の責任者である工長たちは、とりあえず自由テーマで勉強会を始めていた。

今までラインに釘付けだった工長たちは、じっくりと話し合うミーティングをほとんど経験していない。もちろん現場にも会議はある。しかし、それは報告が主体の無味乾燥なもので、もともと机に座って読み書きすることがあまり得意ではない彼らにとって、意見をはさめるような内容では決してなかった。

たまに工場祭の時など、みんなで飲む機会もあったが、それはそれで酒が入ってドンチャン騒ぎに終わってしまう。考えてみれば、みんなでまじめに、そしてざっくばらんに話し合う場というのは、工場でやったオフサイトを除けば入社以来、初めての経験だった。そんな工長たちのミーティングの中で問題になったのは、**意外に多いデスク作業**である。

彼らはもともと書くことはそんなに得意なほうではない。にもかかわらず、報告書、計画書、クレーム対策書、申請書をはじめ、ノルマとして課せられている書類は多数ある。彼らにとって書類書きは苦痛以外の何ものでもなかった。

そんなことから、自分たちの力でこれを何とかしようという声が上がり、今ある書き物の中身の検討からまず始めようという話になって、有志による「レスペ（レス・ペーパー）委員会」なるものが結成された。

委員会では、まず自分たちがふだん書いている書類を、

①　自分（たち）の判断で減らせるもの
②　課の判断で減らせるもの
③　部の判断で減らせるもの
④　部外の判断で減らせるもの

に区分けすることから始めた。

①の自分（たち）で減らせるものは、すぐに着手できる。しかし、これはそんなに多くはなかった。

工場で一番多い書類と言えば安全関連の書類である。これは役所に提出するものだから、やたらに詳細で煩雑で、工長たちはうなされるほど苦手にしていた。防衛的で保険的な役所の姿勢は、書類の多さに転化されている。お互い何かあった時に、自分はやるべきことはやっていたというアリバイにするため、保身のために、山のような書類があった。

この安全関連の書類は区分けでいうと③と④、つまり、部単位あるいは部外の判断でなければ減らすことができないものである。工長たちはレスペ委員会でその存在と問題をおっぴらに取り上げ、課長や工場長と何度も相談しながら書類の整理を始めた。といっても、そんなに難しいことをやったわけではない。壁一面に書類を片っ端から貼って、判断担当者の間で一つひとつ「要る」「要らない」を検討し、判断して決めることを根気よくやっただけである。

その結果、安全関連の書類は半減した。まさに特定の問題に特化した臨時対策組織、レスペ委員会の成果であった。

さらに副産物として、話し合いの場で訴えた彼らの意見が取り入れられ、３Ｋそのままの現場の環境改善も進み始めた。職場の衛生やアメニティの問題は、生産実績に直接結びつくものではないだけに、今までは言っても相手にされなかった。しかし、認めてさえもらえれば、清掃やレイアウトの変更、空調や照明の設備にしても、自分たちの力でできることはたくさんあるし、わずかな予算があればたいていのことはできた。

工長たちもまた、ミーティングから具体的な成果を生み出し始めていた。

ささやかな達成感

このところ工長たちの間では、もっぱら鳴沢チームとやっているうさぎラインの仕組みづくりが話題になっていた。

以前に比べて、彼らの改善に対する理解は確実に前進していた。一方的に教えられるよりも、ああだこうだと突っつき合って、やりとりを通して関わるほうがはるかに理解は進む。いつの間にか工長たちにとって、改善は考える楽しみに変わっていた。

「けっこうおもしろそうにやってますよ。質問も出るようになったし、活発な人が出てきてうまく周りをリードしてますね。手法としては高度なものじゃないけど、コツさえつかめば一気に進むんじゃないかな」

鳴沢の中間報告は、みんなのようすを知りたがる岩城を安心させるものだった。

遅れ進みが見えるようになったら、次は生産管理の仕組みに移る。ラインには一日の目標数を明示し、それに対して今いくつできたか、リアルタイムで数をデジタル表示する生産管理ボードが取り付けられた。

「ちょっと高いけど、これは必須アイテムですしね」

部品同期も進んで仕組みは整っていった。しかし、その後も鳴沢はあえて目標値についてはふれなかった。言えば、その瞬間から自分を楽にする改善ではなくなる。改善の目的は言うまでもなく最大の課題である工数低減、五〇％という高い目標値を達成することである。

現場はこの数年、能力をはるかに上回る目標に全力でぶつかってきたが、いっこうに上向く気配はなく無力感にとらわれていた。やってもやっても苦しい状態が続く、何の効力もなかった歳月が層を成して「できるわけがない」とみんなに思い込ませている。そこに、またまた目標値という高いハードルをもち出して、せっかく湧いた意欲を奪ってもしかたがない。早く早くと成果を焦って、かえって遠回りになるケースを鳴沢は嫌というほど見ていた。

たとえ、ちらりと変化の兆しが見えたとしても、バラツキがなくなって安定するまでは、一進一退のプロセスも含めて**現場の発酵スピードに任せる**ことが肝心だ。ゆっくりじっくり膨らませて、落ちつくまで待ってやれば、やる気と納得という気持ちが絡んだ最良の状態が得られる。そうなれば簡単にくじけて後退することはない。

実際、初めの頃はペースが乱れてしょっちゅうラインが止まっていた。新しい問題が次々に出てきて対策に追われる。

今まではトラブルが発生すると、岩城が問題を見つけては改善案を出し、分担を決めて細かく指示していた。組立工程は「組む人」、検査課は「診る人」、修正工程は「直す人」

という棲み分けで、岩城の指示に従って動く。動きはするが、お互いに必要最小限の連絡を取るだけで、相談したり助け合ったりするわけではない。ただ、岩城が万全のお膳立てをして、せかしてやらせるから早かった。

そのテンポに比べると、問題が出るたびにそれぞれが集まって、使い慣れない知恵を絞り、相談しながらトライ&エラーで進めていくやり方はいかにもまどろっこしく思える。だからといって、答えが分かっていても岩城には手が出せない。

〈ヒントぐらい出したってバチは当たらないだろう〉そんな思いが頭中をめぐる。うまく立ち行かない事態にぶつかると、岩城のほうも何度か、昔の自分に逆戻りしそうになった。

〈自分がやったほうが楽。統制してやったほうが効率的〉

皮肉なことに半面ではそれを身にひしひしと感じた。けれど、他とは違う新しいことに挑戦しているんだという自負もある。悩みの大きさがそれを証明している。悩むのは手本がないからだ。確かなものといったら、自分の目で見、肌で感じて学びとる経験しかなさそうだった。

岩城がそれを実感したのは一つの失敗がきっかけである。

工長以下に生産を任せて数週間が経過した頃のこと。

おたくのラインが百台ぐらい遅れを出してる。このままいくと月末には二、三百台遅れるからすぐ対策を打ってくれと生産管理課から電話が入った。大騒ぎになる一歩手前の警告である。たまたま担当の課長がいない日で、そのメモを回された岩城は、やむなく担当の工長を呼んで現場のみんなと対策を話し合った。

「生管が言ってきたけど、遅れてる原因は何なの」

「オイルシールのところなんですけど、自動化したばかりで精度がうまく出ないんです」

百人以上が流れに携わる組立はラインを止めると被害が大きい。実際、現場はバタバタで完全に余裕を失っていた。

「何か手は打ったの」

「まだ、やってません」

「原因は分かってるんだから、すぐやればいいじゃない。誰がやるの」

岩城のほうは意見を聞きながら話し合っているつもりだったが、みんなにとっては詰問だった。押し黙ってしまったみんなをうながして急いで対策を考えさせ、足りないところは岩城が助言した。

「ところで、それだけじゃ現状維持だよね。挽回はどうするの」

「スピードを上げるしかありません」

工長が答えた。

「どのくらい上げればいいの？」

しばらく頭の中で数字をはじいて「五％上げれば届くと思います」

「じゃ五％上げてみたらどう」

「はい。でも人が足りないんです」

「人を補充すればできる？」

「はい」

「じゃあ用意してくるから、あとは自分たちでうまく配置して挽回したほうがいいね」

相談して決めたつもりが命令になった。面と向かって岩城に質問された工長は反射的にその場しのぎで答えてしまった。答えたからにはやるほかない。

月の後半は〝言われたとおり〟ラインスピードが五％上げられた。ところが五％アップのスピードについていくのは作業者にとって容易ではなく、少々人を動員しても追いつかない。毎日のように一時間ぐらいラインが止まった。しかし「何とかしないと大変だ」と言い出す者はいない。最悪の状況にもかかわらず、工場長からじきじきに指示を受けたみんなの気持ちにはあとがなく、さらに勝手に変えてしくじったら大変と考えて、誰も声を出さなかった。

問題が隠れたまま二週間それが続いて、蓋を開けてみると月末には百台余りの遅れを出していた。

あとになって、その結末を聞いた岩城は「失敗した」と思った。その気になって仕切ったばかりにみんなの意思を奪ってしまった。おまけに、命令どおりやっていれば自分たちに責任はないという、やらせ、やらされの図式に戻ってしまった。それより何より、任せるという原則を分かってくれていると思っていたのに、そこの信頼関係ができていなかったのだ。

部下は生みの苦しみを、上司は育ての苦しみをそれぞれに味わいながら精神的に脱皮していく時期だった。

研ぎ澄まされた晩秋の冷気が寒さに変わりかけた頃、朗報はやって来た。うさぎラインの改善がスタートして、はや二か月が過ぎていた。

工長が差し出した一枚の紙は、毎日の工数を書き取った手書きの表だった。

「先週あたりから能力が上がってきてるんです。ほら、これ」

三・四七、三・四四、三・三九……じわじわと数字が動いている。波打ちながら横ばいしていた数字が安定してプラスを重ね始めていた。

鳴沢は、陽にすかして見るように紙を明るいほうへかざした。経験上、分かってはいても胸のときめく一瞬である。

「いいね、いい感じだなあ。いよいよ滑り出したかな」

数字を一つひとつ確認しながら鳴沢の顔がほころんでいく。見守る工長は眩しそうに目をパチパチさせた。

「みんなずいぶん頑張ってますからね。遅れの問題がつかめるようになって、作業の見直しもあちこちで進めてます。以前は、何か不具合が起こっても他人任せで知らん顔でしたけど、今はすぐに集まってきてみんなで対策を練っています。話し合ってみると、それぞれにいろんな案をもってたみたいで、余裕ができたらもっといろいろやりたいって言ってましたよ」

「そうか。改善で余力をつくってリーダーを楽にしてやらないとね」

数字に縛られるのは嫌なはずのみんなが、しだいにゲームの結果としての数字を楽しむようになっていた。

悪さをする問題やムダを見つけて解明する。みんなで相談しながらいろんな知恵を動員し、視野を広げて改善案を検討する。やり方はどうか、考え方はどうか。動作になじむか。どんなトラブルが想定されるか。自然に小グループの自発的なミーティングが増え、保全マンをかつぎ出して技術面でのアドバイスを受ける光景も見られるようになった。自分たちでもやればできる。その経験が改善ごころに火をつけたのである。

ライン運営の主体になったみんなは自らの手で自縛を解きつつあった。

以前の彼らは工場スタッフに対しても「どうせ言ってもやってくれないだろう」「こっちが望むようにやってくれないで恩着せがましい態度をとられるなら頼まないほうがまし」と何の期待もしていなかった。しかし、自分たちが主体的にスタッフを巻き込んで知恵を借りるようになってからは、スタッフも御用聞きに来るようになったし、手間のかかることも嫌がらずにやってくれるようになった。できないことはできないと、はっきり言ってくれる。そして現場の人間も、それに対して素直に「ありがとう」と言えるようになった。

改善ごころが宿った現場では、QCや提案制度への取り組み方も変わった。件数稼ぎを生むノルマ制がなくなったこともあるが、意味のある、嘘のない仕事のしかたが自分たちのものになりつつあった。

自律的行動をめざして、そこに関わるみんなが主体的に展開するゲームのおもしろさにひかれ始めた時から、二次元で堂々巡りをしていたフィードバックループが、ほんのわずかだが輪を拡げて上を向いた。メンバーはたったの一歩だが、自力で飛躍に転じる大きな一歩を踏み出した。

その日、岩城は工長に声をかけられて久しぶりに現場に足を運んだ。サブラインの側には瀬川と原島も来ていて、何やらリーダーと話しているのが目に入る。けれど、見るなり岩城の目を釘づけにしたのは、仕組みができ上がって姿を変えたラインだった。周りは部品の山も消えて、すっきりと片づいている。ブレーキを付けたローラーコンベアから規則正しく部品が供給され、部品番号が刻印されてラインへ送り出されていく。出口の管理ボードが刻々と生産個数を表示する。

つくれるだけつくるモノづくりの発想とは根本的に違う考え方と仕掛けがそこにあった。

「すごいな。みんなでやったのか」

岩城は心から感嘆して、長く親しんできた現場を眺めた。古き時代の面影を断ち切るような変化に、ゴソッと音をたてて構造が崩れるのを感じた。

生産現場だって時代と共に変わる。個人だって向上する。もう手足となって底辺を支える歯車なんか求められていない。そんなことを要求する上司も求められてはいないのだ。脇の壁に貼られた短冊には《手の届く目標から》と書かれている。

小さくても目標は目標。自分が決め、決めた自分が受けて実行しようとする意思がそこには入っている。その結果であるなら、小さくても達成は他ならない自分のものだ。

岩城は工長に導かれ、興味深げに一つひとつの工程を見て回った。鳴沢チームのメンバーと作業者は何やら相談しながら仕掛けをいじっている。岩城にほめられた工長は、満面笑みで質問にあれこれと答える。逃げない視線、打ち解けた態度。確固たる方針のまなざしが注がれた現場は、癒され健やかなエネルギーが溢れている。それを待ち望んでいた者たちは、初めて主役になる喜び、達成の醍醐味を味わうことができたのである。

その夜、岩城は久しぶりにゆっくりと晩酌をしながら、その日の出来事を妻に話した。付きっきりで説明してくれた工長の、踊るように輝いていたあの目は嘘じゃない。

「そういう顔を見せてくれたんだよ。うれしかったな」

あれは俺の顔でもあるんだと岩城は思った。

風土改革ノート❹

自分で自分を変える能力

職場風土と職場長との関係

一つの職場の風土・体質というものは、その職場に在籍する人たちと共に長年積み重ねられてきたものである。職場の長の影響も確かにあるが、古い職場であればあるほど、その影響はそれほど大きくはないというのが実態だろう。

というのは、特に現場系の職場では異動はあまり一般的でない。それに比べて職場の長のほうはローテーションで異動するケースが多いからだ。

しかし、この岩城工場長のように同じ職場に長くいて、そのまま管理職になるようなケースでは、その人物のマネジメントスタイルが職場カラーに色濃く反映されることがある。ことに、岩城のように実務型で仕事が誰よりもよくできるというタイプは、往々にして管理型で下を締めつけ、強権的になりやすく、影響力も絶大である。

岩城のように仕事はよくできるが、自分の思いどおりに**部下を動かそうとするタイプの管理職**はどういう結果をもたらしやすいか。

今まで岩城自身もそうやって育ってきたし、それ以外のやり方は知らない。彼から見れば不十分な部下たちは、どう見ても厳しく管理する対象でしかない。

このような管理職はプレーヤーとしてはよく仕事ができる。細かいところまで仕事を知っているから、どうしてもすぐ下の部下を通り越して現場に直接指示を出してしまったりする。

こういう場合、上に立つ岩城を除けば、みんな考えることをやめてしまって指示待ち人間になる。それでもそこそこ結果は出せるから、自発的に現状をよくしていこうと動きを起こす根本的な改革のエネルギーはそこからは生まれにくい。

こういう人が上に立つと、組織はその管理職のレベルまでは成果が上げられるが、それ以上の成果は決して出せない。

たとえば、本文中に「岩城は分かっていても答えが出せないで悶々としていた」という状況説明があった。しかし、この「分かっていて」ということの中身は「それなりの答え」でしかないというケースがほとんどである。ある程度の成果は上げるけれども、それ以上の成果は決して期待できない。

以前ならそれでも許されていただろうが、今のように変化が激しくビジネスが複雑な時代には、それでは失格である。**自分の周りにいる人の能力を可能な限り発揮させること**が管理職に要求される時代になっている。

あることでは自分が一番でも、他のことなら部下のAさんのほうが能力があるというようなことは山ほどある。しかし、以前の岩城のようなタイプの管理型で強腕の管理職では、部下のAさん、Bさんのもつ岩城にない能力、岩城以上の能力というのは発揮されずに終わってしまう。しかも、なおかつ、こういうマネジメントをしていると、それぞれのもっている能力の相乗効果というのが期待できない。知恵同士が刺激し合うことがないからだ。そういう意味では二重にマイナスなのである。

一部の人間にしか知恵を出す条件が整っていないというケースは、会社の中にゴロゴロしている。

これによく似たケースとしては、関連会社とそれを管理し企画を立てる本社の管理部署などの問題が最近では目につく。

たとえば、物流関連会社と本社の物流管理部門との関係などがそれである。一方は考える人、他方は考えることをやめてあきらめ、「どうせ……」と思いながら指示をこなす人というように、頭と体が分離しているケースが非常に多く見られる。

たとえば、本社管理部門は良かれと思って全体に汎用性のあるシステムを現場にもち込もうとする。その際、当然、現場はヒアリングを受けてはいるのだが、それが知恵を引き出すようなものではなく聞き取り式のものだから、現場としては不十分にしか感じていない。結局、やらされ感、あきらめ感が強くなってしまう。このような関連会社で働いている人は「どうせ何を言ってもムダだ」と思っているから目に輝きを失ってしまっている。したがって、生産性は極めて低い。

ところで、岩城のようなタイプの管理職は実際にはそれほど多くはない。よくある管理職のタイプというのは、人間的にはそんなに威張ったりもせず、部下との関係も悪くない。オペレーショナルな仕事の処理も問題はない。しかし、システムにしろ何にしろ「改革」と名のつくことはまったくできないというタイプである。

こういうタイプの管理職は、とりたてて可もなく不可もない。流れが保守的、安定的な方向に向けばそれに適合するし、改革の動きが始まれば、もともと〝総論では〟現状に問題を感じているわけだから、トップがそういう旗振りさえすれば無理なく従う。

一方、岩城のように自分に自信があるタイプは簡単には変わらない。

彼は、自分はどんな環境の中でもそれなりに頑張ってきたし、言うべきことは上にも言ってきたと思っている。そして、それと同じことを周りにも要求する。

こういう人はどちらかと言えば風土・体質の改革にも非協力的だ。第一、土壌の問題の存在をあまり感じていない。

なぜなら自分自身はどんな環境の中でもそれなりにやってきたと自負しているし、**できないのはそいつの問題だとしか思えない**からである。そういう状態だから当然のことだが、自分を見直そうとしない。そうする動機がないのだ。

しかし、岩城の場合は**部下の批判に耳を傾ける**ことができた。そういう意味では、この能力は大変希少な能力なのであり、彼がまだ精神的に老化していなかったということなのだろう。

多くの場合、人というのはある程度、経験を積んでくると他人の意見を聞かなくなる。自分に自信がある場合は特にそうだ。すべて自分の過去の経験だけを軸に判断しようとし、若い時のように心を無にして学ぶ姿勢がなくなってしまう。それゆえ、「新しい情報はそれがどこから来る情報であっても虚心で耳を傾ける」姿勢をどれくらいもてるかで老化の状態を評価することができると私は考えている。

そういう意味では、管理職に（というよりも年を重ね、偉くなればなるほど）必要な能力の一つは、自分を見つめ直し、必要に応じて自分を（特にマネジメントスタイルを）変化させていく能力だと思っている。こういう能力をもつ管理職は部下からも信頼されやすい。

そのためには何よりも大切なことは、人の話をまず聞くという姿勢である。何かを学び取ろうとして聞く姿勢をもっている人には若い人も親しみをもちやすいものだ。

そういう姿勢をもたない管理職やトップは一時的には成功しても、結局は部下からの信頼を得ることができずに孤軍奮闘で空回りするケースが圧倒的である。自然体で、自分の弱さもごく自然に弱さとして外に出すことでサポートを周りに依頼できるようなタイプのマネジメントのほうが情報も入ってきやすいし、人からも受け入れられやすい。

種子を育てる土壌づくり

エンジン工場の場合、工場オフサイトのあともそのまま放っておくのではなく、瀬川を中心に細かいケアを続けていった。たとえば、課長たちとの個別のミーティングもひんぱんになされたし、グループのミーティングも必要に応じて常にやられていた。

こういうケアがなくては種子はうまく根づかない。

もちろん、特にケアがなくても強い意欲をもった人たちは独自で周りに働きかけ散発的なそういう行動が大きなうねりになっていく可能性も十分あるが、やはりどうしても時間がかかる。改革には時間的な制約が課せられていることが多いから、そういう時は周りからのサポートの有無が非常に重要な役割を果たす。

ただし、このサポートの必要性に関して、自分に自信のある管理職の場合は、その必要性をあまり感じないことが多い。なぜなら、自信家ほど「どうして助けを借りないとできないんだ。助けを借りてやるなんてのは本物ではない」と思いがちで、サポートに対して心理的抵抗があるからである。

このサポートにはもちろん専門的な知識と能力が必要だが、きちんとやれば成果は目に見えて上がることも確かなのだ。

たとえば技術のコンサルテーションを導入したりするのも「植えた種子を育てる」行為の一つである。こういう場合にも「土壌の開拓作業がどの程度進んでいるか」が成否を左右するかなり重要な前提となる。

もちろん多くの場合、技術系のコンサルタントはそういう前提なしに導入される。したがって、力のある技術系コンサルタントは自分の力でベースとなるその前提づくり、つまり土壌づくりに努めている。しかし、いくら能力があっても、それは限られた時間の中でやる「おまけ」でしかないから、たいていの場合は苦戦せざるを得ない。

その一方で、土壌がある程度耕されたところに入ってきた技術コンサルタントは、ミーティングの中で彼が何かを提案したとすると、「オレがやる」とみんなが自分から引き受けていくような雰囲気に目を丸くする。通常の風土・体質では、そういうことはまずあり得ないからである。

せっかく気運が高まっても、**横に伝える地ならしをしないと動きはしおれていく。**

ある一つの部門でこのエンジン工場のような変化が起きたとしても、普通の状態では、その動きが自然発生的に伝播していくことは少ない。

それどころか、その部門がみんなから評価されるようになると、かえってその部門に対する拒否反応が強くなることのほうが多い。

その意味では、前もって横のつながり、横のネットワークを強めるための方策、たとえば交流型のオフサイトミーティングなどをやって地ならしを十分にしておく必要がある。

そういう環境がつくられていれば、成果は横に広がっていくのである。

風土・体質の改革ではマネジメントが非常に重要な役割を果たす。いかにトップマネジメントが旗を振ろうとも、直接の上司が風土・体質の改革に反対していたり、無理解な状態では、改革の進み方はどうしても遅くなる。

マネジメントのありようは風土・体質の改革にとって最も大きな要因の一つであることは間違いない。

マネジメントの質が悪いところでも、世話人さえいればスピードは遅くても改革は進んでいく。ただ、マネジメントの質と改革のスピードにはかなり強い相関性が常に見られるように思える。

この、マネジメントの質を高めていくという仕事は非常に難しい仕事である。本人が自らを変えようという意思をもたない限り、変わることはほぼ不可能だからだ。

ただ、岩城のように自分で自分を見直していくという能力をもった管理職も存在していることは間違いない。

しかし、他方、頑固に自らを変えようとしない管理職がいることも事実であって、このような場合、その存在が改革のスピードに大きな影響を与えることになってしまう。

その管理職が、仕事の能力という意味では全体を見る視野をもっていて、説明能力も高く、論旨が明快で経営トップからの評価も高い、しかし、他方、人とのコミュニケーション能力には欠けているという場合を考えてみよう。

この場合、彼が風土・体質の改革の意味を理解しているかどうかが分かれ目になる。頭の中だけでも理解していれば、また彼の部下さえコミュニケーション能力をもっていれば問題はあまり起きない。

しかし、風土・体質の問題をまったく理解していない場合は、当面の仕事は強制力が働いているからキチンと進んでいくが、残念ながら組織全体では、お互いの協力関係が弱くなっていく。それがボディブローのように効いて、間もなく大きな不具合が出現する。

頭の中で風土・体質の問題をよく分かっている場合でも、彼の部下の管理職が同じようにコミュニケーション能力に欠けるタイプなら問題はやはり起こる。

こういう時、経営はけっこう大きなツケを払うことになっている。

この問題をどう処理するかは他の誰でもなく明らかに経営判断の問題なのだ。

そういう意味では、改革のスピードを決定する一番大きな力をもっているのは、やはり経営トップなのである。

第五章　スピードの勝負

頑張ってるのにどこかしっくりこない。ムードは決して悪くないのに、力のかかり方が散漫な感じだ……。

月に一度の品質会議に出席したエンジン開発部長の柳瀬信也は、終わってからも晴れない気持ちでいた。

最近の会議の席での報告によると、メーカーの支援チームの力を借りて自発的な改善活動を進めているエンジン工場は、遅々とはしているが、着実に製造過程での不良を減らして生産性も上向いてきている。それに対して、上流工程である設計段階での不具合件数は依然として減らず、製造の努力の成果が見えれば見えるほど、開発部門の無策が逆に際立つようになっていた。

同一品種であっても、エンジン周辺系の部品は仕様の違いで品目数が多い。その製品の細かな仕様変更に対応する設計部署は、常に図面を検討する余裕がないまま、逆算したスケジュールに合わせて出図をするのが精一杯の流し仕事をしていた。

とりあえずの図面を出すから、当然、実験・検査段階では細々とエラーが出る。検査結果を受けて、それを改めて潰しながら性能、品質を仕上げていく遠回りな設計のやり方は、業務の流れを乱して効率の足を引っぱり、業務量をさらに膨らませる悪玉要因になっていた。

製造現場と同じように設計部署でもまた、出口の見えない悪循環が続いていたのである。

〈何とかしなければ〉という思いは、会議用の資料の数字を見るたびにつのる。時に、集中治療も必要なのではと思うこともある。しかし、クレームはあくまで目に見える現象であり、それだけを叩いても水面下には問題の根が残る。やはり、辛抱強く体質を変えていくしかないことも頭では分かっていた。

柳瀬はそれほど口数の多い人間ではないが、問題意識が強く、ここぞという時には適切にリーダーシップを発揮する。人事部の山沢担当部長とつき合いが長いこともあって、改革活動にも関心が高く、不定期ではあるが瀬川たちと折にふれてはミーティングをもっていた。

その日も夕方近くになって瀬川が原島と一緒に訪ねてきたが、柳瀬はいつになく心ここにあらずのようすだった。

「どこか具合でも悪いんですか。顔色がよくないですね」

打ち合わせを終えた三人は、しばらくそのまま雑談していた。案じる原島に、思わず「疲れちゃいましたよ」とこぼしながら柳瀬は品質会議の話をした。

「開発のクレーム費が下がらなくてね。例の設計業務の構造問題がなかなか解決しないんだ。そういう状況だから数字が上がらないことは分かってるんだけど、このところ岩城さんとこのエンジン工場が成果を出してきたでしょ。こっちに向けられる視線が冷たくてさ」

「エンジン工場はずいぶん環境がよくなってきましたよね。現場にやる気が出てきたというか、以前とは動き方が変わっていろんな成果を出してますものね」

「岩城さん、どんなマジック使ったのかなあ」

冗談めかした言葉には羨望の思いが入り交じっていた。

「柳瀬さん、マジックなんて言ってないで今度、岩城さんと話し合ってみませんか」

「えっ」

夏のオフサイトミーティングの時の印象とは違う最近の岩城の話を伝え聞いて、興味がないわけではなかった柳瀬だが、わざわざ会いに行こうなどとは考えたこともなかった。

開発は、以前に比べれば、少しは話し合って物事を進めることに馴染んではいた。部内や関わりのある部署など、通常の交流範囲内でのやりとりのしかたは、徐々にではあるが変わってきている。しかし、ふだん接触のない部署や社外にも広く目を向けて、新たな出会いの機会を進んでつくっていくような〝**場づくり感覚**〟は備わっていない。「目的のはっきりしない会合」に対する心理的な抵抗には、いまだ根強いものがあった。

その点、瀬川は組織の壁を超えた場づくりの世話人をめざしている。彼のような世話人にとっては、たとえ連絡のない部署の面識のない者同士であろうと、あるいは目的そのものが漠然としていようと、出会いをセッティングすることによって互いの知恵が生かされるのであれば、その場づくりには意味がある。瀬川が柳瀬に、岩城と会うことを勧めたのは、そんな育ちつつある世話人感覚からだった。

通常、組織内での交流というのは、会議の場などで同席するから顔だけは知っていても、決して親しく話をするというわけではない。場の性格がそうさせないうえに、人のほうにもそういう感覚がないから、交流といってもごくごく表面的なものである。柳瀬の岩城に対する見方にしても、会議の時に見かける仏頂面の印象が、たまたま一緒になったオフサイトで聞いた父親からもらったおにぎりの話によって、少しは人間味のあるものになってはいた。けれど、それはあくまで受ける印象が変わっただけで、自分から話をしてみたいと思うような感覚を柳瀬はまだもち合わせていなかった。話したこともない相手との出会いに何が期待できるのか、通常の業務系の動きの中では、その必要性も可能性も見えないからである。

しかし、世話人の瀬川は組織の中に、そんな〟まだ見ぬ恋人たち〟が大勢いることに気づき始めていた。そして、そういう目で見ると、それが自然発生的には極めて成就しがたい恋であることも分かってきた。そこに出会いを運んで、お互いがもてるものや求めるものを結びつけ、一人では生み出せない何かが生まれる環境をつくるのが世話人の場づくりである。瀬川はこの半年間の経験から世話人とはそんな可能性の結び役なのだということを理解するようになっていた。

瀬川からの唐突ともいえる申し出に、少し違和感をもちながらも、しかし柳瀬はその提案を受け入れた。少なくとも、ネットワークが大切だということは〝総論〟としては理解している。また、一つの部を預かるマネジメントの立場として、いったい岩城の周辺で何が起こっているのか、純粋に話を聞いてみたいとも思った。

もう夏の思い出も遠い十一月の半ばである。お互いに顔を見て話すのは四か月ぶりだった。

二人はこれまで仕事以外では一対一で話をしたことがない。ただし、オフサイトミーティングという同じ空気を嗅いだ者同士の親近感と仲介役の瀬川の存在もあって、話に集中していくのは早かった。

応接室に腰を落ちつけて、三人は姿勢をくつろがせていた。

「この前、生産技術部の課長からも聞いたんですけど、エンジンの現場は思いきった改善活動をやられてるようですね。岩城さんの方針がガラッと変わったって彼は言ってましたけど、どういうふうにやられてるんですか」

「ああ、あれですか」

うなずきながら岩城は苦笑した。

「ご存じのように、うちの職場にはいろいろ問題がありましてね。結果で言いますと、長いこと数字が上がらなくてじりじりしてたんです。でも今回、外部の支援チームに入ってもらって、現場が彼らと一緒にやっているのを見ていると、今までまずかったのは現場のせいじゃなくて、いちいち細かいことにまで口を出したりする私のやり方に問題があったんだなと痛感したんです。まあ、そんなことで遅まきながらですけど私も反省しまして、今は工場長にしかできないこと以外は、いちいち口出しせずに見守る訓練をしてるんです」

「訓練？」

「ええ。昔から製造というのは管理色の濃い職場で、万事、上の指示に従って仕事をする習慣になっていますからね。それを何とか変えようというのが今回の改善活動の隠れたポイントでもありました。だから上に立つ人間も、今までのような一本調子のノルマ達成型の管理姿勢を改めるというか、現場がもってるはずの知恵に任せるという方針に変更して、そういうマネジメントを体現するにはどうしたらいいか訓練をしているわけです。まあ、現在進行形ですからあまり大きなことは言えないんですけど」

「製造さんだと、上の号令でワッとやったほうが早い時もあるんでしょうね」

「もちろん有事の時とか、そのほうが効果的な場合もあります。でも、開発さんと同じで、今は日々のモノづくりにも小回りな動きが必要ですし、現場にいつもいるわけじゃない上の人間が机の上で情報を集めて判断、指示するより、現場がやりとりしながら自力で問題を見つけて手を打ったほうが結果的に早い気がします。そういう力をつけるまでには多少なりとも時間がかかりますけど、いったん自発性がめざめたら、現場が自分の足で立って歩くのは思いのほか早いですね」

生産と開発とでは仕事の性質こそ異なるが、岩城がめざす現場組織の考え方には部門を問わない共通性がありそうに思えた。苛立ちや失敗も含めて、その過程では非常な忍耐を要するという岩城工場長の体験話を、柳瀬は自分の職場に置き換えながら聞いていた。

「でも、うちの現場が変わったのは私や支援チームの力じゃないんです」

「といいますと」

「確かに私が態度を改めたことや、自発性を尊重した支援チームの導き方も影響しているとは思います。でも、それらはあくまで誘因であって主要因ではない。うまく説明できないんですけど、ある段階から彼らは、自発的に自分たちを育て合う環境づくりにめざめたんです」

「育て合う……」

「たとえば、うちの職場は現場のみんなも管理職も、しょっちゅうミーティングをしています。テーマはほんとにいろいろですけど、休憩所の改装から新しいラインの構想まで、事あるごとに集まって話し合っています。もっと別の知恵が必要だと思ったら同業他社と交流するし、技能・技術のレベルを上げたいと思ったらスタッフを巻き込んで研修の場をつくる。自分たちの必要に応じていろんな場をつくって、多様にある知恵を活用しているわけです。そういう自発的な場を通してやりとりをするなかで、今までよりも早く問題解決が進み、もっといい知恵が生まれたり高まったりすることが分かってからは、さらに**ミーティングの場が増殖**し始めましたね。

もう今ですと、誰がどこでどんなことを議論しているのか、とても私には把握できない。私だけじゃなくて誰にも分からないと思いますけど、それが一つの新しい機能になって現場を回していることは事実です。月並みな表現かもしれませんが、今の現場は隅ずみまで血が通って、自分で新陳代謝しながら生きているという感じがします」

「なるほどなあ」

岩城の話は柳瀬の想像を超えていた。気持ちのどこかで〈製造だから製造なりの〉と考えて描いていたイメージが一気に吹き飛ばされた。

「でも、いったい、どうやったらそうなるんでしょうか。私が抱いていたイメージとはまったく違う。正直言って、私が製造の人たちに対してもっている印象というのは『暗い』のひと言です。だから、どうしても岩城さんのおっしゃるような場面が頭に浮かんでこないんですよ」

「そうでしょうね。私自身も何でこうなったのか、正直なところつかみかねているんです。瀬川君なんかはどう思う」

「今まで製造の人たちには〝あきらめ〟というか『自分だけが言っても始まらない』という思いが強かったんじゃないですか。お互いがお互いを牽制するというか、仲間というより常に腹の内を探り合う敵みたいな雰囲気があったと思います。その上に岩城さんがどっかり座って厳しい注文を突きつけてくる。どう考えても、みんなに余裕というものがなかった。管理職ともなると、朝の七時頃から出てきてるし、いつも下の人間は報告書を書いたり書類の整理に追いまくられている。そのうえトラブルが起きたら巧妙に隠さなきゃいけませんからね」

「耳の痛い話だなあ」

そう言いつつも穏やかな表情の岩城に、柳瀬は真顔で質問した。

「でも、今でもミーティングをたくさんやってるわけだから、会議が多いのと同じじゃないですか」

「いや、同じように時間を取られても、自発的なミーティングのあとは仕事が進むとみんなは言ってます」

「そうか、会議は気が重いのが多かったですしね。私が言うのも変ですが」

「上から押しつけられてギリギリ責め立てられると、どうしても内部でだまし合いや言いわけが横行してしまう。そういうのが今はなくなりました。いや、少なくなったと言ったほうが正確ですね」

「工場オフサイトのあと、みんなで話し合っていると、今までやってたおかしなことに違和感を感じるようになったというか、やらせじゃ何も始まらないみたいな雰囲気になってきたって何人かの人から聞きましたね」

変化のさまを目の当たりにしてきた瀬川は、あらためてそれを思い返していた。

「いや、今日の話は意外だったよ」

工場をあとにして瀬川と歩きながら、柳瀬の頭の中ではエンドレステープのように〈なるほどなあ〉の言葉が繰り返された。

「一人で決める」マネジメント

「このままでは、うちは象より小回りがきかない蟻になってしまう。そのくらい今の自動車メーカーは動きが早いですね」

「コンピュータのシステムも、一台のホストですべて集中処理するシステムは時代に合わなくなって、ダウンサイジングが進んでいます。処理機能を分散して、多様なニーズに効率よく対処していける**自律分散的なシステムへとシフト**してますね。そういう意味では下請けも、いつまでも待ちの姿勢で与えられた部分だけをやっているのでは変化のスピードについていけない。むしろメーカーに対しても、自分たちのほうから働きかけて逆にメーカーを動かすくらいにならないと淘汰されてしまうでしょうね」

「まさにそうなんですよ」

開発・技術担当常務の川久保隆に呼ばれて出向いた長野は、面談の予定時間が過ぎてもまだ話し込んでいた。

その週、完成車メーカーの開発トップと会った川久保は、投資も組織も軽量にして製品を短期で開発、生産立ち上げする短期開発プロジェクトの相談を受けた。

設計開発の段階で部品メーカーが加わる同時並行的開発は、これまでも部分的には行われていたが、今度の短期開発は、さらに早い段階から部品メーカーや生産部門を同期させ、総体での工数削減、リードタイムの短縮を狙っていく。これまで以上に、一次下請けには共同開発における技術提案が求められ、また、その下部に位置する二次、三次メーカーの再編においてもリーダーシップが求められていた。

「今までは完成車メーカーも、開発は開発なりに、生産は生産なりに、各部門がそれぞれ課題をもってコスト削減に取り組んできたわけです。我々部品メーカーもそれに応じて突きつけられた目標値をクリアすることで、自動車の開発、生産にかかるトータルコストを引き下げる体制をつくってきました。でも、それはあくまで量産対応のシステムだったんですね、今のようなニーズ対応型の成熟市場の競争原理には合わない。時代に合ったモノづくりのシステムをトータルで考えると、もう一度、我々自身も下請けの殻を破って役割を見直さなきゃいけないんでしょうね」

「マーケットはいろんな要素が絡み合って複雑化してますからね。一つが変わると、他にも必ず変化が及ぶ。それを考えると、いくら開発とか生産とかが個別の努力によって能力を上げても、今のような環境には対応しきれないんじゃないかと思います。いかに全体が一つのシステムとして機敏に変化に対応していくか、それが一番の課題かもしれません」

「単なる下請けというポジショニングではなく、戦略的同盟のような協業、協力が今まで以上に重要な意味をもつということですね」

「その場合も、下請けに開発力の強化が求められることに変わりはないと思います。これからは品種当たりの生産ボリュームも小さくなるし、製品開発も需要創造型開発が主流になっていく。さらにメーカーにとっても、開発から生産立ち上げに至るリードタイムの短縮は大命題でしょうからね」

「そうか、**これからはスピードが勝負**か。もっと小回りでフットワークのいい仕事のしかたに変えていく必要があるな」

川久保が自分に言い聞かせるように言った。

好奇心が旺盛でふだんは天真爛漫ともいえる性格の川久保だが、内にはリーダーとしての強い意志を秘めている。頼れるボスとして川久保を慕う者も多かった。

しかし、今のヨコハマ自動車部品には、マネジメントがリーダーシップを思うように発揮できるだけの風土的、体質的な環境は整っていない。開発内では「正直者がバカをみる」といった心理的な重しがみんなにずっしりとのしかかっていたし、まともな問題意識をもつ者でさえも「自分一人が何を言っても変わらない」と考えていた。一見、個々が独立的に仕事をしているように見えて、じつは、お互いがお互いを牽制し合う知的集団の典型が開発だった。

川久保が開発担当の役員になった時、一番気になったのが若い社員の元気のなさだった。いてもいなくても同じような会議の時ばかりではなく、ふだん廊下ですれ違っても暗い顔をしている。目に光がない。

何とかしなければと考えた川久保は、どこかの会社が職場活性化プランとして「部おこし予算」をつけることにしたら、各部からいろんなアイデアが出てきて職場が活気づいたという話を思い出した。それならうちもと、川久保は思いきって職場活性化のための予算を捻出し、若手を集めて「君らのアイデアで好きに使ってくれ」と提案した。予算もつけたし、みんなきっと喜んでくれるものと期待していた。ところが、集められた若い人たちは喜ぶどころか、その口から出るのは日頃の恨みつらみばかりだった。

「僕たち、いつも飲み屋では、いつ会社を辞めようかって真剣に話してるんですよ。職場をよくしようなんて、そんなのんきな気持ちじゃないんです」

「今こうしてこの場に出てきていますが、課長には『まだ図面が出てないのか』って責められるし、ちょっとの時間も馬鹿にならないんです」

「とにかく忙しすぎて余分なことをやる余裕はありません」

課長は毎月「これをやれ」と仕事をドサッと置いていく。それで終わりではなくて、途中で追加や割り込みの仕事がガンガン入る。その時の決まり文句は「今の会社にとってこの仕事はどうしても必要なんだ」。しかたなく残業、残業で図面を書く。土曜日も、時には日曜日も出てきてやっている。それなのに、また追加仕事を押し込んでくる。いったいどういう神経なのか、どこに管理があるのか。こういうのを何とかしないで、いったい何が活性化か……。

それが大方の意見だった。

開発トップといえども手が出せない根強い職場不信が存在し、無力感の中で仕事が回っている。お手上げだった。問題は目の前に見えているのに、解決する力も方法もない。このまま放っておいてはまずいと、川久保はずっと思いを残していた。

そのうちに、会社が従来とは違うやり方の改革活動に踏みきり、くすぶっていた社員の気持ちを受けとめるような話し合いの場があちこちにつくられた。開発業務課出身の瀬川や製品企画課長の小野田が活動の世話人になっていることもあって、開発内でも話し合いの場は着実に増えてきている。それに伴い、きちんと話し合える関係をつくり、それをベースに仕事を進めるというやり方に共感する者も増えてきた。

「言ってもムダだ、何も変わらない」と思い込む気持ち、そう思い込ませてしまう環境が、じつは土壌の悪さの正体なのだということを少しずつみんなは理解し始めている。その意味で手つかずの土壌には少し手が入り、八方に発せられていた不信感もいくらかは棘が取れた。

〈しかし、それだけでは不十分だ。今の時代に必要なスピードが生まれない〉

完成車メーカーから短期開発プロジェクトの話を受けて以来、スピード開発に向かう集団のベクトルをいかにつくり出せばいいか、川久保は考え続けていた。

その日の長野との面談も、話題はそこに集中した。

「今までのやり方では、**一人の管理者の管理の領域や責任の範囲が広すぎて**、スピードを上げようにも限界があると思います。中央集権的な指示命令系統というのは意思決定できる人間がごく少数ですから、情報を集めて判断し、意思決定して下ろすという実行までのリードタイムはどうしても長くなります。もっと判断できる人間の数を多くして、素早く判断、処理するようなやり方を考えてもいいんじゃないでしょうか」

「そう、そこが悩みのタネなんです。今の仕事のしかたは責任の所在も曖昧ですしね。みんなで話し合って決めるといえば聞こえはいいけど、とにかく時間がかかる。それに、誰が決めたのかよく分からないままで責任を分け合ってリスクを分散しているから、何かあると舵取りがいなくなって事が進まなくなる。とにかく遅いですよ」

「責任をもってフォローしていく特定の個人が、責任者として明確になっているケースは少ないようですね」

「確かに〝責任者は責任部署〟という感覚が強いですね」

「そうだとして、いちおう形式上の責任者が部長や課長ということになると、部課長は限りなく多くの、かたちだけの責任をもつことになってしまうでしょうね」

「そうなると、一つひとつの事柄に対して、かたちとしての責任はあっても実質的な推進はできないというのが現実かもしれませんね」

「ええ、管理者イコール責任者の弱点といいましょうか。一人の人間が広く浅く形式上の責任をもつと、手が回らなかったり忘れられたままになったり、あるいは問題が起きていても問題提起が遅れたりして、判断、処理のスピードも当然遅くなります」

「こういうのを、マネジメントが効果的に機能してない状態というんでしょうね」

「アウトラインは管理できるけど、仕事の中身については、できたとしても一部しかマネジメントできないということでしょうか。仕事を組織的な管理体系で動かそうとすると、アウトラインの管理になって、中身の責任が曖昧になるという落とし穴があります。実質的な担当者のレベルで判断したり、意思決定したりできると一番いいんでしょうけど、やはり任せきれない。そこで保険的に、上の人間が形式上の責任をもって意思決定も行うことになるわけです。それをやめて、担当者レベルの人間が本当の判断の責任者になるようにするにはどうすればいいか、そこにマネジメントを変革する一つのポイントがあると思います」

自分の考えを述べることによって互いの考えを引き出しながら、二人は話を発展させていった。

「しかし、いろいろやってみたけど任せるというのは難しいですね」

思い当たることがあるのか、そう言って川久保は苦笑した。即座に長野がこっくりと首を振って同意した。

「大切なのは、一人の人間が責任をもって最後までその仕事の面倒をみるということです。そのとき、推進責任をもつ者は、**自分で判断をすることで責任をもつ**わけです。この〝自分で判断する〟ということが大事なんですね。ただし、その場合、自分一人で判断するわけですから当然、判断ミスも起こり得るし、リスクを伴います。そこを考えると、任せるほうも任されるほうも簡単には踏みきれないというのが正直なところでしょうね」

「でも、よく考えると僕なんかも、任されて失敗していろんなことを学んできた。自分の責任で判断をする経験ほど人を成長させるものはないですね。仮に失敗したとしても、その失敗はその人にとって、そして会社にとっても財産になり得る。もっとも、僕らなんかは任されてというより、やらざるを得なくてやったというほうが正確かもしれませんがね。いずれにしても、真剣に人を育てたいと思うなら、**若いうちに質の高い失敗をさせて**

おくことも大切なのかもしれません。そういう意味では、わが社は失敗という勉強の機会を与えてなかったのかもしれないな」

「失敗しやすい環境というのも大切なんですよ。つまり、失敗してもフォローが効いていて、あまり大きな損失にならないような環境ですね。たとえば何か問題が起こった時でも、早い時点で自ら、もしくは周囲から声を上げやすいような」

「失敗をすること自体は恥ではなくて、それを早く修正できないことのほうが問題なんだな」

「判断のリードタイムが短くなるということは、別の言葉で言えば、間違いに気づくことも早いし、修正するのも早いということですよね。だから、判断を行う推進責任者には、誰かに意見されたらすぐそれについて考え、見直しをして、必要と思えば判断を変える柔軟さをもつことが要求される。そういう個人が育っていって、最終的には組織がそういう思考や行動の習慣をもつというのが、めざしている**組織文化**なんだと思います」

「しかし、判断がすぐに変わる可能性があるとなれば、今までと同じように、みんなが判断そのものを信じないで、それぞれ勝手な自分なりの解釈をして仕事が進んでしまうことはないですか」

「今までのように『とりあえず、いちおう決める』とか『いちおう○○の方向で』というような決め方だと、みんな信用しないし、仕事も決めた方向には進まないでしょう。でも、もしA君が本気で『こっちに決める』と決めたことなら信じるし、それに従うと思いますよ。こっちが真剣なら相手も真剣になる。人間って、意外にそういうところで動いてるんです」

「ああ、僕なんかもそうですよ、なるほどね。真剣さとか柔軟性も推進責任者の重要な条件ですか」

「ええ。それに、判断する人間の数が多くなれば、課題の数、仕事の数が増えても、意思決定や仕事を進めるスピードを落とさないで対応できます。今までのように、部長や課長にあれもこれもと責任が山積みになるような事態が解消されるわけですから」

「実際にうまくいくかどうかは別として、理想的には、組織自体の判断機能を分散することで、全体のスピードが落ちるのを防ぐわけですね」

「要は、マネジメントの基本は『責任がまっとうされること』だと思います。それがうまく機能すれば、柔軟で動きの早い組織になっていくと私は思っています」

意思決定は一人の人間がやり、その人間が最後まで事柄の面倒をみる。単位仕事ごとに、まず推進責任者をはっきりさせることが基本ルールだと長野は語った。

「しかし、判断ミスのリスクはともかく、それぞれが独自の判断をするとなると、組織としては統一の取れないバラバラな状態になりませんか」

川久保の問いは多分に経験を含んで実際的だった。

「そうですね。ですから、特に開発のように個々がとりあえず自己完結的に仕事をする組織の場合は、マネジメントのもう一つの基本ルールとして、**統一的な判断基準をもつこと**、つまり〝**何が優先されるべきなのか**〟**をみんなで共有すること**が大切だと思います。つまり判断基準さえ明確になって共有されていれば、地位やポジションに関係なく推進責任者になれる人を増やせる可能性が出てくるわけです」

「たとえば開発の場合、判断基準というと何だろう。開発理念のようなものでしょうか」

「自分たち企業側の利益を念頭に発想するのではなくて、『お客様にとってどうか』という視点で物事を見ていく仕事の優先基準のようなもの、それが開発のスタンスを決めるコンセプトになるのではないでしょうか」

「そういえば、メーカーは『信頼と安全』をクルマづくりのコンセプトにしていて、うちにも事あるごとに、そのコンセプトを踏まえたモノづくりをしてほしいと言ってる。今までは、何となく単なるスローガンのように受け取っていましたけど、あれは一種の判断基準と考えるべきなんですね。ということは、我々の製品も末端ユーザーに届く時はクルマというかたちに編成されているわけだから、部分と全体という分担領域の違いはあっても、めざすところは同じはずですね」

二人が話を始めて、すでに二時間が過ぎていた。

「もう一つのポイントとして、このような判断基準をつくる時は、いきなり『これでいく』とでき上がった言葉を渡すんじゃなくて、**みんなで考えて納得して共有するプロセス**が大切だと思います。最終的に判断して決めるのは責任者ですが、そういう過程を経て得られた判断基準であれば、単なるスローガンではなく、生きた言葉になって行動上に落とし込まれていくと思います。そういうことも含めて、みんなできちんと話し合えるような場が、もっと開発の中にあってもいいですね」

長野がよく言う「**急がば回れ**」だな、と川久保は思った。

〈よし、まず今の曖昧なマネジメントを変えてみよう〉

そうすることによって何が起こるか予測はつかなかったが、責任のない仕事のしかたが開発の動きを鈍らせていることは分かっている。とにかくやってみようと決めた川久保は早速、その月の開発会議の中でみんなに話をした。

「メーカーから短期開発の協力要請もきているように、状況は驚くほどの早さで変化している。それに対して、今の開発の仕事のやり方というのは動きが遅すぎるという危機感を私はもっている。こんな状態では開発提案はおろか、メーカーに歩調を合わせていくことすら難しいんじゃないかと思う。そこで、みんなにも話し合ってもらいたいことなんだけど、これからは『スピード』を最優先した仕事のやり方に変えていきたいんだ。

とにかく今までは会議にばかり時間を費やして、その割には何も決まらない。一つの案件に対しても、誰が責任をもってやるのか責任者が曖昧なまま、極めてルーズなルールで仕事が流れていって、マネジメントがほとんど機能を果たしていない。そんなやり方ではどこまでいってもスピードなんか望めないわけで、もっと小回りに動いて、早いスピードで仕事ができるようなマネジメントのルールに変えていかなきゃいけないと思ってる。今日の会議は議題も多いし、この話はこのくらいにしておくけど、来週中にミーティングベースで集まって再度、話し合いたいと思う。都合のつく人は、ぜひ参加してみてください」

こうと決めた時の川久保の言葉はいつもながら力強い。しかし、時として故意に無謀とも思える難題を突きつけることもあって、みんなは無意識に川久保の話を、どの程度割り引いて聞けばいいのか、値踏みしながら聞いていた。

次の週。川久保から課長以上の管理職に対して、先に予告したミーティングをやるから気軽に参加してほしいとメールが送られてきた。みんなは結局、今ひとつ意味合いがよく分からないまま、どうしても時間が取れない数名を除いて、ほとんどのメンバーが出席した。

そんなみんなの胸の内を見透かすように、集まってもらった礼を言いながら川久保は話を始めた。

「この前の会議の時にも少しふれたけど、**マネジメントのルールをどう変えるか**ということ、まず『誰がそれを決めるか』意思決定者を明確にするということ、これを徹底してやってみたい。一つの案件に対して『これでいこう』という決定は一人の人間がやるようにする。もちろん、それについての話し合いはするわけだけど、最終的な判断、決定は一人の人間がやる。つまり、合議では決めないということだ。これまでのようすを見ていると、どうも責任というのは五人で決めたら五分の一に、十人で決めたら十分の一にと、意思決定者の頭数に反比例して小さくなってる。結局、みんなで決めるから責任が分散するし、決めたこと自体も曖昧になることが多いから、進捗管理すべき事柄が何なのかもぼやけてしまう。だから、そういう決め方をやめて、何が何でも一人が責任をもって『こうする』と決めて推進していく、それをまずやってほしいと思ってるんだ」

責任のない仕事をしている自覚はみんなにもあったが、それを「一人が決める」というやり方によって改めることには違和感があった。会議テーブルを囲んでいるのは釈然としない表情だった。

「責任の所在を明確にするのはいいとして、ほんとに決める人間が一人である必要があるんでしょうか」

ざっくばらんな場でもあり、一人が問いを発すると、堰を切ったように質問の声が続いた。

「たとえば、開発会議なら川久保さんが首座ですけど、プロジェクトなんかの場合『これでいく』と判断して決める責任者というのはプロジェクトリーダーになるわけですか」

「いや、プロジェクトリーダーが何もかも決めて見守るには限界がある。課長である必要もなくて、実際に仕事を担当する者が責任者になればいい」

川久保が答える。

「でも最終的に一人の判断となると、その人の判断能力が問題になりますね。いくらみんなで議論をしても最後に適切な判断がなされなかったら、せっかく話し合った意味がなくなるわけですから」

「みんなで話し合って納得のいく結論を出すことが実行面での納得にもつながるんじゃないでしょうか。少なくとも、その案件に関わるメンバーが納得できない決定に従ってやるというのは、かえってマイナスのような気がしますけど」

「意思決定者が誰かにもよるけど、一人が決めるというのはリスキーだよね」

ネガティブな反応に遭うと川久保の声もトーンが上がる。

「確かに、みんなで決めるというのは納得性が高いかもしれない。しかし、問題は時間がかかるということなんだ。下手をすると二回も三回も会議をやらなきゃ決まらないから、一か月なんてすぐにたってしまう。今必要なのは判断と意思決定のスピードを上げることだ。まず早く決めて実行を早め、その過程で変化が起こればまた速やかに判断、決定して素早く対応する。もし判断が間違っていたら誰かが指摘して変えればいい。たとえば、規模の大きなプロジェクトなんか、それに関わるみんなの総意を汲もうとしたら、決めるだけで時間がかかって立ち上がりが遅くなるだろう？　意思決定単位が限りなく小さくなるほどスピードは早いわけだよ。実際、誰が責任もって進めているのか分からない仕事があちこちにあるわけだから『○○課の誰々』と、まず具体的に責任者を明確にすることが大事なんだ」

「ということは極論すれば、それが適切かどうかは二の次で、独断でも早ければいいってことですか」

「早かろう悪かろうって話じゃなくて、ある程度、読みきれない部分を残しながらも**早く決める習慣をつける**ということだ。そして、決めた人間が最後まで責任をもってその仕事をフォローしていく。逆に言えば、意思決定と同時に推進責任をもつなんてことは大勢でできることじゃないだろう」

「しかし、誰を責任者に選任するか、それを決めるための話し合いが加わるわけだから、むしろ余計に時間がかかるんじゃないですか」

エンジン開発部長の柳瀬までが疑問をぶつけてくるに及んで、川久保には場の整理がつかなくなった。

「とにかく初めから重箱の隅ばかり突ついていないで、一度みんなで話し合ってやってみてくれ」

予想外の反論に憮然とした川久保が言葉を締めくくって、ミーティングは終わった。

責任者は誰ですか

自分たちの置かれた状況は飲み込めるにしても、川久保から切り出された突然の提案に管理者たちは戸惑っていた。

「理屈は分かるけど、それで現実にスピードが上がるのかなあ。混乱しそうだし、何かトラブルでも起きたら、逆に時間がかかりそうな気がするんだけど」

「第一、柳瀬さんも言ってたように**どうやって責任者を決めるか**だよ。当たり前に考えると、回り持ちにするとか責任部署が指名するとか、そうなっちゃうんじゃない？」

目的はともかく、やり方に対して異論を唱える者は多かった。

しかし、そうでない者もいた。

〈大胆な考えだけど、けっこう核心突いてるな。試しにやってみる価値はあるぞ〉

エンジン設計一課では煩雑な仕事を整理するため、実験・検査部に働きかけて不具合対策書の手続きの簡略化を検討している。その週に行われたいつものエンジン実験グループとのミーティングは「一件の対策項目に対して、責任者を決めてやってみないか」という一課の課長の井上の投げかけで始まった。

「ああ、あの話か」メンバーはうなずいた。

「対策書を受け取った人間が最後まで追っかけたらどうかってことは僕らも話してたことだし、一回やってみてもいいかもね」

「でも設計の側でやるとなると、頭数に限りがあるから一人が何十件も抱えることになるんじゃないですか。工場や品質保証部から来るやつもあるし」

「そうだな」

「必ずしも受けた人間じゃなくてもいいんじゃないですか。品質管理課とか、内容によっては工場に振ったほうがいいものもありますよ」

「ただ判断を個人に任せる以上、途中で判断が必要になった時対処できるかどうかは問題になるな。でも、とりあえず追跡して対策完了を見届けることを責任とするなら、関わってる部署のどこがやってもいいのかもしれないね」

「問題はどの時点を完了と見るかだけど、対策して依頼書に返事を書いて戻すまでじゃなくて、同じ間違いをしないように情報としてデータベース化するとしたら、図面を書くところがタッチしてないとまずいんじゃない?」

「それ、プロセスをチェックするシートのようなものがあれば足りるかもしれない」

ああでもないこうでもないとキャッチボールをしているうちに、いつしかみんなはやろうという気持ちになっていった。

「よし、ひとまず各自が管理の必要と思う項目を盛り込んでチェックシートをつくってみるか。それは俺が担当して進めるよ。何か不都合があったらまた相談することにして、試しに一回、やれるものから一者責任制で追っかけてみよう」

「分かった、俺は今もってるやつを担当してみるよ」

やってみなければ白も黒もつかないと考えた若手グループは、チャレンジのつもりで新しいルールに取り組んでみることにした。

一方、川久保がやれと言う以上、何かやらねばまずいと考えたエンジン開発部長の柳瀬は、早急に話し合いが必要だと感じていた。できないならまだしも、やらないとなると我慢がならないのが川久保である。その性格をよく知っている柳瀬は、やるだけのことはやらねばと思った。

しかし、言われたからやるというのではみんなも納得しない。柳瀬は長野に相談し、現状のマネジメントについてみんながどんな問題意識をもっているか、共有するための自分たちなりのミーティングをやることにした。

改革推進室長の瀬川と製品企画課長の小野田が世話人となって主任以上に声をかけ、原島由美子も交えた話し合いの場がもたれたのは、それからまもなくだった。

設計部署は端から見るより負荷が大きく、これまでトラブル対策に追われながら小手先のオペレーションでかろうじてプロジェクトを乗りきってきた。その慢性化したリズムに同調して流されていくことを誰もが心の中ではまずいと思いつつも、では「何とかしよう」と言ったとたんに自分の首が締まることになる。〈余計な仕事が増えるだけ。言い出しっぺは損をする〉という暗黙の理解の中で、互いに慮り合って目先の課題に没頭することで問題を先送りしてきたのが設計だった。

柳瀬は最初に川久保が示した「スピード」という課題にふれ、その手前にある現状の問題について共有しておきたいとメンバーに投げかけた。

「とにかく要員を減らしてからは自転車操業というか、余裕のない仕事のしかたをしている。そこに手が入れられないのが一番の問題だと思いますね」

しばしば部下たちの不満に耳を傾け、時には一緒になって愚痴ることもある二課の課長が口火を切った。顔を見合わせて同意した部下の主任が話を継ぐ。

「とにかく今は、メーカーから来るクレーム対策や実験、製造段階での設計変更に手を取られている状況です。設計者の手元には事故伝票が積もっているし、緊急度の高いものなんかは電話で入ってきたりする。電話の応対だけで半日ぐらいすぐたってしまうなんてこともよくあるんです。それに、その優先順位をつけたり、対策して伝票に回答したりする手間というのは件数が多いと馬鹿になりません。部品の手配も設計のほうでやってますしね」

「まずは、そこの交通整理か」

「それだけじゃ済まなくて、消化仕事になると処理後の図面の手直しとか整理に手が回らないから同じようなミスが再発してる。上流で発生した問題は後ろにいくほど被害が大きくなっていくから、その場その場をしのぐんじゃなくて、やっぱり誰か見届ける人間がいたほうがいいかもしれない」

「量に対しては、もっと外注とか派遣社員をうまく使えば対応できることもあるんじゃないですか。発注や検図の手間はかかるかもしれないけど、トータルで見ると単位仕事での手離れは早くなるし、それで時間的な余裕がつくれて不具合が減るならムダな工数も抑えられるわけでしょう」

「けっこうやってるんだけどねえ、それはそれでいろいろ問題があってさ」

誰かがぼやいた。一瞥して瀬川が話の切り口を変えた。

「本来、完成車メーカーは製造だけじゃなく、うちの開発技術も信頼して設計を委託してるわけですから、当然、要求品質を満たす以上の提案についても期待があると思うし、要求をこなしていくだけの現状の対応には不満をもってるんじゃないでしょうか」

「営業はいろいろ言われてるらしいよ。パーツにしても単価をもっと下げないと厳しいって。コストダウン計画にある開発工数の削減状況が思わしくないから反論のしようがないんですけどね」

「それと空洞化というか、スキルや技術ストックの問題ですけど、このまま頭数と一緒に技術を擦り減らしていったら品質面が心配です。技術レベルを維持することは質とスピードの両方に関わると思います」

ふだん、取り散らかった自分の席にいると、目先の仕事のハンドリングで頭がいっぱいになって、会社が突きつけられた重要な課題も消散してしまう。たとえ、それが社内の会議室であっても、正規の会議にはない話し合いの場（オフサイト以来、みんなが何となく「**まじめな雑談の場**」と呼んでいる場）では、立場にがんじがらめにならずに平素の自分たちを客観視できる視界の広さがあった。自分の気持ちの中に封じ込めていた話題にも日を当てようかという気持ちになる。

「そういえば、例の部品の共通化や共用化の話も預かって寝かせたままだったな。あれはどうなってたっけ」

「夏前でしたか、コスト削減活動の一つとして関連部署が集まって何回か議論して、それから購買のほうに声をかけたんですよね。で、購買のほうで協力企業と話してみるってことで返事待ちをしている間にこっちが忙しくなっちゃって……」

「中断してる？」

「ええ」

「それ、どなたが責任者なんですか」

原島が質問した。

「責任部署は製品企画課だったよね」

係長の藤田がうなずいて言った。

「通知を出したり会議を招集したり、とりまとめをするのは私のところですけど、進捗に関しては会議で話し合って決めています」

「ということは、会議をやらなければ次に進まないということですか」

「ありのままを言えばそうですね。ついでに責任の所在を言うと、事務局と会議に責任が分散してしまって消え入りそうになってます」

思い当たることがあったのか、エンジン設計を担当する課長が言葉をはさんだ。

「この前の軽量化の話も、プロジェクトの進め方に問題があったのかな」

「ああ、新型エンジンの重量オーバーの話ね」

柳瀬が原島や瀬川にも分かるように説明を加えた。

「ヨーロッパでは地球温暖化に対する問題意識が高くて、CO_2には特に関心が強いんです。その意味で燃費は非常に大切だから、性能を向上させるために、今度の対欧向けの中型エンジンはメーカーと共同開発のエンジンですね。ところが、仕様どおりにつくってみたら重く言えば次世代型の新開発で直噴式にして燃焼室の形状も変えたんです。かっこよ量が計算より六キロも重い。それを何とか減らさなきゃ製品にならないから、開発内で軽量化の緊急対策プロジェクトをつくったんです。私自身はそのエンジンに社運がかかってると思っていたし、川久保さんも『とにかく早く』と言ってましたから、できるだけスピーディに事を進めたいと思っていました。でも、その気持ちがなかなか伝わらないというか、まず各課があれこれ理由をつけてプロジェクトに人を出したがらない。そこに引っかかったのと、もう一つは、それでも人を集めて話し合って、大きさはどうかとか、材料を変えるとどうなるかとか、もち帰った課題を部署で検討したりしたわけですけど、会議に合わせて『検討の結果こうでした』という報告が出てくるばかりで肝心の対策のほうがなかなか進まない。いつも『それでは次までにここをもっと具体的に詰めてきます』という話で会議が終わって、何となく会議のための会議をしているような感じです。どうも会議がセレモニーになっていたような気がしますね。それで軽量化には時間がかかったんです」

「往々にして会議で進捗管理をすると遅くなりますよね」

「どなたが軽量化プロジェクトの責任者だったんですか」

原島が再び同じ質問を投げかけた。

その言葉を聞いてばつが悪そうに「私かな」と顔をしかめたのは柳瀬だった。その言い方がいかにも実直な柳瀬らしくて、思わずみんなが笑った。

そのプロジェクトもそうだが、通常、プロジェクトには係長クラスの実務の責任者がいて、その上にプロジェクト総括の課長クラスがいる。そして、そのまた上に、正式のプロジェクト責任者として部長の柳瀬がいた。実務の責任者は係長クラスがやっているから、総括はたまに口を出す程度である。柳瀬に至ってはほとんど名前だけの責任者で、プロジェクト会議の主座を務めることだけが仕事だった。

厳密に言えば責任の所在は曖昧な体制だから、三人には、自分こそが責任をもってやらねばという自覚がない。それぞれが、自分なりに責任の範囲を決めて勝手に分担し、プロジェクトについては〈自分だけの責任ではない〉と三人ともが思っていた。

「それ、完成車メーカーから見ると、あそこは責任者がはっきりしないし、動きも鈍いって話になるんじゃないですか」

瀬川の言葉に若手が同調した。

「不具合対策なんかも、そのつど会議で議論して『こうしよう』と決めるのに、いつの間にか立ち消えになってしまって、二、三か月後の会議でまた同じ議題が出てくる。半年たっても状況は同じで何も前進してないってことがよくありますね」

「あるある」

「会議で議論するだけでは具体的な動きにつながらないよね。議論が中途半端だとなおさらそうだ」

「会議に頼りすぎているところと、**推進責任者がはっきりしてない**ところに問題があるのかも」

「みんなで決めるまではいいんだけど、それで安心してしまって、そのあとが放ったらかしというパターンね。やっぱり推進していく責任者が明確になってないからそうなるんでしょうか」

実態から思い起こして提起した問題をみんなで話し合っていると、自然に川久保の問題意識に重なっていく。みんなが集まって話し合い、知りおくかたちで合意したものを責任部署に預ける今までのやり方は、客観視すればどこにも明確な意思や責任がなかった。

問いかけるような口調に応えて原島が口を開いた。

「相談し合える信頼関係ができてないなかで物事を決める、きちんとベースをつくらないで行う意思決定には、二つの側面での問題があると思います。一つは、合意形成しないと何事も始まらないということもあって、合意形成することが意思決定だと考えるために、とにかく大多数の意見が一致するまで決まらない、決まるのが遅いという問題がありま す。暗に、総意を汲もうとするムードがあるから議論ばかりがダラダラ伸びてしまって誰も決められない。もう一つは、先ほど『決まることは決まる』とおっしゃったように、時間はかかるとしても、とりあえず『これでいこう』というところまでは決まる。けれども、それを『誰がやるのか』という点については曖昧なことが多い。いつまでという話になると、もっとはっきりしない。そのために、あとになって『あれどうなった』『さあ』と言い合うだけで物事がいっこうに進展していかないわけです。

それに責任者になっても、たいていはその上に別の責任者がいたりします。上に乗っかってる責任者というのは、自分で判断したり決めたりするわけではないから、本当は責任をあまり感じていない。しかし、決める時は、上の人も出席している場で決めるのが普通です。見方を変えれば、今までは決めているつもりでも、担当者としては自分の責任で決めてないから推進力が働かない。一人の人が明確に推進責任を取る形態になっていないために判断や推進のスピードが遅くなっている。ですから、まず相談し、話し合えるベースをつくったうえで、誰が意思決定と推進に責任をもつのか、推進責任者をはっきりさせることが大切なんじゃないでしょうか」

一人の人間が意思決定して、一つの仕事を最後までフォローする。その際、責任者が固有名詞で明確になっていることが〝物事をうやむやにしないポイント〟らしいことを、漠然とみんなは理解した。

見えたような見えないような話ではあるが、ともかく責任者を決めることはできる。

「プロジェクトやTQMの課題なんかも、これからは課内やチームで相談して責任者を決めてやってみてくれ」

翌日、柳瀬は課長たちを集め、あらましを説明して任せた。

一人で背負わない

開発では、推進責任者を決めて仕事をするマネジメントの試みが始まっていた。

正確に言えば、開発部門の担当である川久保の管理下においては、それが要求されていた。そして、複数部署の部長クラスで構成され、川久保が主座を務める「部品共通化検討委員会」では、言い出した川久保本人も動き出していた。

通常、目標と現実に乖離がある時や、何かトラブルが起こっている時、会議では「このままでは問題がある」というのがみんなの共通認識になる。ところが「問題がある」とみんなが感じ、口にしているにもかかわらず、ではそこで解決策が決まったのか決まっていないのか、それがはっきりしないまま会議が終わってしまうということが多かった。それが問題だ、あれが問題だ、ああしなければならない、こうしなければならないとみんなが口々に言いはするが、「では、こうする」という決定を誰も下さない。当然、問題は解決されないで残ったままだから、次の月にも「そういえば、あれはどうなった」と、また同じ議論が蒸し返されることになる。

どこにもあるように、部品共通化検討委員会でも、そんなことがしょっちゅう起こっていた。関連部署でよく話し合って決めるようにと主座である川久保が言ったはずなのに、結局、何も進展していないという状態が続く。問いただそうにも誰に向けて問えばいいのか、それを受けて言いわけをする代表者すら見当たらない。

川久保が開発の部長会で「これからは責任者を明確にしてやる」と宣言してから、しばらくして開かれた委員会で、満を持して彼は自らそれを実践し始めた。「この問題はエンジン開発部長の柳瀬さんが決めてください」というように、個別の問題に対して、個人名で責任者をはっきり決めることを始めたのである。

名指しされた人間が責任者に決まった瞬間から、責任の所在は明確になる。そうなると、問題と一緒に逃げ隠れするわけにはいかない。委員会が扱うのは一つの部だけで解決できない問題がほとんどだから、責任者になった者は自分から声をかけて、他の部長と協力しながら解決に当たらなければならない。決して簡単には解決に至らないことが多いのだが、それでも個人名で責任者をはっきりさせただけで、少なくとも次の会議まで何も進んでいない、進んでいるのかいないのかさえ分からないという無責任状態だけはなくなってきた。

もちろん、全体がルールを共有してそういう方向で動いていないと、表面的にはうまくいっているように見えても、それによって犠牲になった別の問題が裏に隠されてしまうことになるのだが……。

曲がりなりにも自発的に話し合いをしてきたエンジン開発部の中では、柳瀬を中心に、推進責任者を決めて、完遂までのプロセスをきちんと実践してみようという積極的な動きになっていた。

柳瀬が部品共通化検討委員会からもち帰った具体的な課題にどのように対応していくか、エンジン開発では主任以上のメンバーが集まって話し合いをした。まずは、誰を責任者にするかが問題である。

「誰でもいいとはいっても、やっぱり責任部署の課長が妥当じゃないかな。途中から責任者が変わるのも変だからね」

簡単に決めるなとばかりに藤田義一がやんわりとかわした。

「厳密に言えば製品企画課は事務局担当部署というのかな、推進責任部署の意味合いとは違うから、こだわる必要はないと思いますよ。推進の面倒をみるとなると設計の詳しい知識があったほうがいいし、現実的に考えると、多少なりともエンジニアの言葉が分かる人間のほうがポイントをつかむのも早いんじゃないですか。スピード勝負ですからね」

「対応力で言えばそうかもね」

「だとすると金子課長か」

エンジン設計二課の主任がつぶやいた。

「一番自然だよね」

何人かがうなずく。

「おい、もう六つも責任者になってるんだぞ。そんなにいっぱい面倒みきれないよ。第一、書類をつくる時間なんか取れないし、物理的に無理だって」

「今まではもっとたくさん見てたわけでしょう。責任者ですよ? メーカーや協力企業とも話し合わなきゃいけないし、それなりの人間がついてないとまずいですよ。計画書のまとめは僕らが手伝いますから」

品質管理のグループリーダーは適格者にこだわった。

「それなりというのなら部品政策を担当してる購買はどうなの？ あっちの購買の事情だってよく知ってるし、完成車メーカーの意向を無視した共通化なんてあり得ないわけだしさ。責任部署になってもおかしくないよ」

「責任部署じゃなくて責任者です」

「いずれにしても、ここんとこミーティングもご無沙汰してるし、向こうには向こうの考えもあるだろうしさ。いきなり購買の人間にこのやり方でやってくれって言うのは無理な気がするな。一回、よく話し合ってからじゃないとね」

「やっぱり設計の課長が間違いなくていいよ」

そんな調子で、結局、エンジン設計二課の金子課長は、大小取り混ぜて十件近いプロジェクトの〝明確な責任者〟をやることになった。

しかし、一人の人間が実質的に背負いきれる課題というのはそんなに多くない。課題の大きさにもよるが、そこそこの大きさの課題なら、せいぜい二つか三つがいいところである。それより多い場合は、進捗を管理することはできても、いつも頭に置いてそのことを考えていたり、フォローしたりはできないものなのだ。

ただし、課長クラスというのは確かに前線の指揮者ではあるけれど、たいていの課題には実務の担当をしている担当者が別にいる。推進責任者を明確にするというのは、じつは、この担当者をどう生かすかということでもある。

ところが通常、指揮者の下請け的な位置づけにある担当者は「便利なお手伝い」扱いをされていることが多い。「あれをやっておけ、これをやっておけ」式に使われている。実務を取り仕切ってはいても下働きをやらされるばかりで、責任のある判断を要求されたり、判断業務を任されたりしていないから、一人前には育ちにくい。そういう大きな問題が隠れたままになっていた。さらに、名目上の責任者と実務上の担当者が双方ともに、自分こそが責任をもって推進していかねばならないとは思っていない。その自覚が薄いために、どうしても展開が遅くなるという問題もある。

責任者を決めて動くまでには、その手前にいくつかクリアしなければならない問題があったが、言い出した川久保も含めて全員が未知の体験であったから、とにかく理解の及ぶ範囲でやるしかなかった。また、そういうことはやってみなければ分からないのである。エンジン開発では、いざ責任者を決めて、部品共通化の課題を進めるにあたって「誰を責任者にするか」という目前の問題についてはしっかりと議論した。が、そもそも「何のために責任者を明確にするのか」という肝心な点は曖昧なままで実践に突入していったから、問題はあちこちで起こった。

「ちょっと金子君、システムとやってる原図のファイリングの件だけど、おとといシステム管理部の部長に会ったら、設計のほうの標準化案が出てこないからペンディングですって言ってたぞ。どうなってる？」

責任者に任せると言ってからは、柳瀬は以前ほど細かな報告を求めないようにしていた。しかし、部長としては部内の動きは把握しておかねばならない。みんなが果たしてうまくやっているかどうかも心配だったから、気がついた時にはチェックを入れた。

「ええ、保留にしてるんです。まず図面変更届の処理のルールを決めるのが先だろうと判断しましたので」

「変更届のルールづくりは君が責任者なの？」

「いえ、それは別のグループがやってます」

「進んでるのか」

「さあ、あそこのメンバーは今すごく忙しいからどうですか……」

「じゃあ、君のほうも『どうですか』になるじゃない」

「でも、そこまで広くは見きれないんですよ。僕は他にもフォローしなくちゃいけないことがありますし」

自然といえば自然に責任が集中した課長たちはフォローに手が回らなかった。また、一人で決めて進めたのはいいが、途中、必要な情報が流されていなくて、下流の製造が立ち往生するようなトラブルもあった。責任一貫体制が「一人で決めて一人でやる」意味での全権委任と解釈されて、重要な案件に関わる報告や相談が忘れられがちで、部長がサポートしようにも間に合わなかった。

「おい柳瀬君、エンジンのマネジメントはどうなってるんだ。自分で言い出して決めたことをやらないって製造がクレームつけてるぞ」

「あれは課長が判断したんですけど私の耳に入ってなくて。課長たちも忙しいし、まだ慣れないものですから、ちょっと抜けちゃうこともあるんです」

「それがあるから、誰でもやれる者が担当するようにと言ったわけだよ。決めた人間が最後まで責任をもって仕事の面倒をみるってことが肝心なんだから、そこを理解していれば『課長が』とか『忙しいから』なんて話にはならないはずだろう。ちゃんと責任者を決めてるのか」

〈言うは易し〉という言葉が頭に浮かんで柳瀬は不本意な気持ちになった。

「その、ちゃんと決めるというのはどういうことでしょう」

予期せぬ質問だった。

「きちんとみんなで話し合って、適任者が責任者になることだろう」

「その点での議論はしっかりやっています。でも、当たり前に考えて、責任を取れるだけの判断ができる人間というのは数が限られています。結局、一人がたくさんを抱えることになるんです。業務は大きいものから小さいものまで絡み合って同時並行的に進行しているわけですから、すべてに一人の人間がついて、一人で判断して付きっきりというのは無理なんじゃないですか」

その勢いに川久保は返事の言葉を濁した。柳瀬も含めてやっている本人たちが真剣なのはよく分かる。しかし、本当に自分たちで必要性を感じて変えようとしているのかというと、まだ「やれ」と言われたからやる従来パターンから抜けきっていないように思える。その点を一つ指摘したかったが、うまい助言を思いつかなかった。

〈そんなに大変なことを押しつけているのか〉

柳瀬が部屋を出て行ったあと、一人になった川久保は珍しく思案に暮れた。

ああは言ったものの、柳瀬は柳瀬で反省していた。「やってみたら案の定うまくいかなかったからやめます」では、あまりに知恵がない。

〈もう少し、方法を考えてみるか〉

エレベータを降りて開発の部屋に戻りながら、ぐるりと腕を回して思い直した。

上のほうでそんなやりとりがあったとは知らず、渦中の責任者の一人である金子課長は、困ったなりに何とかしたいと考え、世話人の瀬川に相談をもちかけた。そして、瀬川のはからいで同じような境遇の何人かが集まり、原島を交えたミーティングがもたれた。

課長に責任が集中してフォローしきれなくて困っている、自分の判断に自信がない。いったい責任者って何なのか話し合いたいと当事者たちは言った。

「最初はみんなで何となく決めるから、責任部署の役職で責任者が決まってしまいがちですね。だから、長のつくポジションの人がたくさんのことを抱えるようになってしまうでしょう」

「まさにそのとおりで困ってるんです」

メンバーの表情は切実だった。今まで判断、意思決定する立場の人間は部長や課長と決まっていたから「それ以外の人間が判断していい」と考えること自体がまず難しかった。

「今までは、立場イコール責任とみなして、組織の責任は特定の狭い範囲に集中していたと思います。でも、部課長は判断、意思決定する立場にあったというだけで、果たして、どの場面でも部課長の判断が本当に必要だったんでしょうか」

「必ずしもそうとは言えないでしょうね。若くても場面によっては判断、決定できるでしょうし、違う部署の人間や、内容によっては外注の人がやってもおかしくない場合だってあるかもしれない」

「今回やってみて分かったけど、一人の人間がどれだけの仕事にきちんと責任をもてるかというと、そんなに多くはやりきれない。そういうものなんですね」

「その意味で、いろんな人が責任者になるというのは責任の分散化であって、役職やポジション、部門やスタッフにとらわれず、広く責任をもてる仕組み、マネジメントを考えようということです。その結果としての、**小さな単位で判断、決定して仕事が動く状態**というのは、**自律分散的な状態**というふうにイメージしていただくと分かりやすいかと思います。それぞれが自分で決めて判断して実行、フォローする、そのサイクルが非常にコンパクトなんですね」

「ただ、そのときに、責任に足る判断ができるかどうか自分には分からないんです」

「そう、決めるにしてもみんなの意見を集約するというか、『これでいいね』と念を押して、不満そうなら『じゃあ、どうしようか』って自信がもてない」

「まず、**話し合える関係がベースにつくられているか**という問題がありますね。しっかり話をして、その仕事について一緒に協力し合ってやろうというムードになっているかどうか。つまり〝相談し合える関係〟があることが前提条件になるんだと思います」

「そういえば、時間をかけて話し合ったつもりでしたけど、最初から責任者選びの議論だったな」

「僕のとこもそう。どうやって選ぼうかって、そこに話が集中して」

「みんなでこの仕事をどうしていきたい、どうしていこうという話をするだけでもずいぶん違うんですよ。人ごと気分じゃなくて自分たちの仕事だという意識になる。自分が責任者じゃなくても、話し合って共感できれば、一体感が生まれて自分も一緒にやろうという気持ちになれるんです。それがまず最初の大事なプロセスですね」

「いつもの会議のようなことやってたな。役割分担を決めようって」

「責任に足る判断ができるかどうかという話も、そこに関わるメンバーが敵じゃなくて相談し合える仲間であれば、完璧な判断にこだわる必要はないでしょうね。意思決定を早くするために特定の個人が意思を発揮して決めるわけですけど、それでやってみてうまくいかないと思ったら、そう思った人間がすぐ問題提起すればいい。あるいは、責任者自身がまずいと思ったらメンバーに相談してすぐに訂正すればいい。いい考えを思いつかなかったら仲間の知恵を借りて使えばいいんです。

小さな単位で判断して動くことの良さは、間違ったら間違ったで速やかに修正がきくことです。今の時代は特に、状況が変わりやすい。だから間違ったり、失敗した時の修正・回復能力というのがじつは大事なんだと思います」

「責任という言葉がつくと、つい何もかも一人で背負わなきゃいけないと思ってしまうんですね。一人じゃないんだから相談すればいいのに」

「そう、一人にならないことが大切です。周りの人間も、その人を一人にさせないで助ける」

瀬川が励ますように提案した。

「一課の若手グループが不具合対策書の処理をチェックシートで管理して、けっこう簡略化したみたいですよ。あそこは責任者を決めてやってるんですけど、聞いてると全員が内容別責任者って感じで進めてるんです。おもしろそうだから今度、話を聞いてみたらどうですか？」

「あっちとはほとんどつき合いがないからなあ、知りませんでした。瀬川さんにお願いしていいですか？」

「はい喜んで」瀬川が白い歯を見せた。

「じゃ、僕らは今日の話、メールで流しておきます。部長も気にしてるし、きっと悩んでる人間は多いと思いますから」

電子メールでその日のミーティングのジャーナルを見て、一番喜んだのは川久保だった。おくびにも出さなかったが人知れず苦悩していた川久保は、一課の若手が自分たちで考えて動いていることを知っただけでもうれしかった。

〈歩き始めさえすれば、きっと道はできる〉

困って立ち往生することがあったら、話し合ってお互いを助けて進んでいけばいい。今自分たちがやろうとしていることの真髄はそこにあるのだと川久保は思った。

風土改革ノート❺

早くて柔軟な組織

決め方と責任の取り方

「マネジメントとは何か」というようなことが「理論的に」さまざまなかたちで説明されている。そういう本を読んだり説を聞かせていただいたりすると、なるほどという点は確かにあるのだが、いかんせん現実味に欠けている。

マネジメントのスタイルというのは、ある意味では人の「対人能力」を表しているわけで、個性や個人差があるのはしかたがない。

だからマネジメントの理論として、ああすればいい、こうあるべきだというのは分かるが、「そんなに理論どおりに全部やっていられないよ」というのが、実際にいろいろ試してみた人間の偽らざる気持ちではないだろうか。

そういう意味では、いわゆるマネジメント理論というのは確かに参考にはなるが、それをそのまま実行するのは至難である。私の知る限りではマネジメントの研修などを手がけている講師の中には実際にはマネジメントはあまり得意ではないケースがかなりある。この「理論は分かってはいるがマネジメントする能力がない」という実態をみても、マネジメント理論というのはあくまで理屈という側面をもつというのがよく分かる。

マネジメントのスタイルそのものは人の顔や性格がさまざまであるように、無理に理論どおりでなくて多様であってもいい。しかし、仮にマネジメントに今日的なテーマがあって、たとえば「**早さと柔軟性**」が要求されるとしたら、それに見合った原理的なものはあるはずだと私は考えている。

私は以前から「早くて柔軟な組織およびそのマネジメントとはどんなものか」という問題意識をもち続けてきた。そして、そういうマネジメントを実現すべく試行錯誤を続けてきている。

そのなかで明確に意識してきたのは「責任」という概念である。

組織が機能していくためには人が最も重要な役割を果たすわけだが、その際「責任」という概念が、人が今日的な組織の一員になって機能するための中心概念だと考えている。

つまり「責任」というものを組織の中で貫徹させ、うまく機能させるにはどうすればいいのか、ということである。

事にあたって責任を感じていない当事者が、ただ機械的にその案件を処理している組織ほど危ういものはない。どうすれば責任を本気で感じられるようになるのだろうか。

日本的な物事の決め方というのは、みんなで合議して、お互いに納得するところまで話し合いを進めていくというやり方である。この場合、納得できるような話し合いができる時はいいが、それができない時は時間切れになって、しかたなく「とりあえず」「いちおう」決めたかたちをとっておく。曖昧な中身をもちながら形式的要件だけを整えておくのである。

しかし「とりあえず決めたこと」というのは気持ちのうえでは暫定的なものだから、具体的な実効力をもって展開していかない。決めたといっても妥協の産物のような決め方だから、話し合ったその当の本人が決まった内容をそれほど重視しているわけではないし、周りも同じようにその内容を信用していない。

そこでさらに問題なのは、誰も「**責任をもってフォローする状態になっていない**」という点である。形式上の責任者はいるがフォローがない。これは責任の範囲が不明確というような問題ではなく、そもそも実質的な意味での責任というものが存在するのかどうか、という問題なのである。

責任が不明確な例としてよく取り上げられるのは、プロジェクトをつくった場合などで、実際の担当者には物事を決定する役割は期待されておらず、その上のレベル、もしくはもう一つ**上のレベルの管理者が実際の中身を知らないままに形のうえでの決定権をもっている**ことである。

また、過去に不祥事などが起きた経験をもつ企業の場合などは特にそうなのだが、過剰に意思決定のミスを恐れ、何でもかんでも上におうかがいを立てるのが当たり前という習慣になってしまっているケースがある。

案件の性格によってはトップの判断が必要なものも当然ある。株主代表訴訟などを起こされやすい今日この頃だからなおさらだろう。

しかし、多くの場合はトップにいくまでの途中で判断しても差し支えない、いや判断すべき事項なのだ。

本来、下のレベルで判断すべき案件を、上におうかがいを立てるということがいつも行われていると、待ちの姿勢が蔓延し、意思決定の能力をもつ人間がいなくなってしまう。

つまり、上におうかがいを立てることで下は責任を上に預け、上は意思決定に関わっていながらも、直接担当していることではないから、責任は本気で感じていないということなどが起こり得る。

合議で何かを決めるという決め方の問題も含めて、こういう場面で問題なのは、形式上の責任者の有無ではなくて「誰も心の底から責任を感じていない」という事実なのだ。

衆知を集めて一人で決める

一人ひとりが自らの責任で発案し、実行し、フォローしようとする組織は、いうまでもなく強い組織である。しかし、たいていの組織ではそうなっていない。責任を感じにくい仕組みができてしまっている。

最もよくあるケースは、他人が決めたことをただ受け取って処理、実行するだけというケースである。この場合、処理のしかたに関する責任は感じられても、判断（意思決定）に対する責任は感じられないということである。

「指示待ち人間」「言われたことしかやらない」「最後までまっとうしない」……など、社員の責任感のなさを嘆くセリフはどこの組織内にも氾濫している。なぜ、そのようなことになるのかと言えば、人の決めたことを自分の手の届く範囲で処理するだけという〝**責任の分散**〟が横溢しているからである。事務的な仕事の処理なら、それで問題がないこともあろうが、大切な企画業務などでもそうした傾向は非常によくみられる。

では、どうすれば「責任」を本気で感じることができるのだろうか。

責任を本気で感じるには「他の誰の責任でもなく、自分の責任」であることをはっきりさせることだろう。つまり責任の分散をなくし自分の責任で決め、実行しフォローすることが責任をまっとうすることなのだ。

「自らの頭で考え、自らの責任で判断する」というのが、責任をもって仕事をする時の前提である。だとすると、自律的に動くための基本ルールの候補として、合議に頼らず**「自らの責任で一人で決める」**というやり方が考えられる。

一人で決めるといっても、それは一人でこそこそ隠れて決めるということではない。条件さえ許せば「みんなで議論したうえで自らの責任で一人で決める」というのが望ましい。

一人で決めるというのは、勝手に決めることと同義語ではない。勝手に決めては誰もついてこない。どうぞ好きにやってくださいと単に無視されるだけである。

そういう意味では、話し合いはするけれど合議では決めない、**「衆知を集めて一人で決める」**と言ったほうがより正確であろう。

もう一つ、一人で決めるというのは、そのことを担当し、実行する担当者自身が決めるという意味であって、担当者の上司である役職者（課長や部長）が決めるという意味ではない。もちろん、担当者が課長ならば課長が、部長ならば部長が決めることになるわけだが、要するに役職で決めるのではなく〝直接の当事者〟が決める。

決めた人間は責任をもつわけだから最後までフォローしなくてはならない。つまり、決める人間は「責任当事者」であり、その当事者が最後まで面倒をみるということだ。

もし何か問題が起きたら、他の誰でもない決めた人間の責任だから、その人は責任をもってフォローする必要がある。

問題が起きたら煙のうちに（火が出ないうちに）早めに助けを呼ぶ。また、そうならないように適時に周りに情報を伝えておくのも責任当事者の大切な役割である。

「こうなりました」という結果の情報だけをオープンにするというのではなく「プロセスがどうなっているのか」という情報も常に周りに伝えるようにする、という努力が必要である。「一人で決める」ということのリスクを減らす大切な条件がこのことなのだ。

一人で決めて自分が責任をもってフォローするわけだから、もし抱え込んでしまうと何か起こった時、取り返しがつかなくなるというリスクがある。それを避けるためには**一人だけで背負うような状況に自分を置かない**。そのための歯止めになるのが衆知を集める場であり、そこでつくられた信頼に基づく人間関係なのである。**誰が責任当事者（担当者）なのか不明確な場合、それを最終的に決めるのは上位の責任者である。**この上位の責任者は直接、その中身に関する判断はしないが「誰が判断して決めるかを決める」ことになる。

スピード経営を実現する条件

合議で物事を決めなければ組織は動かないというのが今までの通念であった。なぜなのだろうか。

今までどうしても合議で決めざるを得なかったのは、合議ではない決め方は「勝手に決める」ことと同義であると理解されがちだからだ。勝手に決めれば無視されても当然ということになる。勝手に決めてしまって、故意に、しかも目立たぬようにサボタージュされた経験をもっている人は多い。

一人で決めて、それで組織が動くようになるには、いくつかの条件が必要になる。

一番ベーシックな条件は「みんなで議論をしたうえで」責任をもってフォローする者が最終的に一人で決めるということである。つまり、前もってみんなで議論をする、言い換えれば「衆知を集める」というのが条件の一つである。

みんなで議論をするというのは、多数の意見に従うという意味ではない。責任をとるのは自分なのだから、大切にするのはあくまで自分の判断しかない。仮に大多数の意見が「右」と言っても、自分がどうしても「左」だと思えば、責任をもって「左」という判断をする必要がある。少なくとも、みんなが言うからといって多数意見の「右」を採って失敗し、自分のせいではなく「みんなの意見が右だったから」と言いわけをしたりするのは最悪である。

みんなで議論をするといっても、限りなく長時間やるというわけではない。本当に知恵出しが必要な時は長い時間をかけて議論する必要があるが、そうでない時は短時間の議論でいい。

しかし、急を要する物事もあるわけで、いつも衆知を集める余裕があるとは限らない。場合によっては、まったく自分だけの責任で判断せざるを得ないこともある。こういう場合は、特に「この時点で意思決定をしました」という**上司および関係先への連絡等のフォローが大切**だ。

一人で決めることには、常に暴走する可能性というものがつきまとう。勝手な判断をする人間が多いところでは、なおさらその心配は大きいだろう。この問題は、一人で決めるところに問題があるのではなく、情報がオープンにされるというシステムが機能していないところに問題がある。したがって、周りへの情報の開示がその前提の一つとなる。

「みんなが納得する」ということと「一人で決める」というのは一見、相反している。

「みんなが納得する」ために一番手っ取り早いのは合議をみんなが納得するところまでやることである。しかし現実はそんなに簡単ではない。合議してもみんなが納得する状況にならないケースがよくあるからである。

「みんなが納得する」必要のある事柄と、そうでなくてもお互いの基本的信頼関係さえあれば一人で決めてもよい事柄との区別が必要だ。

みんなが納得する必要のある事柄とは、たとえば目標であるとかルールなどがそれである。決められた事の中身がみんなに関係することは、やはりみんなの納得がなければ機能しない。

こういうことさえしっかり共有できていて、さらにお互いの信頼関係があり、日頃からやりとりをこまめにやっていれば、お互いの事情もそこそこ分かるし、個々の案件でいつも「みんなが納得する」必要はない。つまり「一人で決める」ことが可能になってくる。

衆知を集める議論、一人の責任に基づく意思決定を可能にする環境をつくり、それを組織の風土・体質にしていくにはどうするか。

一つは「衆知を集めて一人で決める」というルールを組織の基本ルールとして、**組織のトップが正式に認知し、みんなで納得し共有しておく**ということだ。この認知と共有があれば周りの理解や協力も得られやすい。この、どのようにして意思決定がなされるべきかという問題は、同時に自分たちの組織が「どういう組織であるべきなのか」という基本的な方向性を明確にする問題でもあるから、中身の重要さを考えると組織の長が意思決定すべき事柄だと私は思っている。

もう一つは、**日頃から「相談し合える関係をつくる」という土壌の開拓をしておく**ことである。日常的に話し合える土壌があり、価値観の共通理解が得られる状況がつくられていれば、一人で決めてもみんなが協力してくれるのが当たり前になってくる。

「権限が委譲される」ということの中身

「一人で決める」ルールが認知されるようになると、管理職以外の人間（しかも、判断するには経験も知識も不足しているんじゃないかと今まで何となく思われていた人間）が判断する機会、せざるを得ない場合が増えてくる。

当然、判断ミスというリスクの可能性も高まるわけだが「**自分の責任で判断して失敗する**」というのは教育の中でも最高の教育なのだ。こういう本気の失敗は、取り返しがつきやすい時代（できれば三十代ぐらいまで）にできるだけ多くの人に経験させておくことが大事で、それが将来への大きな経営資源になるのである。

これに対して、同じ失敗でも責任の所在のはっきりしない失敗は単なるロスである。誰もそれからは前向きのことを学ばない。学ぶのは失敗した時のアリバイづくりの必要性と保険をかける技術だけである。

失敗も一つの「教育機会」と見込んで仕事をさせることが本当に仕事を任せるということだろう。このようなマネジメントができれば、組織の中で判断できる人間が増えることによって組織の動作のスピードが格段に増すし、仕事の現場に近いところで判断が行われるようになるため判断ミスも少なくなる。自分の頭で考えて行動する人間が増えることで細かな環境の変化にも対応しやすい。この状態は、組織の体質が活性化した状態である。つまり、早さと柔軟性が備わった組織ができるのである。

判断する人間が増えるということは意思決定される事柄の方向が分散化されるということである。それによって早さと柔軟性は増大するが、そのことは同時に、意思決定をする人間が分散化することで無秩序になる可能性も増大することを意味している。

そこに秩序を与えるためには、**意思決定の方向の分散化**が、ある一定のリスクの範囲内にとどまるような仕組み、マネジメントが必要となる。この問題は次章で述べる。

最後に、ここで述べた「衆知を集めて一人で決める」というのは、あくまで早さと柔軟性を実現するための基本的なマネジメントの原理である。実際に応用していくには、それぞれの組織の実態に合わせた運用をはかる必要があるのは言うまでもない。

第六章　ビジョンを掲げる

背骨のない集団

「ここに来てからずっと何かが足りないと感じていたんだけど、確かに我が社には脈々と受け継がれていく理念のような、社員の心や行動の支えになるバックボーンがないような気がするね。君の言うとおりだよ。つくっている製品が産業用の中間製品だから、もしかしたらそんなものは必要なかったのかもしれない。でも、メーカーである以上、モノづくりの姿勢や哲学はあるはずだし、自分たちが大切にしているものが、ひいては仕事に対する信念や誇りになるのなら、対外的なイメージアップとは違う意味で、何か理念のようなものがあったほうがいいね。

じつは私も考えていたところなんだ。過去にどんな話があったのかは知らないけど、今のヨコハマはもう昔のヨコハマとは違う。また同じであってはいけないと思う。その気持ちを何かのかたちで、はっきりとメッセージしなきゃいかんなと思っていた。でも、自分たちの姿勢に関わるそういう話は、口で言うだけではなかなか伝わらないし、残らない。魂が大事なものだから方針のように通達して終わりというわけにはいかない。どうしたものかと思って、誰かに相談するつもりでいたんだ。君が来たのも一つの天から与えられたタイミングかもしれないね。ちょうどよかった。どうだろう、企画部でヨコハマ自動車部品の経営理念のようなものの叩き台をつくってみてくれないか。みんなの気持ちもだいぶ前向きになってきたことだし、来年は腰を据えてモノづくりに取り組む、そんな年にしたいんだ。瀬川君のほうにも声をかけて、ちょっと相談してみてくれよ」

「分かりました」

経営企画部長の五十嵐正嗣は、まだ伊倉社長の言葉が信じられなかった。一蹴されるのを覚悟でもっていった話だったのに……。

五十嵐がヨコハマ自動車部品に入社してから三年がたつ。それまで完成車メーカーにいた彼は、商品企画部の課長時代に、商品戦略の策定や商品コンセプトの立案、定着化といった仕事に関わったことがあった。ヨコハマに来てからもその経験をもとにして、**モノづくりの思想や哲学**を織り交ぜた製品企画案を出したこともあったが、営業や開発は「中間製品にそんなもの必要ない」と、およそ無関心でハナから相手にしてくれない。それればかりか、自分の部下の課長ですら、マーケティングの必要性さえ解そうとはしなかった。

といっても、みんなが耳を貸さないのは意識の低さというより、中途入社で多少とっつきにくいところのある五十嵐個人への反感があったせいでもある。会議の席などでも弁のたつ五十嵐が正論を説けば説くほど、辛辣なその言葉が核心を突いていればいるほど、みんなは見下されているような不愉快な気分になって話を聞こうとしなくなる。ただでさえ孤立しがちな部署にあって、この会社には自分を生かせる場所がないのかと失望していた五十嵐だった。

経営企画部の仕事として中期計画を考えるにあたっても、企画マンの思考パターンとしては、まず会社のビジョンを固めることが先決である。それを抜きにして計画を立てるとなると、将来像やそれにそった事業戦略を描けないまま数値目標だけに引っぱられることになる。しかし、いくら必要性を説いても、下請けメーカーにビジョンなどという大上段に構えたものは必要ないというのが歴代トップの認識であり、今まで五十嵐に課せられてきたのは、単に中計や短計の数字をまとめることでしかなかった。そして、伊倉が社長に就任してからも、その事情はまったく変わっていなかった。

その五十嵐にとって、あの伊倉の反応は真冬のさなかに到来した春かもしれない。どうやってこのプロジェクトを意味のあるものにしようかと、五十嵐はわくわくしながら思いをめぐらせ始めた。

〈どっちにしても、これは企画部の密室芸にはするまい〉

五十嵐は前に参加した部長オフサイトを思い出していた。

彼は『開発だより』三月号に瀬川が書いた文章を読んで以来、どこか型破りな瀬川俊一という男に興味をもっていたし、ほとんどの部長たちが尻込みした最初のオフサイトミーティングにも、関心を寄せて参加した数少ない参加者の一人であった。

といっても、その期待に反してオフサイトミーティングは、言い合い、言い負かすという意味での議論を好む彼の満足を満たすものでは決してなかった。とにかく人の話を聞く、攻撃しないでやりとりしやすい話をする、その性格は「聞き合う」場である。白黒つけたい気質の五十嵐にとっては、むしろ我慢を要する環境設定である。しかし、その一方で、ふだんは聞こうともしない自分の話にもみんなはじっくりと耳を傾け、ちゃんと反応してくれる。そんなふうに会話が成立したのは彼にとって入社以来、初めてのことで、その体験に五十嵐はちょっとしたカルチャーショックを受けていた。〈こういう議論のしかたもあるのか〉と驚き、会社のビジョンも同じような場をつくって話し合えないかとふと思った。そんな心の動きもあって、五十嵐はその後、話の合いそうな数名に声をかけ、自分たちで『オフサイト同好会』と称して集まっては、特にテーマを設けない話し合いを始めていた。

ただし、瀬川や原島には声をかけなかったから、そのことを知る者はあまりいなかった。五十嵐の周りには積極的に活動している若い世話人がいなかったし、瀬川たちが旗を振り始めた改革活動に、BPR推進委員の一人であった部下の山根課長が否定的だったこともあって、彼らの動きは人目にはあまりふれなかったのである。

オフサイト同好会での話し合い自体は、五十嵐が期待したほどの盛り上がりをみせなかった。しかし、少なくとも議論の場をもつことで、自分が内に秘める思いというものをあきらめずに済むような気がしたし、また、それを投げかけ続けることで共感者は現れるのではないかという期待のようなものもあった。

もともと同好会は、明確な自分のテーマをもつ五十嵐が声をかけてつくった場でもある。話し合いを繰り返す間には、彼が事あるごとにもち出す経営ビジョンについても、何回かテーマに取り上げて議論された。といっても、議論自体はメンバーそれぞれが自分の見解や意見を話の流れのままに述べ合うもので、特にまとめの焦点があったわけではない。けれども、五十嵐自身の考えを整理するうえでは格好の材料になった。

それをまとめた時点で五十嵐は、一度、勇気を出して社長にぶつけてみようと思い立った。五十嵐は経営企画部長の立場からも、これからの経営に明確なビジョンが必要だという思いを新たにしていたのである。

そんないきさつからの提案に思いがけない感触を得て、五十嵐の気持ちは浮き立った。社長との話を終えた彼は、早速、弾みのついたその足で瀬川のところへ相談に向かった。

自律分散と統合

一方、エンジン開発部長の柳瀬は、今の開発設計のあり方や基本的なスタンス、そのアウトプットを見るにつけ、どこか膨らんでいくエネルギーを束ねきれていないような違和感をずっと引きずっていた。それが何かは分からない。でも、一本芯の通った何かが欠けているような、そんな印象をもっていた。

その日、課長の井上に誘われてエンジン設計一課のミーティングに顔を出した柳瀬は、判断ミスのリスクについてメンバーと一緒に議論していた。

スピードにリスクはつきものだ。しかし、リスクを上回るスピードがあるならリスクを恐れる必要はない。もし間違いを犯しても、すぐに修正して実行できるスピードがあるなら、時間や保険をかけてリスクを避けてやるより、結局、狙った結果に早く到達できる。間違いというのは起きるものだ。大切なことは、間違いに気づいたらただちに修正する勇気と姿勢をもつことではないか。そのために必要なのは仲間の率直な指摘であり、その仕事に関わる人間の問題発見能力である。そして、それは人の意見に耳を傾ける態度や、互いに気負わないでやりとりできる土壌の中から生まれるのではないだろうか……。

そんなくだりに差しかかった時だった。

「何か引っかかるんですけど、判断する前に、**何を基準にして判断するか**が決まっていないとミスも出るんじゃないですか。というか、個別に見るとミスジャッジではなくても全体で見ると不統一ってこと、よくありますよね」

浮かんだ疑問をまとめながら彼は続けた。

「たとえば、多人数で一つのチームを組んでやっている時、人によって判断がバラバラになるなんてことはしょっちゅうあります。特に開発の場合、多くの事象で二つの課題がトレードオフになることが多いでしょう？ ディーゼルの黒煙とNOxもそうだし、排気量と燃費もそう、シーソーみたいに一方を上げればもう一方が下がる。そんな時、どれを取り上げて優先するか、その判断は人によってまちまちだと思います。そのなかで『これにしよう』というものが決まっていくわけだけど、その判断にはみんなが『それなら分かる』と膝を叩いて納得するような根拠があるわけじゃないし、人が変われば判断もまた変わります。そんなふうに、その時々で人によって優先するものがコロコロ変わるとすれば、トータルでいい仕事にはならないと思うんです」

無意識に柳瀬は彼の言葉に神経を集中した。

話は続く。

「そう言えば長野さんが言ってたマネジメントの基本ルールに、もう一つあったな。『統一的な判断基準をもつこと』って」

「俺、それ知らない。判断基準て、行動の？」

「それは行動規範だろう。つくり方しだいでは悪しき押しつけになる可能性があるって、前に瀬川君がよく言ってた」

「自分たちで決めれば別に押しつけじゃないでしょう」

「まあ、ともかく行動規範みたいな狭い範囲のものとは違うような気がするな。もっと大きな意味での理念とか指針のようなものじゃないか。『未来をひらく光の技術』とか、スローガンなんかによくあるだろう」

「理念ね。そう言えば、うちの経営理念って何だったたっけ」

「さあ……何だったかなあ」

「部長、ご存じですか？」

「何か説明調の長ったらしいのがあったよね。でも、きれいごとみたいでピンとこなかったな」

そんなやりとりが交わされるなかで、沈澱して残った一つのキーワードがその場で共有された。

《何を優先して開発するのか》

それについてみんながあれこれと言い合っているのを聞きながら、柳瀬は日頃の問題意識から〈理想として掲げる技術目標がないから開発に張り合いがないんだ〉と思うに至り、もう一つ《何を技術目標にするのか》を付け加えた。

しばらくして、柳瀬のところに瀬川から思いがけない相談の電話があった。

経営企画部長の五十嵐が来て、開発とじっくり話したい件があるから、話ができる人間を紹介してくれと言っている。何でも社長から、会社のバックボーンになるような理念を考えてくれと要請があったみたいで、開発の意見も聞きたいらしい。別に公式にやるつもりはなくて、ざっくばらんに話したいみたいだから、長野さんも交えてミーティングをやりませんか――そんな内容だった。

柳瀬は五十嵐という人物をよくは知らない。少なくとも、じっくり話したことはない。オフサイトの時も出席した日が違ったため会ってはいないから、切れ者という印象はあるものの「変わり者らしい」という噂の正体を確認できるほど情報はなかった。

柳瀬は開発部門が技術目標のような指針をもつことの必要性を感じてはいた。しかし、それは切実な問題である技術の空洞化や、開発集団の求心性を何に求めるかといった、どちらかというと自分が身を置く開発を中心とした発想であって、社会やお客のほうに目が向いているわけではない。「会社の理念」と聞いても、会社案内などに使う「絵に描いた餅」程度に理解して、柳瀬は少し引いた気持ちで受け取った。

とはいえ話し合いが始まると、テーマがテーマだけにミーティングは熱がこもるのも早かった。

五十嵐が今回のいきさつを説明し、自身も感じていたビジョンの必要性を語ると、柳瀬は先に開発の若手と議論した数値目標以外の指針について話した。

「それは開発理念といえるものでしょうか、事業戦略にも通じる話ですね。自分たちが何を強みにして、どの領域でいかに生きていくか。そのために、どんな技術や体制や集団としての文化をめざすか。理念をもつことは自分たちの強みが何かをはっきりさせることでもあります。そこの議論は会社の方向性に関わる問題だから、私としてはできるだけ多くの人と話し合いたいと思ってるんです」

五十嵐の論旨は明快だった。柳瀬も自分の考えを進めた。

「会社のバックボーンになるようなものは、もしかしたら、すでに自分たちがやろうとしていることの中にあるかもしれません」

「と言いますと？」

開発では、意思決定や実行、レスポンスのスピードを上げるために、川久保のリーダーシップでマネジメントのルールを変えようとしている。そのために体制も、意思決定単位を増やしてコンパクトに仕事を回せる形態に移行している。このルールを成立させる条件の一つは、ベースに相談し合える関係をもつこと。これはオフサイトミーティングや意図的な雑談タイムの挿入によってかなり整ってきた。

それによって行動の足回りは軽くなった。しかし、そのエネルギーをめざすべき方向に束ねて、開発としての強みに転化していくためには、意思決定単位がどんなに小さくなっても、めざす方向が共有されていなければならない。つまり、もう一つの条件として、**共有された〝判断、行動上での優先基準〟**が必要だ。その基準を明確にすることが今の開発の大きな課題になっていると柳瀬は話した。

「このルールは組織全体にも通じる話ではないでしょうか。ちょっと思い出したんですが、群れロボットというものがあるそうです。東京工大の教授だった方の考案と聞いていますが」

そこで長野が群れロボットの話をした。

「ある空間で多数のロボットを自由に動かすとします。最初のうち、ロボットの群れはそれぞれ勝手にランダムな動きをしています。しかし、そのうちに、渡り鳥や魚群のように、全体の動きに一つの流れができてくるんです。

なぜそんなふうになるかというと、この群れロボットにはセンサーと一緒に簡単なルールがプログラミングされているからです。たとえば、ある角度の前方の視野の範囲に他のロボットを感知すると前に進む、というようなルールがあって、そんな簡単なルールを三つぐらいもつことによって、ランダムに動いていたロボットの動きが規則性のある流れになっていくんです。じつは、渡り鳥なんかの動きも、分析してコンピュータでシミュレーションしてみたところ、一羽一羽の鳥の行動は、やはり三つぐらいの簡単なルールで規定されていることが分かったようです。

そこでポイントになるのは、個々のロボットは独立して動いているということです。これは自律的に動いていると言い換えてもいいかと思います。しかし、全体としては明らかにある秩序ができている。個々のロボットが全体の流れに影響を与えているという側面と、全体の流れが個々のロボットの動きに影響を与えているという側面と、二つの側面があるんです。

〝**それぞれの個は自律的に動いているが全体としては秩序がある**〟という状態は、組織の一つのあり方です。状況によっては、一見、みんなが勝手に動いているかに見えてそうでない自律分散的な組織行動のほうが効率がいい場合もあります。今日のように企業の活動範囲がボーダレスになって、しかも進路が見えない状況の中では、集中コントロールによるマネジメントには能力的な限界があります。群れ全体が自由に行動範囲を拡大し、どんな状況でも秩序を保って行動するには、小さい単位が自律的に動けるようなマネジメントのほうが柔軟に動けてスピードがあって、効率もいいことが多いように思えるんです」

「場合によっては、軍隊式に整然と動いたほうが効率がいいこともありますよね」

「もちろん、全体のルールを一本化しなくてはならないということではないのです。経営の性格を考えると、その両方をあわせもったほうが効果的であることも多いでしょうね。ただ、変化に対応するスピードや柔軟性が要求される時代には、組織の自律性を重視するマネジメントのウエイトを大きくしたほうがいいのではないかと思っています」

「今、開発でやろうとしているのはそういうことなんですか」

「私はそう思っています。群れロボットの行動ルールを人間集団に置き換えて、それがどんなルールなのかを考えてみると、まず行動のルールとして二つあるかと思います。一つは**意思決定のしかた**です。それは今、開発で試行錯誤されている衆知を集めながら一人で意思決定するというものです。二つ目のルールは、今、議論を始めている『何を大切にし、優先するか』という**判断基準**です。これはその組織のコンセプトと言ってもいいんでしょうけど、単にイメージを共有するためのコンセプトではなく、もっと実際的に、仕事のうえで二者択一を迫られた時、どちらを優先するか判断するための基準をもつことが必要だと考えているわけです」

「一人ひとりが自由に動ける状態であっても、ルールがなければ個々バラバラな判断を生むから、そこを明快にルール化しようということか」

五十嵐がつぶやいた。

「いい機会だから、みんなで優先基準について話し合ってみたらどうだろう。そういう議論はたぶん社長の主旨にもかなうと思うよ」

企画畑の人間にしては行動が早いのが意外だった。五十嵐はそのあとすぐに社長に会いに行き「判断基準の議論を通じて自分たちのバックボーンを確認したい」と話してミーティングの了解を取りつけた。そして、早速あちこちに電話をかけて、自分なりの意図をもって準備を進めていった。

優先基準となるコンセプトをもとう

開発が中心となって『優先基準』をテーマに一泊二日で行われたオフサイトミーティングは、今までのオフサイトとは少しおもむきが違っていた。エンジン工場の岩城以下、工場からのメンバーが出席したのに加えて、外部からも、五十嵐が声をかけた自動車メーカーの商品企画部長、蒲生が参加していた。

蒲生は自社で『信頼と安全』という商用車のベースコンセプトをまとめた際の中心人物

である。ミーティングは蒲生の体験談から始まった。

「我が社では、いくつかの部署にまたがる有志で開発理念と商品のベースコンセプトを考え、それを共有するために一年半にわたる話し合いを行いました。コンセプトの話から、やがて商品戦略論へと踏み込んでいった議論では、言葉としても概念としても曖昧だったものがしだいに明確になっていきました」

当事者だった蒲生のいきいきとした口ぶりにみんなはすぐに引き込まれていった。

たとえば「コンセプト」というのはよく聞かれる言葉だが、では何のためにあるかというと、はっきりとした答えがあるわけではない。表現上の中心概念として使われたり、何となくイメージを湧き上がらせるものがコンセプトの役割であると考えられている場合が多い。また、スローガンのような役割を果たしている場合もある。しかし、はっきりした意味を理解し、共有されていなくても「商品づくりにはコンセプトが大切」という情報だけはトップにもインプットされている。トップが出席する商品開発の基本方向を決める会議などでは、上の人間から必ずといっていいほど「この商品のコンセプトは何？」と聞かれる。聞かれるから、それに答えるために、なくてはならないものとしてコンセプトがひねり出されているという、まさに本末転倒した笑い話が実態としてあった。

「何のためのコンセプトか」「コンセプトなしで仕事はできないのか」。そんな素朴な疑問を出発点に蒲生たちの議論は深まっていった。

それまでにあった商品コンセプトを解いてみると、耐久性があってパワーがあって燃費がよくて、人にも環境にも優しくて、さらにデザイン性や居住性も良くて……と、あらゆる面での良さが要求されている。つまりトータルバランスが必要だとばかりに、じつに盛りだくさんの狙いが凝縮されている。コンセプトといっても、いかようにも解釈が可能な、ただ単に理想をてんこ盛りにしただけの力点のぼやけたものだった。つまり、コンセプトが絞り込み機能をまったく果たしていない。自分たちの強みを明確にしようとする意思が働いていない。これはおかしい。それならば、何を自分たちの武器として大切にしていくか絞り込もうという話になって、コンセプト論議は戦略論へと重なっていった。

そして、みんなで意見を戦わせ、考えた末に生まれた製品のベースコンセプトが『信頼と安全』である。

「丈夫で紛れのない実質的に確かな性能と、事故要因を潰して最大限に無事を守る安全性を確保すること。何を置いても我々はそれを最優先し、二兎も三兎も追わないで、そこに開発の総力を結集することに決めたんです。そんなふうに優先順位をはっきりさせる基準をもっていないと、あれも必要、これも必要という話のなかで結局、いいところ取りになって妥協の産物を生むことになる。何もかも中途半端になってしまって、経営資源の分散化をもたらすんです。

そして結果としては、どの要素も『そこそこ』にしかなりません。そうすると、アピールポイントが曖昧だから商品の魅力もぼやけます。ということは、お客に魅力が分かりにくいから競争力も弱い。もちろん、総合性が良さになることもないわけではありませんが、我々は自分の武器を生かせる我が道を行くことに決め、他にない魅力を打ち出して生きていく戦略を採ったわけです。

だから、我が社の場合『信頼と安全』というのは単なるスローガンではなくて、何を優先するか、何を切り捨てるか、そこのメリハリをつけて力点を明確にするための判断基準です。そして、その判断基準はみんなで考え、話し合いを通して共有化したから絵に描いた餅にならなかったわけです」

蒲生がいる自動車メーカーでは、そのコンセプトに基づいて行った最初のモデルチェンジをすでに成功させていた。

開発にあたって設計チームは、自分たちで「ドライバーの安全」を重点テーマに設定し、みんなで手分けして事故現場に行って事故時の状況を調べた。

トラックの死亡事故の八割は高速道路で起こっており、それもトラックがトラックの後部に追突するトラック同士の事故であること。追突直前には、居眠り運転であってもブレーキを踏んでいるケースがほとんどであること……。そんな安全の手掛かりになる事実が明らかになっていった。

また別の調査では、衝突してもシートとハンドルの間の空間が百五十ミリ残っていれば大惨事にならずに済むということも分かった。

しかし、その百五十ミリを確保することが、じつは大変なことだった。トラックは常に重量やコストとの戦いであるから簡単には事は運ばない。百五十ミリの生存空間を確保しようとすると、どうやっても八十キログラムの重量増になってしまう。

おそらく、統一的な基準をもたない状態で仕事をしていたら、生存空間の確保を優先すべきか、重量増やコストを優先すべきなのか、そこで激論になってしまうだろう。こういう議論は簡単には結論が出せないから、会議を繰り返しているうちにひと月ぐらいあっという間に過ぎてしまう。結局、何か月もたってからとりあえずどちらかに決めるわけで、その頃には開発へのエネルギーも萎んでしまっている。

しかし、その開発の場合は一年間もかけて議論を行い、多くのメンバーの間で『信頼と安全』という統一基準が共有化されていたため、判断が早かった。モデルチェンジでは、生存空間を確保することが優先され、それが開発の挑戦課題になったのである。

目標とする課題が明確に設定されると、解決へと行動が進むのも早い。

絞り込んだテーマに対して、みんなで協力しながらコンピュータシミュレーションや模型による衝突テストを繰り返したところ、百ミリは何とか確保できる見通しがついた。しかし、あと五十ミリが問題だった。

それをどうやって捻出するか、誰もいい知恵が浮かばないまま、どんどん日がたっていった。みんなの間で「もうだめか」と、しだいにあきらめムードが濃くなった頃、一人のエンジニアが「肋骨が折れる前にハンドルが先に折れるようにしたらどうか」と思いついて、そこから解決の糸口が見つかった。基準である『信頼と安全』を核としてみんなが協力し、知恵を出し合った結果だった。

その新型車が発売されて半年ぐらいたった頃のこと。あるディーラーからメーカーに一通の報告書が届いた。「この車を買った客が事故を起こし、車は大破、キャブはグチャグチャになったが、ドライバーはかすり傷で済んで翌日から仕事をしている。メーカーとして、この新型車の特徴は『安全性だ』と大いに宣伝してほしい」という内容であった。

モデルチェンジは成功だった。開発部門が、自分たちがこれだと決めた製品コンセプトを貫き、これだと確信した「安全」を設計によって実現した結果、商品はお客の高い評価を得ることになったのである。

「難しい設計だから費用もかかったけど、そのぶん彼らは周辺の部署の力を借りたり、仕事のやり方を変えてムダを省いたりして、予算の問題をクリアしたんです。コンセプトがはっきりしていれば、その実現を最優先するために、足を引っぱるコストの問題も何とかみんなの知恵で突破しようとする方向にチームの力が働くんですね」

「そうか。個々の人間が自分の裁量で**自発的に仕事をするには、最低限のルールや判断基準**がないと、かえって動けない。コンセプトってそういう機能なんですね」

ヨコハマの面々は蒲生の話を聞いて目から鱗が落ちる思いだった。

みんなは、自分たちがめざすマネジメントにおいてコンセプトがどう機能するのか、言葉以上に大切なコンセプトそのものの意味合いを実感した。

「コンセプトって、何か〝飾り〟のように思っていたけど、そんな使い方もあったんだな」

「そういう基準がないから、今まで僕らは『何でもいいほうがいい』という感じで理想をてんこ盛りにしてきて、目標といったら『理想マイナス現実イコール目標』だった。実力も強みも考えないで、ただやみくもに目標値を追っかけていた気がします」

「地の果てまで追っても届かない。何もかも中途半端でそこそこでしかない。絞り込まれていないと、目標というのは労多くして益の少ないものになるってことだね」

「柳瀬さんが言ってた一本芯が通ったものって、それだったんでしょうか」

「一つ大事な視点として、蒲生さんたちのコンセプトが実を結んだのは、発想のうえでお客が最上位にあったからだと思うんです。顧客利益を考えるといいますか、まずお客が何を望んでいるかを知ることがメーカーの出発点ではないでしょうか」と長野が言った。

「蒲生さんたちの場合は、一般ユーザーの顧客利益を考えたコンセプトですよね。うちの場合、お客はメーカーだから、メーカー利益に貢献する製品を提供することが第一になりますか」

「完成車メーカーの直接的な利益と言えば、とにかく完成車メーカーの設計が要求してくる排ガス規制対応などの性能を実現し、コスト、納期を守れということになる。それがうちのコンセプトになるかなあ」

「やっぱり、クルマが末端ユーザーや社会にとって安全で信頼される商品になることが一番のメーカー利益だから、僕たちがめざすモノづくりもそこじゃないかな」

考え込んでいた柳瀬が口を開いた。

「やはり、開発にも思想みたいなものが根底に必要なのかな。たとえば『人類にとってどうなのか』とか『環境に対してどうなのか』とか。そういう意味では、CO_2の問題は、これからの地球や人類にとって最も大きな環境問題になるだろうな。それをうちの独自性にしていけないかな」

部品メーカーたる自分たちの優位性をどこに求めるか、コンセプト論議は同時に戦略論議にもなる。マネジメントの足腰が軽くなった時、自分たちの活動はどう幅を広げ、対メーカーの機能的な位置づけをどう変えていくのか。やりとりを通してみんなの頭の中には、さまざまな全体図が広がり、姿を変えた。

「部品メーカーにもいろいろ特色があると思うけど、仮にコストだけを基準に考えるなら、メーカーはもう資本系列だからといって無条件に指名してくれない。世界中から安い部品を探して調達するシビアな購買になっている。そこに混じって価格競争の中で勝ち残っていく会社になるのか、それとも技術力で世界に通用するコンポーネントメーカーになっていくのかといったら、うちがめざす〝脱下請け〟の自主独立経営というのは、やっぱり同質競争に巻かれないオリジナルの技術をもって生きていくことだと思うんだけど」

「オリジナルな技術といっても、これからはコスト競争もシビアになるだろうから、製造技術と開発技術をどうリンクさせていくかも重要になってくるだろうね」

「つくる側からの提案をベースにして設計を組み立てていくようなやり方も、もっと取り入れていかなくてはだめだろうね。自社開発部品のウエイトを高めて競争力をつけることも必要だろうな」

「ということは、完成車メーカーの商品コンセプトをそのまま取り入れるっていうのは、今までと同じ関係の下請けであるってことが前提のわけでしょう。これからの方向性と合わないいんじゃないの」

話の切り口が変わるたびに、さざ波のように相づちが起こった。

「でも、戦略にかかわらずメーカーとしての社会的な責任を考えると、『信頼と安全』って腰の座ったいいコンセプトだと思うな。よく考えてみると、僕たちの製品って人の命に関わるものなんだけど、部品メーカーって実際に車を使ってるユーザーから遠いから、正直言ってまともに生命の安全なんて考えたことがなかった。製品を買ってくれる目先のお客様意識しかなかったかもしれない。そういう意味では、車を買うお客様の利益なり満足ということを忘れちゃいけないんじゃないだろうか」

「僕もときどき思うんだけど、完成車メーカーはうちが納める部品を一つひとつ検品できるわけじゃない。品質を保証しているのは我々だ。クルマって、そんな構成部品から成り立っているわけだから、仕様で受けるにしても提案するにしても完成車に対する部品メーカーの責任って小さくない。そのお客に対しても、きっとそうだと思う。だからコンセプトって『独自技術で世界をめざす』とか『品質に敵なし』とか自分たちがめざす目標や活動スローガンじゃなくて、『安い早いうまい』の吉野家みたいにお客の利益を第一に考えて、その生活にどう役立っていくかってことをはっきりさせることじゃないかと思うんだ」

お客が何を望んでいるか

そこでエンジン工場長の岩城が口を開き、完成車メーカーの営業マンと一緒に販売店を回った時の話をした。

「私はそれまで、とりあえず完成車メーカーの基準に準ずる自社の品質基準をクリアすれば、製品の品質に問題がないと思ってたんです。ところが販売店に行ってみると、これではお客が認めないという販売の場でしか見えない基準があって、引き渡し前に整備工場でいろいろと手直しをしている。で、クレーム情報としてメーカーに戻すんですかと聞いたら、その背景はよく分かりませんが、内部基準を満たして工場を出ているものについては問題があっても相手にしてくれないと言うんですね。まあ、クレーム費として費用はもらっているようですけどね。その時は塗装の問題でしたけど、その言葉を聞いてドキッとしました。だって私も、今まで工場でそんな話を聞くと『たまたまだろう』なんて軽く受け流してきましたから。それによってお客様が買うのをやめる、末端ユーザーが評価しないなんて考えたこともなかったし、そんなお客様の存在を意識したこともなかった。私がもっていた基準は〝完成車になる〟ところまでで完結していて、その先の〝お客様に売る〟〝お客様が満足する〟ところまで考えた基準はもち合わせていなかったんです。今のコンセプトの話を聞いていて、やっぱり自分たちのモノづくりというのは自己満足的な一方通行だったのかなと思いました」

事実、現実の体験談には説得力がある。お客と接した岩城の臨場感のある話は、場の空気を変えてみんなの意識を外に向けた。

「完成車メーカーは僕らに何を望んでるんだろう」

ぽつりと誰かが言った。

その声を受けた蒲生は、最近の自分たちの活動について話を始めた。

「岩城さんのお話にあったように、私たちもお客が何を望んでいるか、直接、お客さんといろいろな場面で何度も話し合ってみました。たとえばトラックを使う最近のお客さんは単なる運送業から物流業にシフトしていて、物流をいかに合理化するか、迫られています。それができない会社は生き残っていけません。効率よく運ぶために、運送業者と荷主がお互いに情報を交換し合うなんてことはもはや当たり前です。それほど経営がタイトになっていますから、故障に対しても極めてシビアです。でも、それに対して、我々メーカー側のサービス体制は残念ながら十分に対応できるようになってないのが現状なんです。つまり、お客さんは『安全であること』『故障しないこと』『故障してもすぐに直せること』を本当に切実に望んでいるんです。しかし、機械に故障はつきものだし、事故もゼロにはならない。そこは我々の手に負えない。ただ、問題が起こった時の対応のしかたによってはトラブルも最小限に食い止めることができるんです。

　そこで今、全社をあげてやっているのがサービスの強化、つまりサービスへの絞り込みです。これまで自動車メーカーではハードがあくまで中心価値で、サービスは二次的なものと考えられていました。でも、売る側やお客の声を聞いてみると決してその二つを切り離して考えてはいない。アフターケアやサービスも一体で満足がほしいと考えているんです。実際、それによってブランドロイヤリティも大きく左右されている。それなら、ハードだけではなくサービスも商品価値として考えよう。少なくとも私たちはそう受けとめて、仮にトラブルが起こっても、すぐに修理を受けられるような体制をつくろうとしているところなんです」

「うちで言うとハードの価値って何だろう。やっぱり壊れないことかな」

「でも壊れないエンジンなんて存在しないから、やっぱり壊れたあとの問題か」

「壊れても直しやすい。あるいは、すぐ直せる……」

「エンジンで一番困るのは、急に止まっちゃう時ですよね」

「あれはお手上げだね。特に高速道路なんかだと大変だよ。危険だしね。止まったら止まったで周りにも迷惑だし、クルマは急に止まれないのも困るけど、同じくらい急に止まるのも困る」

「急に止まらないエンジンなら安心ですね。あるいは何らかの方法で検知して止まりそうだと事前に分かるとか。ＩＣで制御して予兆が取れませんかね」

「いや、大切なことはきちんと予防整備ができる体制にすることかもしれない。部品の寿命が正確に分かっていれば、適切な時期に計画的に予防整備ができる。やるべきことをやっていれば、突然止まるなどという事態は激減するはずだよ」

　蒲生がおもしろそうにうなずいた。

「それ、いいんじゃないですか。予防整備が正確にできる。『信頼と安全』をエンジンレベルでみると『予防整備が正確にできるエンジン』ということになるのかもしれませんね。自動車メーカーも助かりますし、お客様のメリットも大きいですよ」

「さっき蒲生さんがおっしゃったようにサービスまで商品価値とみるなら、アフターケアとして修理のしやすさも重視したいね」

「直しやすいというのは大切だろうな。キットのように誰でも簡単に着脱できれば修理もしやすいと思うけど」

「乗せ下ろしのしやすさは、まだ改善の余地があるな。『それができればいいな』ぐらいで設計としては本気で追求してなかったけど、やってできないことじゃない。ただ、それは今すぐの課題にはならないのかもしれない。三年先、五年先の中長期的課題だと思うね」

「やはり、今一番大切なのはコストですかね」

「いや、コストというのはあくまで前提条件というか必要条件じゃないかな。それだけでは十分条件じゃない。その意味で大切なのは CO_2 対策だと思う」

「ということはディーゼルが有利だよね。そうすると、小型のディーゼルでも直噴エンジンを実用化することがどうしても必要になってくる……」

「騒音・振動の問題がとりあえずのネックかな。小型になればなるほど乗用車に使われるとか、日常生活の近くで利用されるようになるからね。普及して数が多くなるとすぐに騒音公害になってしまう」

議論の盛り上がりに乗って柳瀬が提案した。

「今までの話をまとめると、優先すべきは『環境にやさしいエンジン』つまり『低燃費・

低騒音エンジン』というところかな。たとえば『低燃費化・低騒音化』と『コスト』がトレードオフの関係になったとしたら迷わず前者を採る。コストは大切だけど、それは必要条件として別のところで実現しなくてはならないということだ」

その日、彼らは『低燃費・低騒音を優先基準とする小型エンジン』を開発のコンセプト、つまり優先基準にすることに納得して、ミーティングを終えた。

翌日、五十嵐は社長室に足を運んで、伊倉社長にミーティングの内容を報告した。

「そうか、製品コンセプトは開発の仕事をするうえで判断基準の役目を果たすのか。私が言った理念というのは、それに比べるとちょっと観念的だったかな。それにしても、ずいぶん分かりやすくて実践面で役に立つ議論になったようだね。お客の利益とかCSというのは、これまでうちになかった視点だ。そういう見方で出てきたコンセプトならみんなも共感するだろうし、さらに議論するとしても張り合いがあるね。いいんじゃない、それ会議にかけてみようよ」

予想外の議論内容に伊倉は驚き、この結果を経営会議にかけたいという五十嵐の申し出を快く承諾した。

ただし、徹夜までしてまとめた資料をもって会議に臨んだ五十嵐の夢と希望は、篠宮専務の反対によって打ち砕かれた。

「そんなこと、今までもやってきたことだろう。第一、完成車メーカーからの要求性能さえ満たしきれなくて右往左往しているのに、予防整備だと？ そんな余裕がどこにあるんだ。まず完成車メーカーの要求しているコストや性能、納期に応えてからの話だろ。力点が違うよ、それこそコンセプトが違う。今、完成車メーカーが一番望んでいるのは、何よりもコストと性能だよ。それを抜きにして『止まらない』とか『サービス』とか言っても、私が知っている完成車メーカーの購買は絶対に納得しないよ」

完成車メーカーの購買とも強力なパイプをもつ篠宮の意見だけに、異論を唱える者はいなかった。

五十嵐や長野から事前に話を聞いて目を輝かせた開発担当の川久保常務でさえ、篠宮に「営業的にみて、どれだけメリットがある」と強く言われると、ぜひ完成車メーカーに説明して顧客利益を理解してもらってくれとは言いにくかった。最後は完成車メーカーの購買の窓口とヨコハマ自動車部品の営業担当のコミュニケーションで決まることである。当の篠宮が認めない以上、突き返されたも同然だった。

突き抜けるようなみんなのパワーとそれを阻む厚い意識の壁。五十嵐から話を聞いた瀬川は、そのギャップを感じて刹那、無力感にさいなまれた。しかし瀬川も五十嵐も、もうあきらめなかった。

五十嵐を中心として、協力メーカーも巻き込み、開発の中で再び戦略議論が始まったのは、その後まもなくだった。それと並行して、地元、横浜市の経済局が主催する異業種交流会のメンバー企業とも知恵の交流が始まり、先のミーティングで共有したコンセプト（優先基準）に準ずる「新しいエンジン、新しい技術」の模索が技術者レベルでスタートしていった。

風土改革ノート⑥

「強み」の自覚と共有

ベクトル合わせ

五章では「衆知を集めて一人で決める」というマネジメントの原理について説明した。ただし、この原理だけを切り取って導入すると、意思決定者がただ単に分散化するだけで、組織の判断がバラバラになってしまいかねない。

判断・意思決定をする人間が多くなればなるほど、組織が混乱する可能性も強くなり、全体としての秩序をなくしてしまう危険をはらんでいるわけだ。

まったく何も相談せずに勝手にやってしまう部下をもっていたり、報告のない部下をもった悩みを抱えている人というのは多いものである。

この場合、ただ単に、その人がいい加減なだけの場合もあるし、縛られるのがいやで意図的にそうしているケースもある。

「一人で決める」という意味は「合議で何となく誰が主責任者か不明なまま決めることはしない」ということで、上記のような初歩的な非常識なケースは当てはまらない。一人で決める前に報告したり相談したりするという習慣がまず必要だろう。一人ひとりが自分で考え、判断し、意思決定をしながら、なおかつ全体としての秩序をもつにはどうすればいいか。

〝個々が自律的に行動しながら全体としては秩序をもっている〟という一つの組織イメージがある。本文中で長野が群れロボットの話を例に取り上げているように、群れロボットや渡り鳥、魚群に共通するのは、まさにそういう集団の行動様式である。

当然のことのようだが、渡り鳥や魚群と人間の集団に共通するのは「個々の自律的な行動がいくつかの行動ルールをもつことによって、集団としての秩序を形成する」という部分のみである。

必要とされるルールの中身は明らかにまったく違うわけだが、いくつかの簡単なルールがあるという点においては共通している。

このルールは、自律分散的で早く柔軟なマネジメントをめざすための原理的なもの、ということができる。

自律分散的なマネジメントを行うための単純なルールとは、どういうルールになるだろうか。

そのうちの一つは明らかに「衆知を集めて一人で決める」というものだと私は考えている。このルールがはっきりしていれば、個々が自律的に、つまり自分で判断して動くことが可能になる。

しかし、それだけでは足りない。これだけだと、個々は自由に動くが全体としての秩序はもてない。「全体に秩序をもたらすものは何か」というのが次の問題である。しかし、秩序とはいっても、外的な力で枠をはめて、その中で管理することによってもたらされる秩序ではない。

一人ひとりの内部にあって、新しい状況ができた時、常にその状況をやりとりしながら判断していく時に指針となり得るものが必要なのだ。

組織に置き換えて言うと、全体に秩序をもたらそうとするなら、必要なのは「統一的な価値判断の基準」を組織全体で共有することである。そのことで判断にブレが出にくいようにすることが肝心である。

統一的な価値判断の基準とは

ひと口に「価値判断の基準」といっても、あり方はさまざまである。

ただ、何か物事を決める時に「これを大切にしよう」と組織に属するみんなが価値を置く「これ」というのが統一的な基準になるのではないかと思われる。自分たちは「これ」を最優先する、「これ」が一番大切だ、というものである。

たとえば、営業系の組織における「これ」というのは何だろう。

自分たちが売っている「商品」は何か、「何」をお客さんに売っているのだろうか、ということをしっかり自覚しながら営業する、ということなどがそれである。

それはモノとしての商品だけなのだろうか。もしかしたら自分自身を売っているかもしれないし、物の「新鮮さ」を売っているかもしれない。場合によっては「アフターサービス」こそがうちの売りものなんですということもあるだろう。

そういうものが、自分たちが一番大切にしている「これ」であり、自分たちが売っている商品なのだ。こういうことを**メンバー全員で共有**しておくことが統一的な基準をもつことなのだと思う。

もし、仮にメンバーの間で「アフターサービスこそがうちの命」ということが共有されているなら、自信をもって商品を売り込めるだろうし、そこをより強くするにはどうすればいいかと考えるだろう。しかし、そういう共通認識が得られていないと、しかたなくアフターサービスをやっているけど、手間がかかるから何とか省略してしまおうという後ろ向きの考えになってしまう可能性も十分にある。

統一的な基準をもてるということは、言い換えれば、自分たちの「強み」をしっかりと自覚していることでもある。この**強みの自覚**は、ビジネスにおける戦略の決定要素になっていることが多い。

私は戦略というものを「自分たちの『強み』、隠れていて目に見えないかもしれない『強み』を発見して、それが一番生かされやすい場を『勝負の場』に設定し、その土俵で勝負すること」と定義している。

この戦略の根幹にある「強み」をみんなで共有することも、統一的な基準をもつことの一つなのだ。

商品のコンセプトについても同じようなことが言える。

本文中で蒲生が「信頼と安全」の話をしている。

商用車は常に重量との戦いである。もちろん、コストも納期もおろそかにできない。しかし、自分たちは「信頼と安全」を大切にするんだと、それを確認するミーティングを一年半にわたって無数にもつことで、それを共通の優先課題としてみんなで共有することができた。

車の開発では何百人もの人が共同で一つの車をつくり上げる。そこに統一的な基準をもつか否かは「商品」のできばえを大きく左右する。さらに、それによって商品の商品たるゆえんである「強み」の中身もまた違ってくるのである。

一人ひとりの思いがバラバラで大切にするものが統一されていなければ「強み」

は生まれてこない。

だとすると、全体の秩序をつくるもう一つのルールは「何を優先するかに関する統一的な基準をもつ」ということと言い換えることができるように思える。

この集団の秩序を形成する二つのマネジメントルールによって、一人ひとりが自律的に動きながら全体として秩序がある——という状態が実現する。それが早くて柔軟な組織の動きを可能にするのである。

いろいろなオフサイトミーティング

オフサイトミーティングには、いくつかの種類がある。目的別に大きく分けると次のように分類できるが、実際には「使い手」が必要に応じてアレンジし、今ではそのバリエーションも多様になっている。

(1) 部門横断型「耕し」のオフサイト

第三章に登場したように、管理職が部門を越えて集まり、それぞれが関心をもつ問題を中心に話し合うものである。最も一般的なこのオフサイトは、あくまで土壌を耕すことを目的とした交流型なので、必ずしも特定の問題の解決にはこだわらない。

この場合、目的はネットワークの形成と問題意識を刺激し醸成することである。

(2) 部署内「親和」のオフサイト

岩城がエンジン工場で行った「工場オフサイト」のように、特定の部署が部内のメンバーを中心に集めて行うもの。性格としては交流型ではあるが、前者のオフサイトに比べてこちらは成功させるのが少し難しい。というのも、部署単位の場合、職場の上下関係がそのままもち込まれるため、なかなか気楽な気持ちになりにくいためである。

しかし、成功すれば職場の具体的な問題解決にもつながる可能性が高く、エンジン工場が抱えていたような構造的な問題の活路が開けることもある。

これを成功させるためには、すでにオフサイトミーティングを経験している者が数名含まれていたり、ミーティングに理解を示す管理職がいるというような条件が必要である。

(3) テーマ別「知恵出し」のオフサイト

前の二つのオフサイトミーティングが交流型なのに対し、テーマを設定して参加者を募るオフサイトである。

このようなオフサイトは通常一日、もしくは一泊二日で行う。しかし、時によっては半日で行うケースもある。

このオフサイトは交流型とは違う種類の配慮が必要で、性格としては成否が分かれやすい。うまく設定しないと、テーマが具体的であるがゆえに直接の利害関係が前面に出て、場合によっては、一方が他方を攻め、他方はひたすら逃げたり防衛したりするという最悪のパターンになってしまう。

オフサイトミーティングは、前にも述べたように「気楽に」「まじめに」「人の話に耳を傾け」「根幹を成す問題提起がある」という特徴的な要素をもっているが、それに加えて、議論を活発化するためには「毛色の変わったメンバーの参加」も大切な要素である。

第七章　正念場の危機

「目に見えない何かが……か。でも、実際はそうなんだろうね」

「この前の品質会議の時に、どういう理由か教えてほしいと伊倉さんがお聞きになったんですよね。答えるのに困ったと課長が言ってました」

製品企画課の藤田は最近、ようやく社長を〝さん付け〟で呼ぶことに慣れてきた。

「なぜクレーム費が減ってきたか、その理由を特定するのは確かに難しいでしょうね。これといった理由があってそうなったわけではありませんから」

「でも、そういう利益の足を引っぱる数字が月を追って下がってきているというのは嬉しいですね」

じつはそうなんだというように瀬川がうなずいた。

「何となく全体の雰囲気は良くなったなと思ってましたけど、そういう目に見える変化があると張り合いがありますね。僕の仕事なんか、今までみたいに手足だけじゃなくて頭も使うようになったから、そういう面ではすごく変わったと思ってるんですけど、周りを見ると今までとまったく同じように仕事をしてる人もいますしね。本当にこれで良くなるのかな、なんて思ってるところもあったんですよ」

エンジン工場の工長の酒井が素直に告白した。

「ああ、そういえばこの間、ある部長に『瀬川、お前んとこでいろいろやってるけど、どうなんだ、何か変わったのか。いつまでこんなことやってるつもりなんだ』なんて言われてしまいましてね」

「そういう感覚の持ち主は、変化にうといし、自分もなかなか変わらないんだよ。私なんかは、会議でみんなの発言一つを聞いていても、変わってきたなと思うことが多いがね」

午後の日差しが暖かい役員会議室では、社長の伊倉と瀬川を含む三人の世話人がくつろいでテーブルを囲んでいた。若手の藤田と酒井は、伊倉と身近に話をするのは初めてである。しかし、四人という人数の気安さと、気軽に社内の世間話に応じる伊倉のくだけた態度につられて、しばらくすると若い二人もふだんの顔に戻った。

瀬川は機会あるごとに、部課長クラス、若手を問わず広く声をかけて、伊倉や常務の坂巻を囲んでの「まじめな雑談」をやっている。回を重ねるうちに、堅苦しい会議や〝対話〟とは違って、そのたびごとに顔ぶれが変わり、それにつれていろんな話題が飛び出す雑談の場を、伊倉も坂巻も楽しむようになっていた。

上の立場になればなるほど、忙しい日常のスケジュールの中で雑談に時間を割くというのは、じつは勇気が要る。忙しければ忙しいほど、ムダな時間はつくりたくないと思うからだ。心にゆとりがなければ、とてもそんなことはやっていられないというのが本音である。しかし、二人の役員はその場の体験を通じて、社員の現実というもう一つの世界を視野上の死角に入れてしまうことの怖さを痛感していた。

もともと職場の風景というのは、立場やポジションによって見え方が違うものである。特に、上から見るそれと下から見るそれは違いがはなはだしい。

たとえば、風土・体質改革についても「社員が期待するもの」と「経営陣、特に社長が期待するもの」とは、どうしても同じにはならない。一方が、より働きやすい環境を期待しているのに対して、他方は社員が元気で頑張ってくれることを期待する。立場が違うから、期待するものが違うのは当たり前といえば当たり前なのだが、この違いは、しばしば相容れない認識の差になって表れる。

下の人間をがっちり管理して働かせる、いわゆる〝できる〟管理職に対する見方の違いなどは、そのいい例である。特に、そういう管理職が説明能力が高くて、上の心をつかむのがうまい一方で、人の「やる気」などの要素はあまり重視していない場合などは、その管理職に対する上と下の評価は正反対になることが多い。往々にして、下の人間の上に対する不信感は、そうした認識のギャップによって生じ、双方の関係はどこまでも川をはさむ崖のように平行線をたどることになる。

しかし、上の人間はそんな実態になかなか気づかない。上の人間の限られた情報源の一つである会議の場などからは、上から受けのいい管理職が下からどう見られているかといった情報は意外に入りにくいものである。気づこうにも、情報が出入りする窓が開いていないのである。

そして、ようやく悪い話が社長の耳にボツボツ入り始める頃には、じつは水面下で事態はかなり進行していて、組織のあちこちにほころびが出始めている。場合によっては退職者が出ていたりして、すでに手の打ちようがない膿が吹き出す寸前の状態になっていたりするのである。

上から見る風景に慣れてしまうと、知らず知らずスクリーニングされた情報だけに接している自分たちの日常や、その限られた情報の中で判断を行っているという現実にも思いが及ばないことが多い。実際、上層部の人間は、現実との隔たりさえ感じないほど遠い立場に自分を置いていることが少なくないのである。

しかし、雑談の場というのは、立場を超えてみんなが等距離で気軽に話ができる、いわばボーダレスな場である。

ふだんは上層の文化圏に身を置く伊倉や坂巻は、みんながついもらす本音や、それがじつは会社そのものである生の情報にふれては、驚いたり気づかされたりと刺激を受けていた。そして、その場を通じて、しだいに社員との意識の隔たりが埋め合わされていくのを心地好くも感じていた。

この半年の間に、ヨコハマ自動車部品の体質はしだいに変化を見せ始めていた。

相互の不信や意図、背景の理解不足を抱えたまま、形式さえ整えばよしとするような物事の処理のしかたがしだいに影をひそめ、相談し合って納得して物事に取り組む、現実的で意味のあるやり方を志向する人間が増えてきていた。

といっても、もちろん、全社で全面的にそうなったわけではない。今までのやり方に固執して考え方を変えようとしない者、建前や立場にこだわる古い体質を依然、色濃く残している者も少なくなかった。全体で見れば土壌開拓は、勢いこそあれ、まだ鍬のひと振りが入ったにすぎない。ひと握りの蒔かれた種はすくすくと育っていたが、その隣には固い表土の昔ながらの土地が広がっている。そして、割合で言えば、その両方を見やりながらどっちつかずで居場所を決めかねている浮遊層の人間が大多数を占めていた。

しかし、それでも社内の雰囲気は明らかに変化していた。

何と言っても、社長の伊倉が風土・体質改革の必要性を説くだけでなく、自分自身も含めて古い体質を一緒に変えようと言い始めたことが大きい。初めのうちは口だけではないかと値踏みしていたみんなも、しだいに社長の本気を信じる気持ちになっていた。

何か問題が起こった時はもちろんのこと、ちょっとしたことでも気にかかることがあれば気軽に足を運んで話し合う。しかつめらしい文書で招集をしなくても「これについて話したい」と誰かが声を上げれば、テーマを聞いただけで自然に何人かが集まってくる。少なくとも、そうしたいと思えば気軽に人の力を借りることができる、そんな相談し合える雰囲気が生まれていた。

気軽にやりとりできる間柄ができれば、人や情報の往来は盛んになる。そして、交流の場も次々と生まれていく。そんな自己増殖的な〝場を生む仕組み〟の基礎になったのは「まじめな雑談」の時間だった。

あくまで管理職の意識レベルや、しっかりした世話人がいるかどうかにもよるが、それを前向きにとらえた部や課では、週に半日から一日程度の時間を取って、気楽でまじめな雑談を行うようになっていた。

そういう「まじめな雑談」の習慣が定着したのは、効率が悪いばかりの会議の数が減ったことと、とりわけ、大人数で集まる会議の時間が短くなったためである。それによって時間的な余裕が生まれた。

大勢の人間が集まる大会議では、議論しようにも物理的に人数が多すぎて、議論に参加する人間の数は限られてしまう。実際、出席者が二十人ぐらいいても、睡魔が襲う昼下がりの会議など、ひどい時には活発に発言する者がわずか三、四人ということもよくあった。

といっても、そういうムダな会議は自然発生的に整理されていったわけではない。時間の余裕をつくるための知恵として、瀬川が原島に相談しながら、坂巻に会議のやり方について問題提起をして見直しを始めたのである。

「実際、会議にどのくらい時間を取られてるんだろうという話になって、課長グループで一週間ごとに会議時間の記録を取ってみたんです。その結果なんですけど、課長クラスでは人によっては週の半分が会議の時間です。しかも、みんなの実感として充実感の残る会議は数えるほどしかない。まず、この問題に手を入れていきたいと思うんです」

「そうか。会議が多すぎるという愚痴は雑談の時にもよく聞いたし、確かに俺だって会議ばかりだものな。何とかしないといかんなとは思っていたんだ。で、具体的には何をやるんだ」

「まず、会議の事務局をしている人に集まってもらって、会議のやり方に関するオフサイトをやりたいと思っています」

「ああ、そうだな。社長には私のほうから報告しとくからすぐにやってくれ。何かあったら応援するよ」

職場単位の小規模な会議は自分たちの裁量でどうにかなるが、問題なのは大人数の会議だった。

大規模な会議のやり方を変えるには、まず会議の主座と事務局の意識を変えなくてはならない。瀬川は伊倉社長の了解を得たのち、めぼしい会議の主座と事務局に集まってもらってはミーティングを繰り返した。

見直し議論のポイントは、会議の規模に見合った目的、内容の適正化である。

「単純に考えて、二時間あろうと三時間あろうと、出席者が二十人以上もいる会議で突っ込んだ議論ができるとは思えません。個別の論議などは別の場でやったほうが適切だと思います」

事務局の人間の中には出席者以上に会議に煩わされているはずなのに、自分の領域を犯されるような気分になるらしく、従来のやり方に固執する者もいた。しかし、大勢はやはりムダを感じていて、根気よくオフサイトを繰り返しているうちに、議論は従来会議の問題点の洗い出しと会議の新ルールの検討のほうに進んでいった。

大会議ではあまり突っ込んだ議論に踏み込まないで、基本的には報告、伝達等を中心にする。そこで個別の議論に踏み込んでしまうと、多くの場合、実質的な会議の参加者が限られてしまって発言者も数人になってしまう。あとの人間は、ただ聞いているだけである。こういう場の使い方をすると時間のムダが出る。

もちろん、データの報告のように聞いているだけでも意味のあるものはあるから、それは例外扱いとして、**人数の多い会議は「情報を共有する機能」に特化する**ことにした。通常の場合は、発言は質問程度にとどめておいて、課題だけを整理する。突っ込んだ議論はあえてしない。報告だけなら、一時間もあれば会議は終わるのである。

ただし、その場合、意思決定する必要があったり、中身をもっと検討する必要がある課題は明確にして、意思決定が必要な課題、要検討の課題のそれぞれに一人の責任者を決めておく。そして、大会議が終わったあと、責任者を中心として課題ごとに数人で集まり、意思決定すべきものは決めておく。さらに突っ込む必要のある課題は、後日、また何人かで集まって徹底的に議論する。

そうやって、目的に応じて場を分化させ、内容と時間の密度を上げるのである。

この**徹底的に議論する場が「ミーティング」**である。

今まで、大会議で決めようとしていた時は、結局、課題が処理しきれずに積み残されていくため、何度も同じ議題が繰り返されることが多く、会議の効率が悪かった。それに対して「衆知を集めて一人で決める」場合は、議論にけっこう時間を取ってはいるのだが、ぐずぐずして決まらないということがないため気分的な閉塞感がない。参加メンバーの頭は気持ちよく回り続けているから、かけた時間に見合うだけのアイデアが出た。

ともあれ、会議のやり方を見直して新ルールに変えたことで、公式の会議の時間は半分程度に減っただろうか。そして、ムダを削った余裕時間に新たに生まれたのが「まじめな雑談」だった。

まじめな雑談の中から出てくるのは、かたちのうえでも気持ちのうえでも未整理の生情報や問題意識である。それらを日常的にぶつけ合うことで情報に対する感度は自然に高まっていく。そして、必要を感じた者同士が「もっと○○君とよく話し合ってみたら」「一度会ってみよう」と自発的に場をつくって話し合うようになると、今まで気がついてはいたけれど動かなかったことが動き始めたり、思いもよらぬ動きが出てきたりして、仕事のしかたもパターンが変わっていった。

直接的に課題を解決したり処理したりする場ではないけれど、課題という制約がないだけに広い範囲の問題を吸着し、ノルマではなく自然な問題意識と気軽なやりとりによって、問題解決の周辺環境を整える作用をする「まじめな雑談」は、言うなれば「ハンドルの遊び」の時間だった。

カルチャーの変化

そんなハンドルの遊び時間をひと足早くビルトインした生産部門では、自分たちのいろんな問題を相談し合って自律的に解決していくという習慣が他部門に先行して根付きつつあった。

以前なら、たとえば、生産ラインの前工程に原因があってトラブルが起こっても、直接、前工程と話し合うことをせずにスタッフを通じて相手に伝え、対策もまたスタッフに任せて、自分たちの手と目で問題にふれようとはしなかった。しかし、今のエンジン工場などは、ラインで何か問題が起きると前後の工程の人間がすぐに集まって話し合い、対策のために知恵を絞る。それだけではなく、トラブルを事前に予防するための話し合いをしたり、問題発見のための多面的な検討もする。かつては、みなしのマンアワー（生産性目標）に反発して数字のつじつま合わせで自衛していた改善も、職場で話し合って保全チームをつくる、あるいは工長クラスが相談してヨコで応援し合うといった現場本位のやり方に変わると、以前のような後ろ向きのベクトルはなくなった。

工場が前向きなムードに変わった一番の要因は、やはり、ライン運営が現場の工長に任され、管理職が余計な口出しをしなくなったことだ。工長たちは、本気で任されたのなら「よし、やろう」という気になって、自分たちで計画し、実行するようになった。それにつれて、仕事といえばラインに張りつくことだった製造職場の仕事観も大きく変わった。

昔から工場の現場では、大小問わない有事に備えて、食事と休憩以外は工長がラインを離れることなど考えられなかったが、最近では管理の見直し、人の手配、技能教育の問題……と工長たちが自分で考えては「ちょっと話そう」「あいつも呼んでこい」と集まって**は知恵の貸し借りをする。**現場の事務所や休憩所では、いつもどこかしらのメンバーが集まって思い思いにミーティングする光景が見られ、それに対して今まであった「勝手に相談するな」「さぼっている」と咎めるような空気も感じられなくなった。

その上の管理者である課長たちも、部下に資料づくりを強制し、細部にわたる進捗管理の報告会になっていた課内会議を見直して、ごく短時間の連絡会に変えた。また「まじめな雑談」を通して全社的な課題にも目を向けるようになった彼らは、開発部門の関連部署に働きかけて、一緒に設計のやり方を変えていくチーム活動を始めたりと、自分たちの行動を変えることで価値転換をメッセージした。

単に一人ひとりが目の前の仕事に身を削るのではなく、相談し合って職場で知恵の芽を育て、次に、先につながる体力を高めながら仕事をする。工場の仕事に対する考え方は大きく転換され、それがじわじわと共有されつつあった。

言うまでもなく、**周りがどんなに変わろうとも、自分の仕事をかたくなに変えようとしない人々**の一群はある。管理職の中には変化の渦中にいても、それに気づこうとしない者もいた。しかし、変化はしだいにその人たちをものみ込もうとしていた。

一方、スピードを最大の課題にする開発部門では、一人が一つの仕事に最後まで責任をもつという一貫したマネジメントを試みるなかで、相談し合って仕事をすることの効果に気づき始めていた。

管理ポイントに責任を集中させる一極集中体制を解いて、**仕事単位でそれぞれに責任者を決める分散方式**を導入した開発では、判断、意思決定に関わる頭数が飛躍的に増えた。

しかし、新ルールにおける責任者は、従来のように曖昧な管理責任者ではない。**一つの仕事に対して一人の責任者が対応するという明確な関係**で、推進・完遂の責任を一人の人間がもつから、意思決定において実感されるリスクも明らかに大きなものになる。開発の管理者たちは模索に継ぐ模索の実践の中で、初めてともいえる責任の重圧を感じ、自分の力、協力者の力の存在に気づかされていた。そして、その経験を通じて、これまでのように〝それぞれの勝手な判断〟に基づいて仕事を動かすのではなく、何を大切にし優先すべきなのかという共通認識、つまり、判断基準を共有することによって仕事を動かしていくやり方のほうが明らかに失敗のリスクが小さく、仕事も進めやすいと考えるようになった。

そこで生まれるチームワークは、部分最適を追求する分担ではなく、一貫して判断、意思決定に伴うリスクを援護し、軌道修正していく知恵のチームワークである。それがベースにつくられていなければ、実行段階で〝即決〟に踏みきれないことに気づいてからは、いつでも気軽に相談し合える関係をつくることの意味が、より実際的に理解されるようになった。そして、この新しいルールへの共感者が増え、組織内に浸透していくにつれて、単位仕事に関わる知恵の密度が上がり、今までにない早さで進行する仕事が目につくようになってきた。

「まじめな雑談」の場はまた、協力企業との間にも拡大しようとしていた。

こういうことがあった。

新エンジンの開発計画がある。新しいエンジンだから当然、性能も機能も高めたいと考える。ここをこうしたい、ああしたいと部分部分の設計を変えて、変更に伴う予算を単価五千円増しにして協力企業に発注する。

それに対して協力企業は、それではとてもできない、せめて一万円はほしいと言う。「五千円でできるはず」「いや一万円かかる」と話は平行線をたどる。みんな、そこに問題があることは認識している。けれど、自分ではなく「誰かが」どこかで解決するだろうと思っている。誰も「自分が」やらないと問題は解決しないとは思っていない。こういう問題がいくつも残って積み上げられていく。

そして、途中で集計してみると、トータル四十万の予算に対して六十万かかることにもなっている。しかし、原価管理者は「自分たちはちゃんと原価をはじいて、しかるべきところに報告している」と言う。やるべきことは（形式的には）やっているのだから自分のところに責任はないというわけだ。

誰も責任をとらない。お互いの主張は平行線のままで、ギリギリになってあわてて動き始める。しかし、その時はすでに遅しで、あとはバタバタである。やみくもに設計の山をつくって、結果的に不具合が出て、今度はその対応に追われることになる。分かっていながら、いつも同じ過ちを繰り返してきた。

この悪循環を断つには、直接的には、最初の段階で責任体制を明確にすることが大切だが、間接的には「まじめな雑談」のような場をもって、利害や立場にとらわれず、お互いが腹を割って話し合えるような相談し合える関係をつくっておくことが有効である。

誰もがまずいと分かっているのに、無為無策の時間だけが過ぎていって手遅れになる。いつも後悔はするが、悪化した関係や構造を変えるいい方法が見つからない。それが「まじめな雑談」を取り入れることによって融和され、関係が変化していく。

「対立あるところに雑談なし」。そんなコチコチの関係じゃ、いい仕事にならないのも当たり前だ。今度、損得抜きで一回、ざっくばらんに話をしてみようよ」

そんな提案が出て、協力企業との間でも「まじめな雑談」が始まったのである。

生産にしても開発にしても、これまでは個々が内にこもって自分で答えを出すという仕事のしかたをしていた。集団、チームでありながら、仲間の知恵や力を借りて一緒に仕事をしていく方法をもたない。それどころか、お互いに情報を隠し合ったり、時にはあえて間違ったデータを渡したりすることさえあった。そんな牽制し合う関係が、結果的に責任をうやむやにして集団パワーをつくり出せない、曖昧なカルチャーにつながっていた。

しかし、やりとりの習慣になじんでいくと「あいつに相談しよう」「あそこの話も聞いてみよう」と違う見方、考え方をもった人間に働きかけ、一緒に答えを創造していくやり方もあるのだということに気づく。一見、何ということもない「まじめな雑談」習慣は、組織のカルチャーを明らかに変化させていった。そして、それが新たな機能として組織の中に組み込まれていくにつれて、社内には目に見える変化も起こるようになった。

たとえば、人事部が事務局となっている管理職試験のテーマも「風土・体質改革について」といった内容に様変わりした。マネジメント研修なども従来の押しつけスタイルではなく、やりとりを重視したオフサイトスタイルでミーティング風のものをやるようになった。

人事も改革しなければという思いは、以前から研修担当部長の山沢の胸の中にある。したがって、今までも、彼は彼なりにやれることについては最大限にトライしてきたのである。

が、残念なことに、奥底の本質的なところでは従来の枠組みから脱しきれていなかった。つまり、価値観の押しつけや、答えをノルマとして要求する研修の姿勢である。いくら工夫を凝らしても、いくら技術的なバリエーションを増やしても、そのパラダイムが変わらなければ受講者にとって研修は苦痛なものになりがちだ。研修案内を出すたびに「赤紙が来た」と嫌悪する、やらされる側の受け取り方は変わらなかった。

そういう状態だったから「フリーテーマ、フリーディスカッションで発表もなしの研修を認めるなんて、人事もずいぶん変わったもんだね」とみんなは無反応ではなかった。重い衣をまとった秩序の牙城たる人事のわずかながらの変化は、少なからず社員たちを驚かせた。それは、これまで受け身に甘んじてきた社員たちが主体的に行動を起こすことで、結果として、自らの環境に変化を起こした象徴的な出来事でもあったのだ。心の壁と組織の壁が取れて、やりとりや情報流通の範囲が広がると、社員の間には「もっと知りたい。もっと意味のある情報はないか」という欲も出てきた。

期末にさしかかると、若手社員から「会社の財務状況を詳しく知りたい」と声が上がり、彼らや世話人が中心となって経理部の人間を呼んで小グループでの勉強会が始まった。さらに、会社の方向性を確認しようと、経営企画部長をかつぎ出して社内講演会が開かれる。そうした社員の動きが活発になると、内圧の高まりによって否が応にも**体質はオープン**にならざるを得なかった。

そして、鋭敏になったアンテナは会社の枠を突き破って外部にも向けられるようになる。

生命力のたくましさ

職場やミーティングの場では、しばしば新聞、雑誌の記事が話題にのぼり、広く仲間に知らせたいと思う者はコメントをつけてコピーを配ったりした。勉強会の参考になりそうな自薦の文献リストも短評を添えて出回る。さらに、情報を取るだけにとどまらず、記事などで取り上げられた話題や人物を自分の目で確かめたいと思う者も出てきた。

工場のあるグループは、改善活動に工夫を凝らす近隣のメーカーの話を聞いて「会ってみたい」とメンバーが言い出し、声をかけて現場同士で交流を始めた。また、新しい設備システムを導入した話題の工場を、生産技術部と誘い合って見学に行く者たちも出てきた。個別に専門知識を深めるために大学教授を勉強会に呼ぶ部署もある。そうかと思えば開発の課長クラスは、企業の経営者や実務者、評論家を招いての講演会を定期化した。瀬川をはじめとする世話人たちも「いろんな分野の人と接して視野を広げよう」と外部に目を向け、異なる分野で異彩を放つさまざまな活動の中心人物を呼んで、意見交換を始めた。

まだ、みんなが社員同士のやりとりにも慣れない頃は「おもしろそうだから一度話を聞いてみませんか」と原島由美子が水を向けても「他から学ぶなんて早すぎる」「相手にしてもらえるレベルじゃない」と後ろ向きな反応が返ってきただけだった。その頃と言えば、意識はまだ自分の殻の中にあって、人も情報も含めた出会いの中から何かを吸収していく開放性がない。気後れがあるうえに、気楽にといっても気楽にまじめな話をすること自体が未知で、気持ちがどうしても構えてしまう状態だった。

「きちんとやりとりするというのは、相手を負かすとか優位に立つとか、そういうことことは違います。それが分かって肩の力が抜けたんでしょうか。みんな、**相手が誰だろうとコミュニケーションできる自信がついた**みたいです」

最近のみんなは自分たちが希望して多彩なゲストと交流している。世話人の瀬川は、そこにもはっきりとした変化を感じ取っていた。

そういう活動を活発にやれる理由の一つは、わずかではあるが改革のための推進予算がきちんと取られていたことである。改革推進室が設置されると同時に「予算がなくては何もできない。広範な改革の推進、支援という仕事の性格上、使途は問わない」という坂巻常務の考えで、二百万円の使途を特定しない予算がついた。その活動資金は、黙って公平に分配されるのではなく、欲しい者が手を挙げて取りに行く。自主的に活動する人やグループが直接、瀬川に相談して必要経費を負担してもらうシステムである。

動けば何かとお金が出ていく。交通費程度でも毎回、個人で負担するのはつらい。かといって部や課の予算を使おうとすると、上司の許可を取るのが大変なセクションもある。そういう意味で、本当に必要な者が自由に使える予算というのは、わずかであっても大きな意味があった。

そういう環境が整っていたこともあって、足を伸ばして外部のネットワークに積極的に参加する人も出始めた。柳瀬の部下の課長も若手の技術者をつれて、横浜市経済局が主催する異業種交流の場に参加していた。そして、そこで知り合った特殊な高温空気燃焼技術をもつ地元企業の技術者との出会いは、双方の仲間を巻き込んでの勉強会に発展していた。

「感度もよくなってきましたね。あの墨田区の町工場との交流だって、もともとは瀬川さんがテレビで観て、みんなに紹介して、それからアッという間でしょう。最近はほんとに動きが早いですね」

久しぶりに時間を取って、瀬川は長野と近況報告かたがた情報交換をしていた。

二月の初め、製造では課長クラスのキーマンが世話人となって、中小企業の工場が集積する墨田区の工場ネットワークのメンバーと交流を始めていた。瀬川のメールを見たエンジン工場のある課長が、部内の情報交換会で話題にしたのが発端である。

「それ俺も観たよ。三、四人の工場で社長も現場に入ってモノをつくってる。量産工場じゃできないような細かい注文ばかりなんだけど、自分たちで設計も考えてパパッと設備をいじって、一品料理の仕事をこなしていくんだよね」

各地で起こる脱系列後の下請け企業の動きに工場の人間は敏感になっていた。

「大田区の工場なんかもそうだけど、あれって究極の小回りビジネスじゃない？」

「すごいよね。現場の人間が経理もやったりして、貧乏暇なしとか言いながら、でも自分の腕と裁量で会社を支えてるんだって誇りをもってる」

「職人さんにしてもモノづくりにかけては負けないという自信が感じられるよね。これで世界を相手に生きていくんだって、みんな目がギラギラしてる。あのエネルギーはどこから来るんだろう」

話しているうちに興味が高まって、誰かが「会ってみたい」と言い出した。それを聞いて、以前、仕事で墨田の町工場とつき合ったことがあるという課長が「俺、いっぺん連絡取ってみようか」と世話人を買って出た。それから彼は瀬川に相談し、ミッション工場にも話をもちかけて、工場を中心に希望者を募った。

もともと、話をすれば自分たちにない何かを発見できるのではないかと軽い気持ちで設けた場だから、これといったテーマがあるわけではない。にもかかわらず、相手が八人に対してヨコハマ自動車部品からの参加者は二十一人にもなった。

お互いに取り巻く環境は厳しく、また下請けという境遇にも変わりはないが、ヨコハマ自動車部品は一千人を越す規模である。それに対して、従業員数がひとケタも珍しくない経営基盤の弱い町工場は、満身創痍で操業していた。しかし、小さな所帯の彼らには、社長以下、従業員が一体となってモノづくりに専心し、**一人何役もこなして多様なニーズに応えていく機動力**がある。さらに、それらの中小・零細企業には、**地域において結びつき、多能な分業ネットワークで生きていこうとする知恵**があった。その**生命力のたくましさ**のようなものがヨコハマ自動車部品には欠けている。町工場のいろいろな話を聞くと、会社を良くしよう、支えようといった気概が自分たちにはまだまだ足りないような気がした。

「やっぱり会社が大きいと、働く人間は自然に歯車のようになるのかなあ」

「俺たち、ほんとに危機感あるんだろうか」

組織の人間に一抹の先入観をもっていた墨田の面々は、そう言っては話し込むヨコハマのメンバーを見て「こんな青い話をまじめにする会社とは思わなかった」と最後に本音をもらした。そして、その後も交流会は回を重ねていったのである。

「この前やった財務の説明会で経理部が言ってたように、今期はみんなの努力で何とか赤字幅が縮まりそうだ。もうひと踏んばりすれば、来期以降は何とか利益を出せるかもしれないぞ」

二月の開発会議の席で、川久保はみんなに業績の見通しを語った。このままいけば、きっと会社は良くなる。確実な変化の手応えをつかんだ社員たちも、素直にそれを信じて希望に目を輝かせた。

社長交代から丸二年、対外的にも赤字会社の汚名を返上して新生・ヨコハマ自動車部品をアピールしなければならない。経営は正念場を迎えていた。

余命六か月の宣告

その矢先、会社の土台を揺さぶるような出来事が起こった。受注量で約八割を占める完成車メーカーが突然、生産開始があと一年六か月に迫った新規開発エンジンの納入価格の三〇％引き下げを要求してきたのである。同時に、現行エンジンについても六か月の猶予で同率の値下げを要求してきた。

あわただしく招集された臨時の経営会議で、営業担当専務の篠宮からそれを聞かされた役員たちは、事態の急変に顔色を変えた。

前日、メーカーの購買担当役員に呼ばれて出向いた篠宮は、部品購入費の大幅な引き下げを目的に、来期から系列外取引を本格化するというメーカーの方針を告げられた。

「完成車メーカーにとってコスト改革は今日の重要な課題です。すでに国内需要は頭打ちで今までのような成長は望めない時代になったし、世界市場においても外国メーカーと互角に戦っていくには国際基準を満たすファンダメンタルズの裏付けが必要になります。つまり、これからは世界に通用する品質と価格とCS、そしてコスト競争力がないと我々だって生き残っていけない。そういう時代には『日本では』『日本だから』という限定的な発想は意味をもたないばかりか、むしろマイナスになるんです。

昨年、社長が表明した世界最適調達も、その基準にかなうパートナーと手を組んでいこうという方針にそったもので、競争力のある価格をつくり出すためには、既存の取引先についてもシビアに見直さざるを得ないと考えています。いずれ発表しますけど、来期以降は、その考え方を具体的にコスト削減目標に織り込んでいくつもりですし、我々としては一刻も早くその成果を出したいと思っています」

そして、篠宮の前に一枚の部品原価リストが置かれた。

「しかし、現在、取引願っているみなさんとは長くおつき合いをしてきました。ですから、今回はまず、こちらの条件を提示して猶予期間の間にご検討いただきたいと思って、個別にお話しさせていただいているわけです」

メーカーの購買から提示された目標低減率は三〇%、しかも猶予期間は六か月しかない。いつもは強気の篠宮でさえ、それを見るなり言葉を失くした。

「いきなり三〇%の価格引き下げなんて、そんな無茶な話はないでしょう」

「要するに半年で仕切り値を今の三分の一にできなければ取引は打ち切りということです

か。しかもコストだけじゃない。納期の絶対厳守を前提に、不良品の比率やクレーム対応の早さ、対処のしかたもすべて評価の対象にするなんて、そんなの、初めから無理と分かってて用意した筋書きとしか思えない」

驚きのあまり声を荒げる役員たちに篠宮はうなずいた。

「そう、無理を承知で言ってるんだ。完成車メーカーは本気だよ、本気で我々を切る気だ。メーカーにとって、いくら資本系列下にあるといっても、エンジンをつくっているのはうちだけじゃない。うちが占める割合はせいぜい二〇％だ。メーカーは内製化を進めることでの対応もできるだろうし、外国からもすでに引っぱっている」

いつになく淡々とした篠宮の口調に、覚悟のようなものを感じてみんなは慄然とした。社長の伊倉も一点を見つめて思いに沈んでいる。

「それは本当に決定事項ですか、話し合いの余地はないんですか！」

生産担当の仙石常務が身を乗り出して責めるように問いただした。

篠宮が黙って伊倉の顔を見た。伊倉が静かに首を振った。

「知らない仲じゃないから昨日すぐ電話で話したよ。うちは全力を尽くすし、今はそれだけの体力もあるから、もう少し時間をもらえないかって。段階的に下げてもらえないか頼んでみたけど全然だめだった。他の協力企業にも聞いてみたけど、どこも事情は同じだ。この件に関しては、メーカーは完全に頭を切り替えてる。今回の条件がもう彼らのスタンダードなんだ」

今の体質なら一五％のコスト削減は不可能ではないかもしれない。そこまではあり得る話として算段はしていた。しかし、まさか半年で三〇％とは……。

〈時間がなさすぎる〉その思いばかりが昨日から伊倉忠文の頭を去来していた。

来期の計画は白紙に戻った。

グローバル化の進展が系列の下請けメーカーにどう影響するか、役員たちは頭では分かっているつもりだった。しかし、いざ現実に自分たちの身にふりかかってくると、否定していたはずのしがらみが頭をもたげて、割り切れない思いが噴出した。

「これまで一心同体でやってきた相手を、こうも簡単に自分たちの都合で切るのか」「やり方があまりに一方的すぎる。このやり方は関係の清算としてもフェアじゃない」「メーカーはいつも立場の弱い我々に無理難題を押しつけて、それを自分たちの利益にしてきた。我々にだけ血を流せというのは下請けいじめ以外の何ものでもないじゃないか」

狼狽はやがて怒りに変わり、恨み言が次々と口をついて出た。しかし、怒りであろうと恨みであろうと言葉を吐けば吐くほど、自分たちの運命は動かしがたいものになっていく。「会社が潰れる」という危機感は経営トップの冷静さを奪った。

「やらなきゃ会社は終わりなんだ。何が何でもやるしかないだろう」

鼓舞するように言い聞かせても知恵はない。

「これだけ時間がないとなると固定費を削って労働時間を増やすしかない。やむを得ないが人を減らして、人件費も削らなきゃ無理だ」

「それで利益が出せるのか。本業で正常に利益が出せなきゃメーカーとは言えないぞ」

「だからって、現実には時間も金もないなかでやらなきゃいけない、それが絶対条件なんだ。抜本的なコスト削減ができないとなると他に方法がないだろう」

「でも、それをやると三年前と同じ状態に戻ってしまう。それじゃ、会社は死んだも同然じゃないか。今までやってきたことを無にしないためにも何か方法を考えよう」

「会社存亡の危機だよ、きれいごとなんか言ってる場合じゃない。器そのものが壊れてなくなったらそれこそ終わりだ」

恐怖にかられて議論は守勢に傾いた。

〈所詮、こんなべらぼうな要求に耐える妙案などない……〉

「いずれにしても無傷では済まされないだろう。再度の合理化もやむを得ない」

無念の表情で伊倉がつぶやいた。

役員たちは重い気持ちで突きつけられた難題をもち帰った。これからが勝負という時に降って湧いた最悪の知らせだった。

ただし、あきらめない人間もいた。

〈このままでは過去の二の舞いだ。嘆く前にみんなでやれるだけのことはやろう。そんな

簡単に負け組になってたまるか〉

会社がぎゅっと縮んで生気が衰えていく、そんな姿しか見えない経営会議の議論に、負けず嫌いの川久保常務は反発していた。とても黙ってはいられなかった。

「工場もせっかく元気になったのに。また振り出しに戻って、どん底を舐めるなんて我慢できますか」

みんなが出て行ってもその場に座り込んだままの生産担当の仙石常務に、川久保は声を強めて思いをぶつけた。何といっても、仕組みの見直しを迫られる開発とともに、工場の対応力は今後の大きな焦点になる。至急に転回を迫られる工場をハンドリングしなければならない生産トップの仙石は、これから生産をどうしていけばいいのか途方に暮れていた。

「こんな事態になって、みんなをどう導けばいいのか。正直なところ私には自信がありません」

青ざめた仙石は体裁を繕うのも忘れていた。

「思いつかないなら話し合いましょう。こんなこと、とても上のひと握りの人間だけで答えが出せる問題じゃない。生産でもない開発でもない全員の問題なんだから、こんな時こそ一つになるべきです」

仙石を励ましながら、川久保自身も勇気を奮い起こそうとした。

〈まだ不可能と決まったわけじゃない。これからの百八十日にもてる知恵を集結するんだ〉

上は何か隠してる

完成車メーカーから途方もない原価低減要求が来た。どう計画をいじっても容易には手の届かない目標である。経営計画の組み直しを検討する最初の対策会議の席で「合理化だけではとても達成できません」と経営企画部長の五十嵐は首を振った。

その事実がトップの口を重くした。しかし、社員たちには早急に協力を要請しなければならない。この悪い知らせをどう説明すればいいか、篠宮は頭を痛めた。

それから数日たって、部長以上を集めて全体会議が開かれた。今回の非常事態の説明と各部へのコスト削減要請が目的である。会社の置かれた状況が激変するなど予想だにしない出席者は、いつもながらに型通りの議事進行を待った。

冒頭に、篠宮が「つい先日、メーカーから厳しい原価低減の要請があった」と話し始めても、みんなはさほど注意を向けなかった。下請けメーカーにとって、それ自体は別に珍しいことではない。製造コストの削減に火花を散らす完成車メーカーの競争状況を考えると、年を追って価格引き下げ要求が厳しくなることはみんなの意識のうえでは織り込み済みだった。

ただし「目下、経営企画のほうで今期の計画を組み直している最中だ」と篠宮が経営計画の修正についてふれると、「え？」という視線が集まった。

「そんな高い目標なんですか」

エンジン工場長の岩城がすかさず質問した。一瞬の間を置いて、篠宮はひと息に言った。

「すでに昨年から、メーカーが世界最適調達に本腰を入れて商品の国際競争力を高めようとしていることは諸君もご存じだと思う。メーカーの購買戦略に内外の隔てはなくて、部品調達は世界で一番安い価格を追求する流れに変わっている。我々に対しても例外ではなく、世界のメーカーと同等あるいはそれ以上の価格競争力が要求されている。つまり、これからの時代は自分たちの基準で価格設定できる時代じゃない。理屈抜きにドンと出てくる国際価格を受け入れて、それを基準にして勝負していかなければならない。これは、うちだけじゃなくどこのメーカーも同じだけど、そんな厳しい環境に我々は直面しているわけだ。

今後はそういう覚悟で頑張ってほしいというのが今回の完成車メーカーからの話で、したがって、今まで以上に厳しい要求があったと理解しておいてもらいたい。このところ我が社は減益が続いているから、今の完成車メーカーのコスト削減要求に応えるためには、並みではない、血のにじむような努力が必要になると思う。だからといって、何も外国の企業なみに単年契約にするとか、そこまで急に国際化するわけじゃないが、総力をあげて取り組まないとクリアできないハードルであることは確かだ。それを肝に銘じて、これまでやってきた業務変革をさらに進めると同時に、部門間でよく話し合って、よりいっそうのコスト削減に努力してほしい」

……伝わってくるようなこないような篠宮の話だった。

岩城ならずとも聞いていた者たちは、どこか答えをはぐらかされているような印象を受けた。いつもは、うるさく数字を口にしてみんなを引っぱる篠宮が、なぜか数字にはふれようとしない。肝心なところで歯切れが悪く、終始、建前論で押し切ろうとする篠宮に、みんなは逆にいぶかしさを感じていた。

そんな聞き手の心理を解さない篠宮は、あえて突っ込もうとする者もなく場が沈黙したことで、やれやれと胸をなで下ろした。そして、会議の終わりを待たずに口実をつくって退室したのだった。

その不可解な態度があらぬ憶測を呼ぶことになった。

「目標数字は伏せといて、やらなきゃ死ぬの生きるのという話だろ。あのようすだと相当やばい話が来てるんじゃないか」

「五%、一〇%なら公表するはずだ。それが言えないってことは、言うと収拾がつかなくなるような数字の可能性もあるな」

職場に戻った部長たちは、篠宮の話の裏をあれこれと探り合った。

「メーカーが無理な要求をしてきているらしい」「専務は必死でごまかそうとしていた」「もしかしたら会社は危ないんじゃないか」

それを聞いた社員たちの間にも「下請け淘汰だ」と動揺が広がった。もし、親メーカーに切られるようなことがあれば、会社は命綱の受注を断たれる。たとえ噂話にしても、ことに受注量の増減が即座にラインに表れる直接部門は、動きを止めた空っぽのラインを想像して、手が震えるほどのショックを受けた。

「会社が危ないって、俺たちはどうなるんだ」

「合理化だって今度はこの前どころじゃないんだろ」

「実家が商売してたり、親と同居してたり、持ち家があったりする人間から希望退職を募るって噂もあるぞ。人事はもうリストアップを始めてるらしい」

「うちの部長は賃金カットもあるだろうって言ってた。残ったら残ったで労働条件は厳しくなる一方じゃないか」

昼休みともなると、他部署の人間も引き込んで社員たちは情報を交換し合った。職場の雑談タイムも、その話題一色である。けれど、もち寄った各部の情報を合わせても何も見えてこなかった。

情報に死角があると疑心が不安を呼び寄せる。

「上のほうでこっそり対策会議をやってるらしい」と情報が流れれば、それに尾ひれがついてまた深刻な話になる。

「部長、来期の計画はいつ出るんですか」

「組織はどう変わるんですか」

「物流を切り離すって本当ですか」

「僕らはこの先どうなるんですか」

部長たちはミーティングに引っぱり出されては細々とした質問責めに遭った。その部長たちも正確な情報をもっていないという点では同じだった。そうやってみんなが情報を集め回って結局、確認できたのは「何か途方もなく悪い話があった」ということだけだった。

みんなが疑心暗鬼になって噂が噂を生んでいる。問題の全社会議から数日が経過しても、落ちつくどころか「経営不安説」は過熱する一方だった。

そんなみんなのようすを見て、このままではまずいと感じた瀬川は長野に相談した。

「上は社員との情報共有をどう考えているんでしょうか。たとえトップシークレットにしても隠し通すには限界があることですし、隠すことが本当に得策かどうかという問題もあります。社員の不信感が大きくならないうちに、ちゃんと話をするように上に言ったほうがいいんじゃないでしょうか」

「隠すつもりじゃないようだけど、目先のことに手を取られてしまって、上の人たちはそこまで気が回ってないようですね。瀬川さんのおっしゃるとおり、私も早いうちにきちんと情報共有したほうがいいと思います。ただし、本音でやらないと意味がないから、公式な場ではなくてインフォーマルのオフサイトスタイルでやるほうがいいかもしれませんね」

二人は『情報提供会』の場づくりについて手短に打ち合わせをし、長野がその旨を伊倉社長に話すことにした。

一方、瀬川は情報提供を兼ねて、山沢と一緒に坂巻のところへ報告に行った。

「そうか。噂が勝手に一人歩きしてしまって、いたずらに不安をあおってはまずいな。今のような状況では、情報をきちんと伝える方法をもつことが大事だと長野さんからも助言があったよ。いや、今回ばかりは気がつかなかった。情報提供会は有志でいいんじゃないか。やるからには真剣に危機感をもってやってくれ」

「分かりました。あと、それだけじゃなくて、これからはトップが何を考えて何を決めようとしているのか、どういう方向でそれを考えているのか、途中のプロセスも知りたいと思います。どう考えたって時間がないし、会社が生きるか死ぬかの瀬戸際ですから、できるだけ経営と歩調を合わせてロスなく動いたほうがいいと思いまして」

「みんな運命共同体だし、建前くさい配慮をしている余裕もないしな。分かった。上のほうの情報の取りまとめは俺がやることにして、今後は要所要所で経過の情報を君たちに伝えるよ」

話が終わったところで、思い詰めたように瀬川が切り出した。

「あの、場合によっては改革推進室を閉めることも考えなきゃいけないかもしれませんね」

今の状況を考えるとそれもやむを得ないだろうと、瀬川は早めに腹をくくっていた。

「かたちはともかく機能はずっと残すよ。第一、うちはまだ終わっちゃいないんだぞ」

不吉なことを考えるなと言わんばかりの坂巻の口調に、瀬川は無言でうなずいた。

期末が二週間後に迫るあわただしい時期、瀬川と川久保が世話人となって開いた『来期を語る情報提供会』には予想以上に多くの人間が集まった。有志を募ったにもかかわらず職場ぐるみで反応し、工面して代表を送り込んできた部署もあった。本当のことが知りたい、参加メンバーの関心はその一点に集中していた。

情報提供の大半は川久保が行った。

「経営にあたる我々も非常にショックを受けました。いまだに、これといった策を考え出せないでいるんですけどね」

静かに口を開いた川久保は、ゆっくりと時間をかけて今回の一件について説明した。その口から「三〇％の原価低減」というメーカーの要求内容が明らかになったとたんにみんなは顔色を失った。さらに、六か月間の猶予しかないと聞くに及んで、場はしんと静まりかえった。

「それ、達成できないとどうなるんですか」

分かっていながら確かめずにはいられない。

「うちは戦線離脱ということだ」

「最初にやるのは、やはり合理化ですよね。大幅に人を減らす予定でリストアップも始まってると聞いていますけど」

「誰がそんなこと言ったの？　会社はそんなこと、ひと言も言ってないよ」

「じゃ、研究センターの土地を売るというのは？」

「ほんとに来期から賃金カットするんですか」

川久保は苦笑した。

「すごい話になってるな。いろんな噂が出てるみたいだけど、今のところそういう事実はまったくない。もちろん合理化は避けては通れないし、組織のスリム化も考えられる。でも、やるときは事前にちゃんと伝えるし、みんなに相談もする。決して一方的にやったりしない。これは社長も同じ考えだ」

リーダーとしても人間としても、川久保を信頼する社員は多い。それが今回、彼に世話人を頼んだ理由である。みんなは包み隠しのない川久保の話を聞いて安心した。

しかし、それで不安材料が消えるわけではない。

「現実問題として、今の要求を満たせる手段なんてあるんですか」

それを聞いた川久保の目から光が消えた。自分に対しても、どう答えればいいか決められない問いだった。

「ひと握りの頭で考えている限り『ない』と言わざるを得ない。でも、みんなやみんなが手をつないでいる人たちの頭を集めれば、何か知恵が生まれるかもしれないと思っている。それも相談したくて、今日こうして集まったんだ。確かに条件は厳しくて常識では不可能に近いかもしれない。だけど、俺自身はあきらめちゃいないし、簡単に不可能だとは思いたくない。開発だって生産だって、不可能が可能に変わる瞬間を見てきたはずだし、まだ未知の力のようなものが自分たちにはあると思ってる。それを、これから君たちと一緒に力を合わせてやっていきたいんだ」

「三〇%の原価低減を半年で達成しよう」というより「**不可能を可能にしよう**」という言葉にみんなは共感した。

川久保は言葉を続けた。

「メーカーから出された要求は期限付きの絶対厳守の課題だけど、それに対しては、提示された数値目標をクリアしてしのぐという対症療法的な考え方ではなくて、むしろ、こんな時だからこそ我々自身の成長を伴う、将来を見据えた戦略にのっとって考えることが大切だ。その意味で、これから半年間にやるべき活動は、すでに開発内で合意しているニューエンジン開発の延長上にあると考えていいと思う。そのことを各部間でもしっかり共有して、これからはパワーを集中して動いてほしい。ここから先のミーティングやチーム活動は、狙いを絞って実践的に取り組んでくれ。とにかく、話し合って知恵を出そう。バラバラに動いて無駄を出すような余裕は、もう我々に残されていないんだ」

今となってはそこに活路を見いだしていくしかなかった。

融資が止まる!

しかし、終わりを告げる足音は一歩一歩、ヨコハマ自動車部品に忍び寄っていた。完成車メーカーから取引条件の変更を申し渡された数日後、銀行が短期資金の借入れの際に通常よりも多くの資料を要求してきた。どこからか情報を得て、事態を察した銀行が急に態度を変えたのである。さらに彼らは、いつもなら無担保のわずかな融資に対しても担保を要求して引かなかった。取引の見直しという名の完成車メーカーによる関係の解消は、下請けメーカーの経営に致命的な影響を及ぼす。リスクを見越した金融機関の反応は素早かった。

何とか工場の土地を担保に提供して融資を引き出したものの、今までになく厳しい銀行の態度に、向こう半年間の資金繰りさえ危ぶまれてきた。

「今まではバックの大株主の信用で資金を調達できましたけど、この話が表面化して、巷で変な噂が飛び交うようになったら資金繰りのほうが心配です」

「売掛金の回収ができないなんて噂でも出たら原材料も入らなくなる。外に向けての情報には注意が必要だぞ」

カネとモノの供給が滞ったらメーカーは命を断たれる。伊倉と二人で銀行への対応を話し合いながら、船底に開いていく穴をどうやって塞ごうかと坂巻は頭を痛めた。時間とともに事態はさらに悪化した。

情報を総合した結果、今の経営状態ではメーカーのコスト削減目標をクリアできないと踏んだ銀行が融資の打ち切りをほのめかしてきたのである。

「来期以降の見通しがまったく立たたないうえに、負債をかかえた今の財務状況では、どう逆立ちしても今後は赤字ばかりが膨らんでいくことになります。思いきった整理、合理化を含めて、これまで以上の納得しうる再建案が出ない限り、うちとしては資金提供を見合わせなければならないと考えています」

メーカーのお墨付きという強力な担保をなくした下請け企業に、銀行の裁定は非情だった。

ヨコハマ自動車部品は、奈落の底に垂れた蜘蛛の糸にぶら下がってゆらゆらと揺れていた。

風土改革ノート❼

場の見直しと場づくり

まじめな雑談

「気楽にまじめな話をする」ミーティングの場が増えるということは、どんな変化をもたらすのか。

ここではミーティングを会議と区別して「気楽にまじめな話をする場」という意味で使っている。

やりとりされる情報の質が変化してくるというのが会議とミーティングの一番大きな違いである。またミーティングは会議に比べやりとりそのものも活発である。

正規の会議には、正規の会議に乗りやすい情報しか出てこない。

たとえば、①定型化された情報、②起承転結のはっきりした情報、③定量的情報——などは正規の会議向きの情報である。

これらの情報はみな「報告しやすい」「通達されやすい」性格をもっているため会議に向いているわけだ。正規の会議はどうしても「まとめなければならない」ノルマをもっているケースが多い。したがって、まとまりにくい情報を本能的に排除しようとする。

ミーティングの一番の特性は**ノルマをもたない**ということである。ゆるやかな目標をもつことはあっても、ノルマがないのは気分的に楽なものである。

テーマ（課題）を明確にしたミーティングもないわけではない。しかし、この場合も、ノルマとして課題の解決を押しつけることはしてはならない。もし、参加者が押しつけられているような気分になったとしたら、そのミーティングは不成功に終わる可能性が強い。

ミーティングの場では、気楽にいろいろな話ができる。時には脱線したりしながら、まだあまりまとまっていない考えや、時には気持ち、「こういうことがもしかすると大切なことではないのか」というような思いつき、とんでもない常識はずれの話など、何が出てきてもおかしくない。

脱線すること、発散することは通常の会議ではあまり好まれないが、ミーティングでは大歓迎である。

それに対して会議での雑談は、①まったく時間のムダになるケース、②実りのないケースが多く、印象も良くない。

発散する中で出てくる話がみんなおもしろいわけではない。たいていはゴミのようなものかもしれない。しかし、その中に宝が隠されている可能性が高い。「**創造とは、収束よりも発散の中からのほうが種が見つかりやすい**」ものなのだ。

会議とミーティングで一番大きな差は、そこで生み出されるエネルギーの差であろう。正式の会議で、終わったあと「よし、やるぞ」と思わせるものは少ない。会議が人にエネルギーをあまり与えないのだ。

これに対してミーティングでは、先に述べた特性のために、エネルギーが湧き起こりやすい状況ができる。

情報は人のエネルギーを介して伝達される。大きなエネルギーのあるところでは伝わりやすいし、エネルギーが小さい時は伝わりにくいのだ。

「会議」と「ミーティング」の違いをまとめてみよう。

ミーティングは、自分の担当業務を越えた問題意識を可能にする。ミーティングは立場やポジションで集まらないため、問題意識の強い者同士が集まり、刺激し合うことが可能になる（問題意識の弱い者が増えるとエネルギーが低下する）。

「改革」や「開発」のように創造的な知恵を必要とする仕事には、ミーティングはより効果的である可能性が高い。

気楽にまじめな場を多くもつには、それだけの時間的余裕が必要だ。

時間的余裕をつくる一番手近で効果的な方法は、会議と書類の見直しをすることだ。というのは、特に管理職の場合、仕事の時間の三分の一から半分を会議に取られていることが珍しくないからだ。

そして、その会議の効率がいかにも悪い。なぜなのだろうか。

	会　議	ミーティング
本質的特性	ノルマがある、結論を出す	ノルマがない
参加者	立場を背負っている	比較的自由な立場
情　報	まとまりのある情報 定型化された情報 定量的情報 報告されやすさが大切 単純化されたものが好まれる	まだまとまっていない考え 気持ち 思いつき 常識はずれの話 断片的な話 加工されていない生の情報
	★収束への傾向が顕著	**★発散も重要な役割**

一つの会議の中に、目的や要する時間、参加人数の異なるいくつもの会議機能を詰め込むからである。ことに、十人以上の大会議はこの傾向が強い。

多人数の会議などによく見られるのは、時間帯によっては、**ほんの数人だけが実質的な参加者で残りは傍観者になってしまう**という光景である。

しかし、一人ひとりにとってはあまり実りの多くない会議であっても、会議に参加しているというのは立派な仕事であって、自他共に仕事で忙しいという認識をしている。

会議にはどんな機能が内在しているか

(1) 「情報伝達」機能

会議がもつ最大の機能であり、たいていの会議はこの機能をもっている。「通達」「連絡」「報告」などもみなこの中に含まれる。

この機能を果たすには、参加人数の制限はあまりない。書類上でできることも多いし、演出をうまくやれば多人数も対象にできる。

ただし、時間は短くてもいい。情報伝達の場合、長くやらなければ効果がないというケースは少ない。誤解を恐れずに言わせてもらえば、短くても効果さえあれば短いほうがいい。

(2) 「意思決定をする場」「調整をする場」としての機能

この場合、多くの人数は必要ない。というより、人数は少ないほうがやりやすい。傍観者のような余分な人間は抜きにして、当事者(意思決定能力のある者)だけが集まってやれば意思決定は早くなる。

(3) 「セレモニー」としての機能

何らかの課題を社内でオーソライズするために権威をもつ会議にかけるということはよくある。予期せぬ議論が急に始まったりして、せっかくオーソライズするつもりだったものが台無しになるなどということも多いが、こういう会議を通過させるのは、お墨付きを得て社内で仕事を前に進めるために避けて通れない儀式（通過儀礼）なのだ。

この機能は、中身自体はそれほど重要な意味をもたないから、儀式としての条件さえ整えておけばよくて、人数は問わない。

機能	参加人数	必要な時間
(1) 通達・連絡・伝達	多くてもいい	できるだけ短く
(2) 意思決定・調整	少ないほうがいい	会議でなければそれほどかからない
(3) セレモニー（時にはアリバイづくり）	人数は関係ない	儀式として必要な時間
(4) 知恵を出す	数名	長くかかることを認識しておく

(4)「知恵を出す（問題を見つけ、全体像を浮き彫りにする）」機能

ある意味で最も期待されていい機能なのだが、残念なことにフォーマルな会議ではこの機能はあまり果たせない（特に多人数の会議では）。

というのも、フォーマルな会議の場合はまず課題が多すぎるので、一つひとつの課題に関わる時間はごく短時間に限られている。他にも知恵が出にくい理由はいろいろあるが、この「時間が限られている」という制約だけでもかなり決定的である。

したがって、この四つ目の機能は「ミーティング（気楽にまじめな話をする場）」に譲ったほうがいい。

「まじめな雑談」と「普通の雑談」との区別

「普通の雑談」というのは、どうしても愚痴や評論、人の噂話に終始しがちになる。もちろん前向きの話が出ることもあるが、普通に雑談をしていて前向きの話に自然になるというのは、風土・体質の状態が良いことを示している。

お互いに牽制し合って「言い出しっぺは損」と思う人がほとんど、という状態では普通の雑談は後ろ向きになりがちなのだ。

「まじめな雑談」というのを、まだ風土・体質が変わっていない状況でやるには、それなりの条件が必要だ。すなわち〝風土・体質とはどういうものか〟ということを参加者がほぼ共有していることがそれである。

放っておくと自然に後ろ向きになってしまったり、評論家になってしまう**心の動きのメカニズム**を客観的に見てみんなで共有することで、人というのは意外に前向きになれるものなのである。

では、ミーティングや「まじめな雑談」の中身の質を上げるにはどういうことが必要か。

まず、前提になるのが、お互い気楽になれるような雰囲気をどうつくるかという課題である。

①　**どういうかたちで集まるか**ということが大切。

上からの指示や命令で集まると、それだけで雰囲気は固くなるだろう。いつもやっていて慣れていれば、時には上の人間が招集をかけても問題はない。しかし、特に初期の頃は集め方が大きな問題になる。

この問題を解決するには仲間うちで声をかける。つまり、世話人的役割を果たす人がいることが望ましいし、条件になってくる。

②　場のセッティングをどうするか。

地位が高かったり、偉い人と思われるような人物が参加している時は、その人を真ん中に座らせないこと。偉い人は放っておくと、自然に真ん中に座りたがるものであるから、最初から準備をして端のほうに座ってもらうようにする。

③　ミーティングを成功させるためには、初めから目的とするテーマを大上段にふりかざさないほうがいい。最初は、たとえば「楽しんで仕事をするには」というようなテーマから始めると入りやすい。

また、時にはポケットマネーで飲み物を用意したりするのも場をなごやかにする一つの手である。リード（司会）していく人間は、漫才でいうとボケとツッコミのボケタイプがいい。あまりビシバシ、テキパキやっているように見えないほうが望ましい。

議論の質を上げるにはどうすればいいか。

① 参加者が異質であることが望ましい。

たとえば、同一部内の人間だけ、同一部門の人間だけではなく、他の人間を入れることが大切。この人物は自分の考えをはっきり言える人であることが必要である。できれば複数そういう人がいるとなおいい。

② これは、と思う本や情報を前もって共有できていることが望ましい。

できれば風土・体質に関連する情報は共有しておいたほうが、その他のことを話題にする時であっても、実りのある話し合いをするのに効果的である。場合によっては情報提供をしてくれる人を呼ぶことも考えられる。

第八章　奇跡の再生

発芽の力

「いずれにしても、進行中の開発を少々改良するだけではメーカーの要求を満たせないということは、今までの議論ではっきりした。コスト面でも性能面でも根本的な見直しが必要だ。すべて白紙に戻ったとは言わないが、そのくらいの心づもりで至急、新しいエンジン開発の可能性について再検討したい。ついては、柳瀬君の言うように一度、ミーティングベースで話し合ってみてくれ」

静かな部屋に川久保常務の声が響いた。会議が始まって、もう三時間がたっている。久しぶりの長時間会議だった。

開発部門の部長会議では、重苦しい空気の中で「三〇％のコストダウンをどう進めていくか」を話し合っていた。川久保からは事前に、削る発想ではなく創る発想で課題をクリアできないか考えておいてほしいと、同時にニューエンジンの開発も再検討するようほのめかされてはいた。しかし、そう投げかけられてもアイデアのかけらさえない中では、目前の三〇％削減という課題ばかりが重圧となって視野を覆う。

「やはり、設計変更レベルで何とか対応する以外にない」

「一年半後に生産開始となると、どんなに開発期間を短縮しても三か月後には仕様を固めていなければならない。新たに技術開発を検討する時間はないも同然だ」

会議の場ではそうした意見が支配的だった。だからといって、別の何らかの具体的な方策が見えているわけではない。

誰も口にこそしなかったが、このままでは「頑張るしかない」という思いと数値目標に追いまくられて、ゆとりをなくして悪循環に陥る、ついこの間までの無力な状態の再現になるのは目に見えていた。

〈やっぱり、こういう会議じゃ考えが進まないな〉

堂々めぐりの議論の中に身を置きながらエンジン開発部長の柳瀬は思った。「場違いな話」と同じように「内容にマッチしない場」ということもある。

〈一歩でも二歩でも、もっと前に踏み出す知恵が必要だ。そういう議論をするべきだ〉

重要な問題になればなるほど会議の形式は堅くなり、話し合う内容もまた枠にはまって狭められていく。自分たちが置かれた今の状況を考えると、形式的な議論に時間を費やし、そこに結論を委ねる、そのこと自体に危機感のようなものを柳瀬は感じた。心を決めて柳瀬は発言を求めた。

「今までの延長線上で考えていたのでは、たぶんこの目標は達成できないと思います。ただ頑張れば何とかなるという種類の問題ではない。誰もかれもが数字しか見えなくなって、結局、元の姿に逆戻りするだけです。みなさんも何となくそのことに気がついていらっしゃるんではないですか。

とは言っても、私に名案があるわけではなくて、ただ今は、まだ知恵が出しきれてないんじゃないかという思いがあるだけです。社運を左右するような大きな問題に直面して、こんな時こそ衆知が必要なのに、どうも個人や自分の出る幕じゃないと逃げ腰になっているような気がしてならないんです。これまで私たちは、マネジメントのやり方を変えて『気楽でまじめな話』を取り入れて、今までにない力を使うことで業務の改革をしてきました。現実にそれをやってきた。できたんじゃなくて、やってきたんです。この問題にも同じようにぶつかっていくべきだし、今の私たちにはそれをやるだけの底力があると思います。だから、私は一刻も早く知恵を出す場をつくりたい。それをやって、がむしゃらに知恵を集めたい。そのことを私は提案したいと思います」

柳瀬の言葉は、ある面ではみんなの気持ちを代弁していた。そして、この間、柳瀬と同じ思いで逡巡してきた川久保もまたそれを理解して、柳瀬の提案で会議を締めくくったのだった。

初回のミーティングは開発の管理職クラスが中心で、瀬川も事務局として呼ばれていた。そこでは、いかにコスト削減するかという議論ではなく「難問をブレイクスルーする切り口は何か」という絞り込まないテーマを据えて、ああでもないこうでもないと拡散的に話し合った。

急ぐ話だけど急いではならない。そんな矛盾をどこかに感じながら、それでもみんなはさほど深刻にならずに議論に集中した。

三〇%のコスト削減を実現するためには、工数を少々減らしたところで追いつかない。すでに生産部門の努力で生産性そのものは大幅に向上してきている。ムダを削る余地はあまり残っていない。では、抜本的な構造上の改革や部品点数の削減などの手段はどうかというと、そんな大がかりなことが短時間でできるわけでもない。見直しは、ミクロで見てもマクロで見ても限界がありそうに思えた。

ただ一つ、部品の中でもコスト的にかなりの割合を占める噴射ポンプ系部品のコストを下げることができれば、三〇%のコスト削減は可能かもしれないという話だけは、否定、肯定の両側に断定的な根拠がなく、とりあえずの一案として採択されていた。もともとディーゼルエンジンのコストが割高である原因の一つは、ディーゼルの噴射ポンプのコスト高にあったからである。

「これから技術開発をするのは無理」というのはみんなの暗黙の共通認識だったが、雑談風にいろんな情報を交換してみると、あまりポピュラーにはなってはいないが、社内にも期待できそうな芽がいくつかありそうなことが分かってきた。もちろん、その芽が実を結ぶまでに育つとは限らない。しかし、環境を整えれば、伸ばせる芽もあるかもしれない。

いくつかある芽の中でもおもしろそうなものの一つは、柳瀬の部下の若手の技術者が横浜市の経済局の主催する異業種交流会をきっかけに、高温空気燃焼技術をもつ地元企業の研究者たちと一緒になって始めていた勉強会だった。

「おタクっぽい技術者が揃ってるから、中身がどんどん先鋭化しちゃってね」

課長によれば、メンバーは最近では、直噴ディーゼルエンジンの小型化において画期的な切り口になるかもしれない「高温空気燃焼」という新しい技術に目を向けているらしかった。

二回目のミーティングは、勉強会に参加している柳瀬の部下も加えて行われた。彼の説明によれば、勉強会は求道的なメンバーの性格から専門技術を追究する内容になっている。でも、このところはディーゼルエンジンに高温空気燃焼技術が応用できないかという製品寄りの話になって、その周辺の議論に熱が入っているということだった。彼は、高校時代の友人で、F1エンジンの開発、特に噴射ポンプ系の電子制御の技術をもったベンチャー企業の若手経営者にも声をかけて、メンバーの一人に引っぱり込んでいた。

高温空気燃焼技術を用いれば、エンジンの燃焼室内は通常の燃焼のように局所的に高温になることはなく、したがってNOxも著しく低減する。熱効率も大幅に向上するためCO_2の発生も抑制できる。そればかりではなく、騒音や振動も減少するという長所をもっている。これを小型の直噴エンジンに応用できれば、既存のエンジンの問題はかなり解決が進む。もともと低い温度では黒煙が出やすく、温度が高くなるとNOxが出る。したがって、その中間領域をうまく電子制御で維持するわけだが、高温領域でもNOxの発生がかえって少なくなるならメリットは大きい。また、噴射ポンプの電子制御もしやすくなるのではないか。

具体的に聞けば聞くほどおもしろそうな中身である。

高温空気燃焼という技術に関しては、すでに新聞などで読んで知っていて「ああ、あの話ね」とうなずく者もいた。ただし、ディーゼルエンジンへの応用については誰も考えたことがなかった。が、それ以上にみんながこの話に興味をもったのは、電子制御がしやすくなり、燃料噴射ポンプのコストをかなり下げられる可能性を秘めているという点だけではない。それがCO_2や、騒音・振動問題への貢献度も大きいことから、うまくやればコスト削減の効果に加えて、今までにない商品価値が創り出せるかもしれない。そして、何よりそこに、自分たちの優先基準である『低燃費・低騒音のエンジン』の姿があったからである。

みんなの思考は、コスト削減という限定された枠から離れ、**もっと大きな夢を乗せた構想**によってそれをブレイクスルーしていく可能性へと向いた。そこへ進めば、自分たちの開発の原点に帰れる……。みんなは一瞬、引き込まれるように甘い夢を見た。

ただし、それも会社の命運をかけて〝決める〟となると別問題だった。

「新しい技術があれば、生き残れるというより、勝てるエンジンができるかもしれない。とにかく、今までの技術の範囲で三〇％の削減を達成するというのは不可能だ。それは、はっきりしてる」

「でも、だからって、新しいもので成功するとは限らないところが苦しいね。技術はあっても、実用化を念頭に検討をしてきたわけじゃないんでしょう？　そのハードルは高いよ。こういう状況でもあるし、ちょっと賭けの要素が大きすぎる気がする」

「どっちにしても、このままでいくと縮小均衡どころかジリ貧になることははっきりしているんだから、新しい開発に全力をあげるべきじゃないの。無じゃなくて、すでに有なんだからさ。もしかしたら、今までは議論だけだった噴射ポンプの内製化なんて話も可能性として考えられるかもしれない」

「そりゃ、ここにいるみんな誰だってやりたいさ。僕だってそうだ。だけど、会社のことを思うと、運命を預けるにはリスクが大きすぎるように思えるね。うまくいく可能性なんて数パーセント程度じゃないかな。うちは、もう大崩れするわけにはいかないんだから、やっぱり地道な努力を続けることを考えたほうがいいよ」

聞いていた勉強会のメンバーの一人が、ひと言言いたいという顔で割り込んだ。

「確かに、実用化の可能性を問われると大丈夫と言い切れるだけの根拠はありません。でも、僕たち実際にやっている人間は、もしかしたらいけるんじゃないかと本気で思っているんです」

「私もそう思います。ずっと開発でやってきたんですから、勉強とはいっても頭の隅では採算性だって考えないわけじゃないんです。さっき、おっしゃった実用化のハードルは実際にものすごく高いんですけど、でも、そこまで見えてはいるんです」

チラと柳瀬の表情をうかがって、先の若いメンバーが切り出した。

「思いきって公認のプロジェクトにしてもらえませんか。予算もつけて本格的にやれば、今以上に実現の可能性は高くなるんです。もちろん、社内でも研究センターなんかと事前にちゃんと検討するつもりです」

管理職の意見は、積極的に推す者が数人、やや懐疑的な者が数人、残りの人間は「よく分からない」と態度を保留した。

柳瀬にも正直なところよく分からなかった。ただ、最終的な結論を出すのはまだ早すぎるし、結論の出し方いかんで、大切なものを逃がす可能性があるかもしれないと密かに思っていた。

〈もしかすると、今はそこの見極めが一番大切なのかもしれない〉

その日、ミーティングが終わったあとで柳瀬は瀬川に声をかけた。

「ちょっと頭をほぐしたいし、久しぶりに一杯やらないか」

会社の近くの焼き鳥屋で軽く飲みながら、柳瀬は、今日の議論をこれからどう進めていくべきか、このままでは、何となく立ち消えになる可能性もあって心配だと打ち明けた。

同じことを瀬川も感じていた。管理職の多くの意見は、地に足が着いているという見方ができないこともないが、どう見ても評論家的だったからだ。少なくとも、当事者としてリスクを負うという姿勢は、残念ながらあまり感じられない。

「最終的にどうするかを判断する時、平均的意見で決めるのはやめたほうがいいですね」

「そうだな。そういう決め方だと、大事なことがうやむやになってしまいそうだな」

「とは言っても、やっぱり若い人たちの意見だけでは不安がありますしね」

「そうなんだよ。彼らの情熱は分かるけど、やっぱり中にはまり込んでて、少し客観性に欠けている気がするしな。そこのリスクはあるよ」

「**衆知を集めて一人で決める**というルールで『この人間に決めさせるとうまくいきそう、という人間に決めさせる』というのがありましたね」

「ああ。そう、勘の働くやつにね」

「誰ですかね。そういう人がいますかね」

「いるんじゃないかね。エンジン実験グループの丸山課長とか製品企画の小野田課長なんかどうかな」

「丸山課長なんかいいかもしれませんね。技術的にもピカ一だし、いろんなことを経験してますからね」

「でも、今日は何も言わないで黙ってたな」

「いや、若手にいくつか質問していました。あの内容からすると、まんざら興味なさそうな感じでもなかったですよ」

「そうか。一度、彼と話をしてみよう」

三回目のミーティングでは、柳瀬の提案で『高温空気燃焼技術の応用と実用化の可能性』にテーマを絞って、かなり突っ込んだ議論が行われた。

話を聞けば聞くほど魅力を感じる。しかし、排熱回収効率を上げるために使われるリジェネレータ（蓄熱再生器）の問題など、ディーゼルエンジンに応用するとなると未解決の問題は数多くあった。

「まだ、よくは見えないが可能性はある。他のコスト削減の努力も一方では継続的にやりつつ、もう一方で、この切り口に思いきって注力してみようじゃないか」

もともと肯定的だった一人が、技術論を交わす中で確信を深めたのか、はっきりとした意見を述べた。しかし、全体としてはまだ様子見の意見が大半を占め、どっちともつかない状態が続いていた。

にもかかわらず、そろそろ決める段階に差しかかっていると、柳瀬は潮時を感じていた。それを言い出した先の心配はある。が、ミーティングが半ばにさしかかったところで柳瀬は腹を決めて、この件について最終的に「誰が決めるか」その決め方を相談したいと提案した。

「私としては、多数決や総意ではなくて『この人なら』と思う人に任せて決めたいと考えています」

前回のミーティング後、川久保にミーティングの報告をしに行った柳瀬は、瀬川と話していた「どういうかたちで意思決定をするべきか」という点について、川久保に相談していた。

「技術開発の話ではあるし、マーケティングセンスも必要だ。確かに、みんなの意見を集約して決めるような問題じゃなさそうだな。一番感度の良さそうな奴に決めさせるのがいいんじゃないか」

いろいろ相談する柳瀬に、川久保は「丸山はいいんじゃない」とも言った。川久保にとってもミーティングの行方は目下、最大の関心事であるはずだ。やはり**感度の高い人物**の一人である川久保の反応を、柳瀬は大事にしていた。

「一人が決める」というルールは、ミーティングの参加メンバーの中ではほぼ定着している。しかし「誰が決めるのか」ということについては、まだ試行錯誤の最中で、こうすればいいと納得できるやり方が各々の中で固まっているわけではなかった。もちろん、役職でなく「勘」の働きそうな奴に決めさせるというのは、みんなにとって初めての経験である。しかも、会社の存亡かつ事業戦略にも関わる新しいビジネスの立ち上げを決める責任の重大な決定である。これは柳瀬にとってもみんなにとっても前人未到のルールでもあり、きちんと納得を得ることが必要だった。

柳瀬は、その意思決定のしかたについて説明し、丸山を意思決定者にしたいというのが川久保の意志であることを話した。丸山課長には、ミーティングが始まる前に「君が最終的に決めろ。結果の責任は私と川久保がもつ」と話してあった。

「丸山さんがどうこうってことじゃなくて、こういう大事な決定は川久保さんの責任でやるべきじゃないの」

「早さで言うなら、そのほうが早いよね」

「いや、川久保さんが決めるというのはいいんだけど、彼が議論の中身を分かっているかというと、そうではないわけです。そういう時は、誰に決めさせるかを川久保さんが決めるというのが一番明確な責任の取り方だと思います。もちろん、その人の意思決定の最終責任は、その人に決めさせた川久保さんにあるわけですけど」

その日の議論の内容を受けて、さらに四回目のミーティングが行われた。

結局、最終的な意思決定を川久保から任された丸山は、前回のミーティングの最後に「もう少し時間がほしい。次回のミーティングまでには結論を出します」ともち帰っていた。

その後、彼は自分なりにいろいろ情報を集めたようだった。

四回目のミーティングでは冒頭に丸山が発言を求めた。みんなの関心は、ミーティングの前から、丸山がどういう結論を出すかという点に集中していた。丸山という人間は好奇心が旺盛で、どちらかというと人はいい。ただ、動じない性格のために表情や発言からは心の動きが読みにくく、彼が今回の議論の賛否をどこに置いているのかみんなには想像がつかなかった。

彼は予想外にきっぱりと言い切った。

「いろんな面から検討してみましたが、ほかに最良の方法はありません。我々は、今から全力をあげて新しいエンジンの短期開発をやります」

若い技術者たちは目を見張った。どっちに転んでも不安だったはずの柳瀬は、安堵している自分に気づいた。首をかしげて黙る者もいた。

火蓋は切って落とされた。

不可能を可能にする

進路が決まり、角度を変えた新エンジンの再検討に向けて踏み出した五回目以降のミーティングは、丸山を中心にして議論が進められた。ミーティングは、関連部署の人間にも声をかけて、メンバーが増強されていた。

その日は、ニューエンジンの技術開発プロジェクトについて「どの程度の規模で、どういう性格で、どんなメンバー構成にしてやるか」を話し合った。

今までヨコハマでやられてきた「○○プロジェクト」と名のつくものは、内容の重要度に応じて、関連部署の人間を広く集めて行う大規模なものと、少人数で行う小規模なものとに大別される。そして、この種の重要度の高い開発は大規模な体制でやるのが通例である。しかし、今回は初めから、大がかりなプロジェクトにしないというのがみんなの自然な共通認識だった。

とはいえ「今の状況が求めるプロジェクトの形態とはどんなものか」ということについてイメージがあるわけではない。

「少数精鋭ということなら、エース級の設計者、研究者を集めますか」

重要なプロジェクトには優秀なメンバーをと、みんなはごく自然に考えた。プロジェクトの性格にはあまり思いが及ばず、話題はメンバー選びと人のやりくりに集中するかに見えた。

しかし、今まで数多くのプロジェクトを経験してきた丸山が話の流れを変えた。

「このプロジェクトは、短い期間に限られた人数で最大限の成果を出すことが求められます。ただし、最大限というのは、プロジェクトメンバーの能力を最大限に発揮するという意味ではなく、人数以上の、もっと多くの知恵を集めて活用するという意味です。つまり『知恵を出す』という機能と『プロデュースする』という機能をあわせもつ必要がある。単に与えられた課題を手際よく処理して進めればいいというものではないのだから、その性格に合ったメンバー構成が必要だと私は思います」

うなずいたのは生産技術部長の茅原だった。

「私もそう思うよ。専門の技術や知識の優秀さで選んでうまくいく場合もあるだろうけど、このプロジェクトは技術面でも運営面でも未知数部分をたくさん含んでいる。それだけに、その時々の状況に応じて『コト』をプロデュースする能力というのが大事だと思う。当然、いろんな部署や仲間に協力を頼む場面も出てくるだろうし、それをうまくやれる人間のほうが適してるんじゃないかな。極端だけど、瀬川君なんかが入ってもおかしくないと僕は思うよ」

おどけて目を剝いた瀬川を見て笑いがこぼれ、場からスッと肩の力が抜けた。

「何も開発のメンバーばかりである必要はないんじゃないの？」

「そう、コストや工法開発や製造にも絡んでくるし、順送りに落としていくより、そこも前倒しして、設計と同時に進めたほうがムダがない。そういう意図のもとに、要所となる研究、開発、生産からメンバーを選んでみたらどうかな」

「柔軟性があって自分の頭で考えて動けるメンバーなら部門の壁にもぶつからない。プロジェクトチームの行動範囲も通常より広くなるだろうしね」

「気のいいやつがいいな。すぐに落ち込むやつはダメだ」

「分かりやすい基準ですね。小回り、スピードが身上のプロジェクトなら、マネジメントも開発がやってるようなルールでやるといいんじゃないですか」

「俺もそう思ってた。メンバーが決まったら話をするよ」

柳瀬が請け合った。

「そう言えば、あの勉強会のメンバーはどうなの？　高温空気燃焼の技術者と、燃焼系の電子制御技術をもってるベンチャーの研究者もいただろ。自発的にやってるくらいだから意欲のあるメンバーなんだろうし、この際、外部の人間も入れたっていいんじゃないかな」

転がり始めた話の流れを止める者はなかった。揚々と湧き出すアイデアにみんなで知恵を付加して固めながら、しだいにプロジェクトチームの姿がかたちを整えていった。

次の週に行われた部長会は、もう検討のための会議ではなかった。

複数課の設計者と生産技術スタッフ、製造スタッフに社内、社外の研究者を加えた若手中心の技術開発プロジェクトにする。議論の結果、それに合意した部長たちからは、プロジェクトに対する具体的な提案がどんどん出てきた。

「集中してやれる環境のほうがいいからプロジェクトの部屋をつくろう」という声を受けて、「それなら、スペースに余裕があるから俺んとこを使えばいい」と部屋の提供を申し出たのは実験・検査部長である。

「パーティションで仕切ってひと部屋つくるとしたら、いくらぐらいかかるかな」

「二百万ぐらいですか」総務部長が答える。

「それ、うちが半分出そう。開発さんと半分ずつでどう？」

生産技術部長が珍しく太っ腹なところを見せた。

「設計者は何人だっけ？　人数分のＣＡＤとパソコンはうちで用意するよ」

行き届いた配慮はシステム管理部長の阿部だった。

事がどんどん運んでいく。頭上の危機感がなおさらみんなを駆り立てたのかもしれない。プロジェクトは、あとは人間が揃うのを待つのみだった。

報告を受けて、死の淵から這い上がるためにこのプロジェクトに賭けようと決意した伊倉は、川久保と一緒に交流しているメンバーの会社を訪ね、ビジネスベースで技術開発に参加してほしいと協力を仰ぎ、両社で技術提携の話がまとまった。

「状況が状況だけに、非常にリードタイムが短いタイトな開発になる。とにかく時間との戦いだから自分たちの足を使って事を動かしていこう。人数もギリギリだから借りられる知恵はフルに使って、頭数の三倍、四倍の力を出せるようなやり方で仕事をしたい。それがきっと我々に一番求められていることなんだ」

四月も終わりに近づく頃、実験・検査部と隣り合わせたプロジェクトの部屋にメンバーは顔を揃えていた。

チームは、ヨコハマ自動車部品の研究者、設計者と生産技術スタッフ、製造スタッフに、勉強会に参加していた外部の二人を加えた七人である。それに丸山がリーダーとして加わった。

プロジェクトは、何よりもスピードと生産性を重視する開発のマネジメントルールにのっとって進められることになった。再度メンバーで話し合っても、今のような厳しい条件のもとで目的を達成するには、同時にいくつもの判断、意思決定が可能な多頭の責任体制がベスト、という結論しか出なかったのである。

みんなは話し合って、まず意思決定と進捗を見守る最高責任者として丸山を確認し、以下のメンバーはインジェクタ、電子制御技術、設計、パワープラント、コスト・工法・設備計画と、それぞれの分担領域での責任者になった。それからみんなは一日かけて、プロジェクトの運営ルールやコンセプトを確認、共有するミーティングを行った。やりとりに慣れてきたメンバー同士はすぐに気心も知れてきて、ことさら会議然と話をまとめようとする気負いもなかった。

「めざすのは『低燃費・低騒音の小型直噴エンジン』か。排出ガスも燃費も騒音も規制目標値は厳しくなる一方だ。パティキュレート（微粒子物質）も規制対象になったし、これをクリアしながらユーザーニーズに応えるとなると、結局、全方位的に課題を潰していくことになるのかな」

「CO_2削減のために燃費を向上させると、窒素酸化物NOxが増えて排ガスが問題になる。そのNOxはディーゼルエンジンの悪玉である黒煙やパティキュレートとトレードオフだ。燃費のために車両を軽量化すると騒音や振動の問題が出るし、そういう矛盾をクリアして妥協点を見つけるだけでも技術的には骨だろうな」

「みなさんもご存じのように、CO_2削減のためにはディーゼルのほうがガソリンエンジンより明らかに有利です。最近、とみにヨーロッパでディーゼルの人気が高まっているのもそのためです。黒煙などの環境汚染を減らすことができれば、温暖化防止効果も大きい。課題は出力とコストですね」

「燃費性能は断然、ディーゼルのほうが勝ってる。乗用車にも応用できる排気量二千ｃｃ程度の小型直噴式ディーゼルエンジンは夢だけど、超高圧の燃料噴射装置が開発できれば手が届かないほど遠い夢ではないと思うよ」

「噴射ポンプの技術としては送り込む軽油の量や濃度と噴射のタイミングが最大の課題になると思う。これは騒音やアクスルフィーリングとも関連してるからね。噴射ポンプメーカーにこちらの意図をいかにうまく伝えてリードするか、あるいは内製化の問題も含めてイニシアチブをどちらがとるかが、コストの問題も絡めてこれからの最大課題になるだろう」

「燃料噴射系での電子制御技術のすべてを我々がもっているわけではない。そのなかで技術開発のイニシアチブをとるにはどうすればいいかだね」

そこで新エンジンの技術開発において、何を優先するかの議論になった。

そうは言っても、公式のプロジェクトチームとしての使命感があるから、放っておくと話は自然に「規制値をいかにクリアするか」「いかに低コスト化するか」といった話題に傾いていく。堂々巡りで話がだれると、そのたびに気づいた者が軌道を修正した。

「やっぱり自分たちは何を大事にするか、絞り込んで考えよう。すべての要素をブラッシュアップして得た成果が自分たちのめざす結果ではないはずだ」

「そうだね。お隣りの中国を見てもそうだけど、世界的なモータリゼーションの進展は、同時にCO_2問題をあと戻りのできない深刻なものにしていく。環境に与えるダメージの深刻さの度合いを考えると、優先基準はやっぱりCO_2だろうな」

「かつ、小型車に搭載するということになるとやはり不快な騒音を軽減する……」

「ドライバーの毎日と人類の歴史に配慮する、ちょっと大げさだけどそういう理解でいいかな」

「エンジンも小型になればなるほど、生活に近いところで広く使われるようになる。そうなると騒音問題は生活にとっての悪環境だ。今のディーゼルでは負荷だよ。やはり、ガソリンなみにならないと時代の要求には応えられないと思う」

みんなは初心に返って納得し、合意した。

「じゃ、これは僕から川久保さんに話しておくよ。あと、チーム行動のルールも決めておこう。こういうやり方は例がないから、自分たちがやりやすいように相談して決めればいいと思うんだ。やってみて不都合があったら変えればいいしね」

各自がそれぞれの分担分野で責任をもって動くとなると、一方で、意思の疎通を欠いたり、誰が何をやっているか見えなくなってしまうことが一番怖い。起こっている問題まで

〈次世代エンジンプロジェクト行動ルール〉

一、それぞれの責任で決めるべき時は決める。
一、決めると同時に共有する。
一、情報は常にオープンにする（途中経過も）。
一、一人で悩んだり迷ったりしない。
一、頑張っても単なる頑張りだけではほめない。
一、問題を歓迎する。
一、徹底的に議論する。
一、お互いが何をやっているか目で見えるようにする。
一、手続きや報告はできるものは口頭で済ませる（メモを活用する）。
一、ムダな書類づくりはしない。
一、規則正しく残業しない。

見えなくなると、期限を切られたプロジェクトにとっては致命傷になる。

「僕らにとって最大の敵は時間のロスだ。ロスを生まないようルールは絶対厳守しよう」

次世代エンジンプロジェクトの行動ルールは、今までの仕事のやり方に対してみんなが感じてきた問題点の裏返しだった。

部屋の壁の二面にはところ狭しと設計図が張られ、もう一面には全体の進捗管理のタイムテーブルと個々の進捗状況を掲示するスペースが取られた。トラブルが起こるとメモと一緒に赤いピンを留め、それが招集の合図にもなる。ヨコハマに詰めて一緒に仕事をする外部のメンバーには、どこでも即座に会社と連絡が取れるよう最初にPHSが渡された。

基本的にメンバーはプロジェクトの推進者でありながら、同時に、そのつど関連部署や現場の知恵や人手を借りて、さらに小さなプロジェクトを組織して動かすプロデューサーでもある。

研究者は自社の研究センターや他社の実験室に出かけて意見交換する場をつくり、設計者は二社の品質保証担当者と一緒に仕様を検討する場をつくり、また生産技術や製造のスタッフは瀬川や原島の力を借りて、工場の管理職に向けて新しいエンジン開発の趣旨をプレゼンテーションする機会を設けたりと、メンバーは席が温まる間もなくあちこちに足を運んだ。そこでは必ず共有のためのミーティングを行い、共感してベクトルを同じくする協力者たちの輪を広げていった。

再生のコラージュ

プロジェクトの部屋を出入り自由にしたのも、無益な軋轢を避けて周囲の理解を得るためのロスカットの知恵である。

特命プロジェクトというのは往々にして「一部の人間が何かこそこそやっている」という印象をもたれて社内で孤立しがちである。そうした負のベクトルを断つことは、周りの協力によって一人十役をこなしたいチームにとって重要な環境づくりでもあった。

部屋には、打ち合わせや相談のために頻繁に人が出入りする。時にはパソコンの前に陣取って手助け作業に没頭する者もいた。壁の設計図は性能面で研究者の意見を、コスト面では生産の意見を組み入れては何度も更新され、柳瀬がやって来て助言を与えることもあった。メンバーは「規則正しく残業をしない」ことをルールにしていたが、押しかけた人間が加わって議論に夢中になると、夜遅くまで部屋の明かりが消えないこともしばしばだった。

部屋のドアには『入室後は肩書きなし』という札が掛けられている。この部屋の中だけでも、目線を同じにして徹底的に知恵を出し合おうというみんなの気持ちの表れである。人や情報の出入りをスルーにしたプロジェクトは、メンバーだけでなく、多くの人間の思いに支えられる活動となって進展していった。

〈柳瀬信也談〉

命綱なしで風にあおられながら綱渡りをしているような怖さ、というんでしょうか。そりゃあショックでしたよ。社員だって一週間ぐらいはパンチドランカー状態で、話し合いも最初は励まし合いという感じでした。

でも、みんなの気持ちが一回底を打つと、見はからったように川久保さんが「三〇%の原価削減は俺が今の開発に課した改革目標だと思え」と、いつもの強気で檄を飛ばしたんです。数字だけで言えば、開発単体で三〇%削減を目標にする必要はないのかもしれませんけど、そこは川久保さんですね。そこそこ手が届きそうな目標だと僕らが飛ばないから「半減だってやれる!」という口ぶりでした。それで私たちも我に返って、そうか要求されているのは対策じゃなくて自分たちの飛躍なんだと見方が変わって、仕組みの改革に的を絞った話し合いを始めました。あとになってみると、そこの気持ちの切替えがすごく大きかったですね。「どうしよう」じゃなくて「挑戦してやる」という気になった。

川久保さんはいつも威勢がよくて、ハッパをかけられるたびに僕らは「またか、疲れるなあ」なんて思ってたけど、非常事にはあのくらい図太いリーダーシップがなきゃダメですね。ここだけの話、精神的にはずいぶん救われました。

今回の危機を何とか乗り越えられたのは開発単独ではなく、いろんな部門、会社、人と上手に協力関係ができたことがまず第一番の理由だと思います。

生産部門とも、昔はほとんど敵対していて何かにつけて文句を言われる関係だったんですが、ここへ来て一気に距離が縮まって、僕らは一緒に動いてるんだなと感じるようになりましたね。協力して知恵を寄せ合うと、今まで何でこれができなかったんだろうと思うようなことがどんどんできるようになる。

製造現場の人がもっている知恵の豊かさには、あらためて驚いています。今回の仕事に絡んだ設計者は多かれ少なかれそう思ってると思いますよ。彼らは図面を書かないけど、頭と指先で図面以上の精度が出せるんです。びっくりしました。

それに協力企業との連係もよくなりましたね。彼らから見れば我々の仕事のしかたは不満だらけ。もう少しちゃんとした仕事をしてくれよというのがあるわけです。納期一つ取っても、彼らから見れば信頼できないことが山ほどあった。そんなことも、まじめな雑談をやって言いたいことが言い合えるようになると、お互いの事情が分かってくるし、相手が信じられるようになる。こちらが相手を信じられるようになると、向こうもそうなるんですね。基本的に、知恵というのはもち出しだから信頼関係がないと、まず貸し借りはできないものですけど、今回は協力企業の知恵で実現できたこともたくさんありました。

それに、ベンチャー企業や特殊な技術をもった会社との協力関係ができたことも大きい。これは社員が外の情報に敏感になって、積極的に外に出るようになったことと無関係ではないと思っています。独自の先進技術をベンチャー企業とのタイアップで取り入れられたことが三〇%の削減の最大の成功要因です。そういう意味では本当にラッキーな出会いだったと言えると思います。

時期は前後しますが全部で五つのプロジェクトをスタートさせました。

外部のベンチャー企業も巻き込んだ新エンジン開発のプロジェクトを筆頭に、協力メーカー、製造とチームをつくってやった部品点数の削減、それに同時並行開発のプロジェクトと、設変・ロス対策チームそして、燃料噴射ポンプの内製化プロジェクトです。

前から協力メーカーさんや製造とは、お互い仕事をやりやすくしようと話し合いの場をもっていて、設計変更の問題については不具合対策書のプロセス管理とか設計業務の見直しとか、すでに動いている共同チームがいくつかありましたから、それを串刺しにしてプロジェクトチームにしました。それと並行して、開発管理部を中心としたチームがコストの洗い出しや削減の試算を始めましたし、改革推進室をキーにして各部との情報のやりとりも緊密にしました。

今回、苦しみながらも会社が何とか潰れずに生き残っているのは、確かに技術開発で成功したという幸運もありました。しかし、目に見えなくて地味だけど、やはり伊倉社長が来られてから、瀬川君たちのサポートで始まったあの体質改革活動を抜きにしては考えられないんじゃないでしょうか。土壌がつくられていたというか、うまく**耕されて**、**種子さえ蒔けば育つという状態**になりつつあった。これが環境要因として大きかったですね。

それも、やはり社長の存在があったからだと思います。伊倉社長は川久保さんのように檄を飛ばすタイプじゃない。でも、私たちの動きをいつも要所で支えてくれていたし、川久保さんにしても坂巻さんにしても最後は社長の判断を頼りにしていた。その社長としっかり結ばれていると思えたことが大きな心の支えになりましたね。だから私たちは変われたんです。

昔は、何かいい提案があっても誰も口には出さなかった。言い出しっぺは「じゃ、お前やれ」と押しつけられる。周りの支援が期待できないから、負荷だけ増えて、しんどい思いをして結局、うまくいかなくて損をする。一度そういう思いをした人は、二度と何かを言い出そうとはしない。いや、もっと正確に言うと、そういうのを横で見ていた人は、他人の経験から学んで決して言い出しっぺになろうとはしないんです。

でも、今は違います。言い出しっぺになっても決して周りから孤立しない。というと言い過ぎですね、孤立しなくなってきたという感じでしょうか。言い出しっぺになると確かに仕事は増えるけど、一人じゃないから成果が上がる。助けてくれる仲間がいれば、不可能に思えることでも言い出したくなるんです。

特に今回は、場合が場合だけに「お互い運命共同体として協力してやろう」と合意するのは早かったですね。いったん情報が入り始めると、自分たちの置かれている状況を理解するのにそう時間はかからなかった。風通しがよくなって、情報感度も鋭敏になっていたんですね。あの時は、危機感がすごい求心力をつくり出して、みんなのエネルギーがビッと束になるのを感じました。その時ですか、もしかしたらいけるかもしれないと思ったのは。

〈岩城健吾談〉

私もみんなも自分と戦いながらようやく古い殻を脱いで、さあこれからって時だった。もう目がくらみましたね。私たちは工場が好きだし、ここで生きてきた、その工場がなくなると思うと震えがきました。

でも半年の猶予があると聞いて、一方で、何とかなるかもしれないという思いもありました。なぜって、エンジン工場はひどく効率の悪い生産をしていたうえに、クレーム費がトップのロスリーダーですから、そのマイナスをゼロにしただけでもかなりのコスト削減が見込める。あくまで理論上の話ですけど、そう考えると少し冷静になれました。それなら、今までいろいろやってきたことと方向はそう変わらない。

ええ、最初はやっぱり話し合いです。課長、係長を集めてこの事態をどう乗りきっていくか相談しました。とても自分一人の知恵では手に負えないから、課の代表じゃなくて私のブレーンとして君たちの知恵を貸してほしいって。みんなの会社、工場なんだから、私と同じくらいの危機感と愛情をもって、対等の意識で事にあたってほしいと思ったんです。私が昔のままなら、その言葉も伝わらなかったかもしれません。でも、運よく改心していましたからね。真意をきちんと汲み取ってくれたと思います。

昔の私？　ひと言でいえば、やらせの権化というのかな。部下との間に信頼関係を築くことが大切なんて微塵も考えていなかった上司です。……まあ、その話はまたゆっくりしましょう。

製造としてのコスト削減のポイントは、モノのつくり方、管理のやり方のまずさや不良によるロスコストの削減が第一と、それを包括する課題ですが、生産方式そのものの見直し、改革です。その二つに全力を投入することにしました。

うちの工場は多品種少量生産の時代になっても、生産の思想や体制は量産時代のままでしたから、そこにまず構造的なコスト問題が横たわっている。その問題を積み残したまま進めば、今回のような会社の危機に見舞われなくても、早晩、時代の波にのまれて自滅するという認識は以前からありましたから、生産の構造転換はずっと重点課題でした。ええ、もちろん生産の場合は時間がかかります。おっしゃるように時間が必要だと思っていたのに、今回、生きるか死ぬかの事態に直面して、実行のタイミングが待ったなしになった。正直言って焦りましたね。どこまで可能なのか、はっきり言って自信はありませんでした。

でも、課長たちも同じ気持ちでしょう。

でも、彼らはすぐに生産技術の人間にも声をかけて検討を始めました。生産の仕組みをどう変えるかという議論です。彼らは部下たちとも「できないかもしれない」ということも含めて包み隠さず情報共有をやったから、現場が「とにかく考えよう」というムードになるのも早かった。

コスト削減という意味では、製造が直接貢献できる部分というのは、じつはそんなに多くはないのです。人数を減らしても、もともとコスト全体に占める労務費の割合が小さいですから、そんなに効果はない。じゃ何ができるのか、やはり源流から攻める。というか、トータルの流れで見て、さかのぼって設計段階にまで踏み込まないと抜本的なコスト削減にはならない。そこで、設計にモノをつくる側からの提案をどんどんして話し合いました。

確かに、我々がいろいろ提案しても、開発の人が「それなら」と思うようなものはそんなに多くはないんです。でも、やりとりをしていると最初の提案とは違うけれども、これなら実現可能だというようなアイデアが出てくるようになるんです。そういう意味では、設計の連中も辛抱強くなりましたね。もちろん、こちらだって文句を言って、言い負かすことばかり考えていた態度を反省して改めたんですから、丸くなったと言われるんでしょうけど。

気がついたんです、攻めたり、押しつけたりすると気持ちが逃げる、気持ちが逃げると知恵も一緒に逃げていくんだと。ないと思っていた知恵は、じつは逃げてただけでちゃんとあった。それが、人の話をちゃんと聞いたり話し合ったりするうちに戻ってきて、ようやく生かされる環境になったんだと思います。

そう、つくるだけじゃない、製造だって考えることが仕事なんですよ。あの時ほど、考えなきゃいけない、もっと知恵がほしいと思ったことはなかったんじゃないでしょうか。いつにも増してミーティングが多くなったし、工長がラインのポンチ絵を書いている姿なんかも初めて見ました。そう、時間の使い方が三倍にも四倍にも濃縮された感じかな。今までの分業体制なんてどこかに吹き飛んでた。

いやあ、あれには私のほうがびっくりしましたね。まさか、あの生産の仕組みをつくるとは思いませんでした。ええ、パーツなんかの組立はU字ラインとか一人用の短いラインがありますね。でも、エンジンを一人の作業者が定置で組み立てる自己完結型の台車方式は初めてです。しかも、誰にでも組み立てられるように標準化までしたんですからね。ご存じのように大量生産型ラインは多品種少量生産には適してない。でも、新しい生産の仕組みをつくろうと思ったら、どうしたってお金がかかるし人も時間も要る。「やってみろ」と言いはしたけど私自身、可能性については半信半疑でした。

チームの人数ですか？　工長以下、六人です。毎晩遅くまで残ってやったようですよ、何しろゼロからの設計ですから。エンジンを組んだりバラしたりして最適な組立手順を検討して、設備もレイアウトも生産技術と相談しながら自分たちで慣れない絵を描いてました。台車の試作も工場内にある材料とか、近くの工場でもらったものとかを使ってやったんです。予算は通常の十分の一ですよ。要員数も少なくて済むし、コンベアで流すのと違って一台完結で組み立てるから、量や品種の変動にも柔軟に対応できる。低コストでムダのないモノづくりができる仕組みです。感動しましたね。自分たちが最大限に動いて考えて、借りられる力は借り尽くして実現したんですから。本人たちは「こんなしんどいこと二度とやらない」と言ってますけど、いろんな意味で自信がついたんじゃないかと思います。

　不具合はずいぶん問題が解決されてロスを激減させました。これは協力メーカーさんも設計も交えて現場がみっちり議論しましてね。その場しのぎの対策ではだめだ、根本的に解決しようって専門のプロジェクトチームをつくったんです。今まで設計とは責任をなすり合うだけで、なかなか一緒に問題解決しようという前向きな動きにならなかった。でも、そのプロジェクトは開発のマネジメントの話を聞いて自分たちもすぐ取り入れて、「どこがやるか」じゃなくて「誰がやるか」なら製造も設計もないじゃないかと、一緒に共通の不具合対策のルールをつくったんです。**急がば回れ**で、最初から根本的な解決に向けてエネルギーを集中したのがよかったみたいですね。とにかくネックだった再発ロスが目に見えて減りました。

　ああ、そういう意味では話し合うことが出発点ですね。え、話し合いの効果？　うまく言えませんけど、結局、黙ったり、臭い物に蓋をしたりするから腐敗していくわけでしょう。雑談だって何だって気楽に話ができるというのは、常に相互に情報や気持ちが流れている状態だから問題が隠れない。さらに、誰が何を考えて話して、何をやっているかが見えていれば、必要な者が必要な時にアクセスして力を借りたり助けたりできる。何かインターネット組織って感じですけど、そういう集団には長野さんが言ってた自己回復、そういう作用があるような気がします。

現に、それで死にそうな会社が立ち直ったんですから。

〈坂巻完治談〉

胃がね、痛むなんて初めてのことですよ。その瞬間、たったひと言で。融資を見合わせると銀行さんに言われた時は、倒産の二文字がパッと頭をかすめました。負債も多くて会社の財務内容は悪いし、良くなる見通しもその時点ではない。資金繰りに行き詰まったらおしまいだと思いました。

ああなると管理部門の人間というのは弱いものですね。メーカーの人間なのに生産や開発の力を抜きにして財務指標でしか会社をとらえていない。そこが狂うと、ただもう動転するしかないんです。それなのに川久保さんや仙石さんは、とにかく生産を支えろと踏んばっている。他が骨と皮になっても生産だけは食わせなきゃだめだって頑張る。それを見て、メーカーというのは何を削ぎ落としていっても最後まで守るべき砦は直接部門なんだと痛感しました。

もちろん間接部門の合理化が私に課せられた課題だったこともありますが、動機はそこです。最後の砦にリソースを集中する体制にする。この非常事態に会社が最初に手を打たなければならないのは、生産部門を全社でサポートする重点志向のリストラだったんですね。

そうは言っても間接部門というのは、モノをつくってモノを出荷して対価を得ているという実感がないから、前線にいる人たちに比べて危機意識が薄い。その人たちに生産応援の意味を理解してもらうには相当、骨を折りました。人事にしたって経営企画にしたって、そこの理解なしに、いつもどおり機械的に頭数計算で事を進めようとする。だから、瀬川君や原島さんに頼んでまず共有ミーティングを繰り返したんです。私だって、人と人の気持ちが絡む問題ですから一方的にはやりたくない。また、そうでないと人を送り込まれた生産現場だって困る。過去に、直接部門と間接部門の橋渡しをするような布石を打っていれば、もっと楽だったんでしょうけどね。

応援の話は、工場とよく話し合って生産の総務部にイニシアチブをとってもらうことにしました。要員削減計画も基本的な考え方は同じです。各部門で話し合ってもらって人事がそれをサポートする。僕も含めて間接部門は後方支援部隊だと口を酸っぱくして言いました。当の私にしたって、実感を込めてそう言えるのは初めてなんですけどね。

ええ、お恥ずかしい話ですが、この前の時には賃金カットもやりました。たとえ数億円でも、死の宣告を受けた会社には貴重な運転資金です。正直なところ今回はもっと苦しかったので、銀行に我々の努力を認めてもらう意味では、どうしてもボーナスカットが必要だと思った。少なくとも私はそうでした。

しかし、じつを言えば伊倉社長は反対だったんです。今、こういう時だからこそ、それをやってはいけないんだ。確かにボーナスに手を付けると何億かの資金が手元に残る。それは経営にとって一瞬、プラスに働くように見えるかもしれないけど、決してそうじゃない。「社員を疲弊させて会社だけ元気なんてあり得ない」というんです。そう言われてよく考えると、みんな本当によくやっている。もともと業界平均で見てもそんなに高い給与水準じゃないのに、アウトプットは平均線を越えて、しかも傾向としてはジワジワ上向いている。みんなの気力のもち出し分なんですね。

ああ、甘えてたな、いくら経営が苦しいとはいえ、社員のボーナスに手をつけるのはよくないなと、あらためて思いました。会社が皮一枚で命をつないでいる時に、あのみんなのエネルギーですからね。

そう、それがどこから来たのか。やはり、今回の難局をどうにかくぐり抜けることができたのは、「やらせない改革」と瀬川君が言っていた自発的な改革を信じてやってきたからだと思います。

決定的な転換点は、瀬川君の書いた『開発だより』の文章でしたね。あの中身はどう見ても過激だった。伊倉社長が来られる前だったら、たぶん会社はあんなことを許しはしなかったでしょう。瀬川君も今頃は会社にいないか、少なくとも推進室にはいないですよ。私にしても、あのまま放置はできなかったでしょうね。推進委員が委員会の承認も得ずに勝手なことをやったんですから。そういう意味では、紺野君たちが怒るのも無理はなかったわけです。

しかし、あれが分かれ目でしたね。あの『開発だより』をきっかけにして、確実に何かが動き始めたと私は思っています。社員が受け身ではなく主体的、能動的に変わっていく、そんな大きな価値の変動のようなことが起こった。あれを認めることは私たち経営者にとっても、ある意味では根本からの価値観の転換でした。

今は、社員が能動的になるというのは、会社と社員の関係が一方通行ではないことの証しだと思っています。ごくごく素朴なやりとりの価値が守られて、そんなささやかなことで経営と社員とが一体感をもてるということが現実にある。それを強く感じることが幾度かありました。

前と違うと言えば、そこでしょうか。そういうことがあったから、今度のことでは、私たち経営トップも社員と一緒になって泥にまみれる覚悟ができたんだと思います。

〈伊倉忠文談〉

メーカーは本気でこのヨコハマ自動車部品を切るつもりだ——旧知の間柄の購買担当常務に電話をして彼の口調を聞いた時、もう決定的だと思いました。そう、みんな思うんです。長いつき合いで、もちつもたれつでやってきたんだし、百%子会社ではないにしても第一位の大株主でもあるわけだから、そんなはずはないとね。しかし、今はもうそんなことは問題じゃないんですね。まさに、会社を取り巻く環境が根本からくつがえされる時代になった。

しがらみを排すと言いながら、知らず知らず過去の関係を保証にして依存してきたのかもしれない。変な言い方ですけど、驚愕というのではなくて、不意にむきだしの現実に引き戻されたような気持ちでした。今まで観念的でしかなかった厳しい生存競争という現実です。しまったと思いました。そして顔を上げて、これを切り抜ける道があるのか、間に合うのかと考えると、もう先が見えなかった。

今回は本当に社員に救われたと思っています。何よりも現場が強かった。せっかくともった改革の火を消さないで、どうやって厳しい目標を達成するのか、ぶつかって壊れることも覚悟しましたが、坂巻君や川久保君から「思った以上に体力と知恵がある。やれるかもしれない」と聞いて私も賭けようと思いました。蜘蛛の糸が切れないほうに、です。トップが弱気では勝てる戦も勝てないから、それからは攻めの気持ちを崩しませんでした。

でも、さすがに銀行さんへの説明には苦慮しましたね。突き付けられた数字も事実だし、何とかなるというならその材料を示せと言われても具体的に差し出せるものがない。メーカーからの支援もない。どうやって説得しようかと坂巻君といろいろ相談したけど、客観的に見て評価できるような話はどこにもなかった。ええ、融資打ち切りの話が最初に出た時です。確かその時ですね、支店長が帰られたあと、ふと思ったんです。説得しようとするから難しいんじゃないかと。説得のためにどんなに知恵を使っても今の状況では効果がない。ちゃんと話をして、ありのままの状態を分かってもらうことができないものかと思ったんです。そう、みんなが改革活動の中で言い続けてきたことです。無意識ですが、そこに私も思い至ったわけです。

そのあと支店長と担当者の方に来ていただいた時は、もう言いわけめいた話は一切しませんでした。とにかく聞いてくださいと、今の会社の状況を話しました。

間接部門のリソースを生産に投入して命綱の現場を支援する体制に転換したこと、開発や生産がマネジメントのやり方を変えて、意思決定・実行のスピードを上げていること、内部、外部や部署間の区別なく知恵を集めて業務の変革をし、今までとは違うかたちでコスト削減に取り組んでいること、エンジン工場が画期的な生産の仕組みをつくったこと……徹底的に話し合う経過の話も含めて、みんながやっていることをお話しました。意外な話だったのか、お二人はちょっと驚かれたようでした。

その話をしましたら、長野さんが「彼らにもミーティングに参加していただいたらどうか」とおっしゃって、経営企画室が主催した外部交流の場にも、無理を承知でお願いして顔を出していただいたんです。けっこう楽しまれたという話でしたよ。横浜市役所さんとか地域の企業さんも何社か見えていましたしね。

ああいう外部との交流の場から芽が生まれて、新しいエンジン開発の話が進んでいったのは偶然にしても幸運でした。結果的に、再建計画に付加価値の高い低公害エンジンの外販事業という好材料が加わる見通しがついたわけですし、何よりも噴射ポンプの内製化という念願の、しかし今までほとんど不可能と思われていたことが可能になったというのが大きかったですね。三〇％のコスト削減もあの内製化が実現していなければ達成できなかった。銀行さんに対しても、ヨコハマ自動車部品という会社を肌で感じてもらい、そこから何が生まれるか、会社の可能性を知ってもらう意味で絶好の機会になったわけです。

最終的な判断の決め手が何だったのかは私には分かりません。でも、あの日のことは一生忘れないでしょうね。支店長の手がすっと差し出されて、その手をしっかりと握り返した。四十五年の会社生活で初めてです、涙が出ました。

〈瀬川俊一談〉

今だからこんな他人事みたいな言い方もできますけど、会社が本当に潰れそうになって、僕らが今までやってきたことが試されたような気がします。

いわゆる「やらせない改革」を始めてからは、互いに相談し合える信頼関係をつくるために、枠をはずしたいろんな場をつくって議論をしてきました。ＢＰＲ推進委員になった当初の頃は、正直言って悶々としていました。こんなことで本当に改革なんてできるんだろうか。どこか本質を外しているような気がしていたわけです。

自分も以前はそうでしたけど、何に対しても不信感が根にあると「ばかばかしくてやってられるか」と思ったり「言うだけムダ」だとか「言い出しっぺは損」だとかいう気持ちが先に立って、何かをやろうという気にならない。個人の状態としては全然、生産的じゃない。

その不信を心の環境から取り除いて、みんなが本来もつ前向きな意欲を発揮できるような状態にしたら、会社はどう変わっていくのか――今回の危機はその答えを得る機会でもありました。

もちろん未知のことですから先がどうなるかは読めません。シナリオだってあるわけじゃないから、経過、経過で話し合いながらプロセスをみんなと一緒にデザインしていく。あの一大事の時にも、これから自分たちはどうすればいいか、嫌になるほど顔を突き合わせて、次の一歩、さらに、その先のことを相談しました。

よく困ったら「話し合いで解決する」と言いますけど、ちゃんと話し合えれば、少なくとも最初から「無理だ」「無意味だ」「もうだめだ」という話にはならない。パワーの大小こそあれ、話し合いは本能的にプラスの方向に向かいます。特に今回みたいに「死ぬかもしれないぞ」という時は、自律反発というのか、良くなろうとするパワーもなおさら強かったように思います。思った以上に底力を発揮したというか、会社の足腰が強くなっていたんですね。

でも、危機的状況だからみんながパワーを発揮するとは限らない。土壌の開拓をやっていなかったら、みんなさっさと逃げ出していたでしょう。少なくとも僕をはじめ若い連中はそうです。会社を見捨てて逃げなかったのは、話し合うという基盤ができていたからだと思います。

そうやって、話し合うという手段を最大限に使ったから活路が開けた。ええ、今までやってきたことはこれだったのかと、世話人としての役割にも少し自信がもてました。そう、場づくりです。話し合いの場を適切につくること。適切というのは、そうですね……全体の流れを見ながら明確な意図をもって、より具体的に、誰と誰が会って話をすれば物事がよりよい方向に進むか、人的な情報をマッチングしてタイミングよくセットするということかな。

こういう場は、数が勝負です。あらゆるチャンスを見つけて場をつくる。そして情報発信をする。電子メールは、じつに有効に使わせてもらいました。電子掲示板なんかもありますが、一番有効なのは直接、相手のアドレスに送ることです。誰でも見られるオープンな情報も必要ですが、やはり自分のアドレスに自分宛に送り込まれてきたメッセージは読むのです。電子メール版の場づくりのコツといえるかもしれません。

ヘーゲルの弁証法に「**量は質に転化する**」という法則がありますね。あれですよ、あれ。水の温度が上がってきて、あるところまでくると一気に水蒸気に変わっていく。あれと同じで場づくりも、ある時点に来ると自然にどっと広がり始めた。自己増殖というのかな。そうなると、もう止まらない。信頼関係が脈のように広がっていき、仲間が増えてくると、必要に応じて場がどんどん出現するんです。それが当たり前になる。

一種の人的インフラ整備なんでしょうね。インフラが整備されると、場がつくりやすくなる。それにつれて風土・体質が変わってくるんですね。もう誰も「言ってもムダ」とは思わなくなるんです。そう思っていない人は今もけっこういますから、誰もがとは言い切れませんけどね。でもいいんです。そういう人がゼロになるなんてあり得ないし、やりたい人がやるというのが基本ですから。

でも、そういう人たちも周りにつられて変化する部分はあるし、全体としては、いろんなことの見方や常識が変わってきたような気がします。

たとえば、最近は、会議だけでは物事は進まないということが分かる人が増えてきました。正式の会議といわゆるミーティングとでは、その場のエネルギーの大きさがまったく違うんですね。長野さんがよく「情報というのは人のエネルギーに乗って伝わる」と言ってましたけど、まさにそうです。自発的に参加して、形式にとらわれない〝質の議論〟をするミーティングなんかは、場のもつエネルギーが物事の進行に推進力を与えていることが分かります。逆に、普通の会議を起点にプロジェクトの推進なんかをやろうとすると、結局は、もち帰った分担課題をこなすだけという消化仕事になりやすい。そういうことも実感として分かってきました。

これからは意図的に、ミーティングベースでの場づくりを通じて会議をサポートしていくことが必要でしょうね。それを僕は世話人としてこれからもやっていこうと思っています。結局、何のやりとりもなく、受け身の仕事ばかりやってきた結果、あんな大きなツケが回ってきたんですから。

それにしても、今の状況を一番喜んでいるのはたぶん女房でしょうね。昨年の春、あの『開発だより』の記事の件で僕が落ち込んだ時、もし家族の励ましがなかったら立ち直れなかったかもしれない。今回、会社がダメかもしれないという時にも「大丈夫。みんな今までの雰囲気と違うもの。絶対、悪いほうには行かないはずよ」って、嬉しいことを言ってくれましてね。さすが元社員だし、ご近所ネットワークで会社の雰囲気は分かっていたみたいですね。

幸運を招く風土

自動車の部品関連業界のように限りなく厳しい状況に置かれている企業、業界が最近とみに増えている。そういう状況から脱出するための「特効薬」というものがあるわけではない。ヨコハマ自動車部品がとりあえず当面の危機を乗り越えられたのは、偶然的な要素も大きく作用している。

つまり、今回のように新しい画期的な技術開発がなされうる、などという幸運はそんなに簡単に起こることではないからである。

しかし、その幸運の種も、それを呼び込む「何ものか」があって初めて幸運になりうるということを忘れてはならない。そういう意味では、そういった幸運をみすみす逃してしまっている多くの企業には、その「何ものか」が欠けているのだ。

たとえば、他社との技術協力を例に取って考えてみよう。今回の場合は一見、何の関連もなさそうな技術的要素の組み合わせが鍵になっているのだが、その組み合わせを生むきっかけとなった出会いは、若い社員を含めて多くの社員が忙しい中でも外に出かけて、積極的に交流や情報交換をする姿勢をもつようになったことから始まった。

最近では、社員が外に出ていくことを推奨している企業がよく見られるから、ここまではよくある現象である。問題は多くの企業が、そういうことをきっかけにしてせっかく技術協力等の新しい芽が出てきても、その芽を十分に育てきれていないということだ。芽のうちは、まだ海のものとも山のものとも判断がつかない。これから人も金も時間もかけて育てていかなければならないのだが、そういう新しい芽に対してどういう姿勢をとるか、どう育てるかという判断が難しい。

よくあるのは、何回も何回も会議を繰り返して議論をするというケースである。そして、判断するには材料が必要だからと、担当者にうんざりするほど多くの資料をつくらせる。つまり、まだその時点では発芽もしていない、何の花の種かもよく分からないものに対して、詳細な資料を要求しようとする。

しかし、育つ芽かどうかを見極めるなどというのは、いくら詳細な資料があっても本来、判断しうる話ではない場合が多い。ある程度の材料さえ揃えば、あとは「勘」を働かせて腹をくくって「決断」するしか他に方法がないこともけっこうある。

つまり、幸運を呼び込む「何ものか」というのは、企業として、こういう「勘」を働かせることができるかどうかということも、その一つなのだ。

そこで「何ものか」をもつには、そういう「勘」を養えるように日頃からアンテナを立てる努力をしておかねばならないということだ。

そのための方法はいろいろあるが、割合に簡単に実行できて、成果も上がりやすいのが「まじめな雑談」の習慣である。愚痴を言い合う「**普通の雑談**」ではなく、前向きのエネルギーが働き合う「**まじめな雑談**」では非常に多くの情報が引き出され、やりとりされる。断片的ではあっても新鮮で生き生きした情報が飛び交い、そのお互いの刺激でまた新しい情報が生み出される。

こういう状態をいつも経験していると情報による刺激を受けてアンテナが育ってくる。新しい情報の刺激がアンテナをつくるのである。

しかし、そういう環境があったとしても、なお本物と偽物、育つ芽と育たない芽を見分ける「勘」を誰もがもてるわけではない。アンテナが育ちやすい環境にいても、その中でアンテナを育てうる人はやはり少数なのだ。したがって、多数決で決めるとやはり勘は働かないことが多い。

したがって、もし新しい芽を育てようとするなら多数決はやめて、それを見分ける「勘」の働きそうな人を前面に立てて、その人の決断に頼る必要がある。

勘の働く人を見つけるということはひどく難しそうに思えるが、じつはそうでもない。「勘」の働きそうな人というのは、近くにいる人ならば意外に見分けがつきやすいものである。ということは、そういう情報が企業の中で日頃から大切にされているかどうかが肝心な点なのだ。

もう一つは「合議に頼るのではなく一人で決める」というマネジメントの存在だ。このルールさえ生きていれば「勘」の働く人間に決断させる、という選択をしさえすればよい。

じつは、ここでこうして取り上げた条件は、ヨコハマ自動車部品にかなりの割合で揃っていた。つまり、運を引き寄せる「何ものか」が揃っていた。それが結果として幸運をもたらすことになったわけだ。

しかし、繰り返しになるが、条件が揃っていても運は必ずついてくるわけではない。あくまで偶然性が支配しているのが運というものの本質である。そして、企業の世界でも、その運というものがまったく作用しない経営というのは考えられないように思える。逆に、運だけで成り立つ経営というものもない。そこに「何ものか」が介在して幸、不幸を分けている。

その幸運の種を引き寄せる「何ものか」が、結局、風土・体質であり、また風土・体質を強化しうるマネジメントのルールなのだ。

風土改革ノート⑧

風土・体質と土壌づくり

風土・体質改革と企業改革

企業の改革を植物を育てることにたとえてみるならば、①土壌を耕す、②種子を撒く、③水をやり、④肥料をやる、⑤花が咲き、実がなる——というようになる。この第一段階の「土壌を耕す」というのが風土・体質の改革だというようにイメージするとよい。

では、耕されている土壌と耕されていない土壌とでは具体的にどんな差があるのだろうか。

ひと言で言うと「言い出しっぺが損をする」と思う人がどのくらいいるか、「言うだけムダ」と思っている人がどれくらいいるかで、風土・体質的にその組織がどの程度問題をもっているか、つまり、土壌がどのくらい耕されているかがほぼ分かる。その割合が多ければ多いほど、土壌が耕されていない、つまり重症と言うことができるだろう。

なぜ、そんな風土・体質が生まれるのだろうか。

何かはっきりとした制度的根拠があるわけではない。誰かが**何かの問題を提起した時「じゃ、君がやりなさい」と言う上司**はどこにでもいる。それは悪意ではなく、よかれと思って言っている場合がほとんどである。しかし言われる側からすると、何か言うと必ず仕事が回ってきてしまうという結果に辟易する。

お互いの事情がよく分からなかったり、気持ちのうえでもつながっていない時は、せっかく何か新しいこと、改革的なことを始めても周りからのサポートはなく孤立しやすい。こういう経験が土壌を悪くする原因と言えば原因なのだ。

誰もことさら悪意をもっていないというところが、この問題を難しくすると共に、状態しだいでは意外に簡単に解決の方向に向かいうることも示唆している。

ところで、これほど重要な問題なのに、この風土・体質の問題が今までそれほど大きくクローズアップされてこなかったのはなぜなのだろうか。

企業の中でリーダーシップをとれる人というのは、少々土壌が悪くてもそんなことを意に介さず、ドンドンやってしまえる人が意外に多い。

つまり、こういう人にとっては土壌の良し悪しはあまり関係ないのである。こういう人の中には枠を越えるような言い出しっぺには決してならないけれど、与えられた課題は何としてでもやってしまう人というのが一番多いが、枠を越えてでもやれてしまう人も時にはいる。

いずれにせよ、こういうごく一部の人々は土壌開拓というロー発進をしなくても、セカンド発進のできる人たちである。こういう人たちは自分がセカンド発進ができるものだから、土壌の存在にあまり気がつかないのが特徴でもある。「そんなこと思いきってドンドンやればいいんだ」「そんなものやらないほうが悪いんだよ」と平気な顔で言ってしまうものだから、それを言われるほうの部下には違和感が残る。

問題は、こういう土壌を無視するタイプの人だけが仕事ができる人だというわけではないということである。

土壌を無視したそういうセカンド発進は不得意だけど、土壌さえ良ければ本当は仕事のできる人というのは数多くいる。

しかし、従来の耕されていない土壌ではこういうタイプの人はあまり力を発揮できずに終わるケースが多かった。

今は高度成長の時代と違って、耕されていない土壌でも力が発揮できるごく一部の人だけではなく、いろんなタイプの人の能力、つまり普通の人の能力を十分に発揮できる状況づくりが大切なのだ。

だからこそ、土壌開拓、つまり風土・体質の問題がクローズアップされ始めているのだ。

風土・体質を変えていくにはどういうことをすればよいのだろうか。

風土・体質改革はどういうメカニズムで働いているのか、ということを知ることが第一の条件だが、ただ知るだけではだめだ。一人で分かるだけではだめである。

みんなで何かを一緒にやっていこうというようなポジティブなエネルギーを共有することが大切だ。みんなで何かをやっていこうという仲間意識は、お互いにやりとりし、一緒に苦労をする中で生まれてくる。相手の事情が分かる中で、一緒に協力し合う中で信頼関係が生まれてくるのだ。

この〝信頼関係〟と〝風土・体質とはどういうものなのか〟という知識とが、車の両輪のようになって改革を進める役割を果たしていく。

二割の社員が変わればよい

何かに困る、問題を感じているといった問題意識を少しでももっていなくては何も始まらない。人によって問題意識の強弱は明らかにある。

しかし、現時点では問題意識は弱くても、新しい情報などから刺激を受けることによって、その問題意識が急速に強まることはよくあることである。同じ情報を受けても受信感度には個人差があるから反応はさまざまなのである。

情報感度の弱い人に無理強いして問題意識をもてと言ってみても始まらない。単なる時間のムダだろう。

改革は情報感度の強い一〜二割の人を中心に進めていくだけで十分に機能する。つまり、一〜二割の人がネットワーク化されていけば「言い出しっぺ」は孤立しないし、損をしにくい状況が生まれる。

もともと、そういう情報感度の良い人たちは仕事の上でも影響力の強い人だったりするし、管理職の中のキーマンなどがうまくこのネットワークの中に入っていると、まず間違いなく風土・体質は変わっていく。

ただ、風土・体質改革というのは人の気持ちとかかわっているから何をやるにしてもタイミングが大切だ。よいタイミングをとらえていこうと思うと、どうしても時間はそれなりにかかるのだ。

ブルドーザーで整地をするというようなわけにはいかない。

風土・体質の変化に気づく

しかも、第一段階で風土・体質が変化してきても、第五段階の「花が咲く」もしくは「実がなる」状態と違って極めて分かりにくいのが現実だ。

風土・体質が変化してきてはいるが、まだ実がなっていない第一段階の状態において、変化を感じる人というのは、種子を撒こうと努力している人、水をやり肥料をやろうと頑張っている人、つまり、改革のためにネットワークと信頼関係をつくりながら、仕事を変えていこうと努力をしている人である。

こういう努力をしてみて初めて、風土・体質の変化は実感できる。

風土・体質が変化してきている状況でも「別に何も変わってないよ」という人たちは、自ら何も変えようとしていない人、つまり傍観者であり、評論家であることが多い。自ら何かを変えようとしている人の多くはわずかな変化にも一喜一憂するものなのだ。

風土・体質の問題というのは明確に目に見えるわけではないから、きわめて分かりにくく判定しにくい問題ではあるが、企業の体力というのはまさに風土・体質の問題そのものである。

そして、この風土・体質のいかんが、今のような時代に「運」を引き寄せる「何ものか」を左右する。企業の命運を分けるものが風土・体質なのである。

本書は一九九八年一月に日本経済新聞社から刊行されたものです。

日経ビジネス人文庫

なぜ会社《かいしゃ》は変《か》われないのか
危機突破《ききとっぱ》の風土改革《ふうどかいかく》ドラマ

2003年11月1日 第1刷発行
2010年3月16日 第10刷

著者
柴田昌治
しばた・まさはる

発行者
羽土 力

発行所
日本経済新聞出版社
東京都千代田区大手町1-9-5 〒100-8066
電話(03)3270-0251
http://www.nikkeibook.com/

ブックデザイン
鈴木成一デザイン室

印刷・製本
凸版印刷

Printed in Japan ISBN978-4-532-19204-4

稲盛和夫の実学
経営と会計

稲盛和夫

バブル経済に踊らされ、不良資産の山を築いた経営者は何をしていたのか。ゼロから経営の原理を学んだ著者の話題のベストセラー。

基本のキホン
これでわかった財務諸表

金児 昭

会社を理解するには、財務諸表を読めるようになることが一番の早道。経理一筋38年の実務家が、「生きた経済」に沿って説いた入門書。

シンプリシティ

ビル・ジェンセン
吉川明希=訳

単純明快な会社は強い! 現場の働きやすさだけを基準に、新しい会社と仕事を構築しよう。その具体的方策が「シンプリシティ」だ。

世界一やさしい連結決算

金児 昭

決算数字が読めることは、現代人の必須条件。その要点だけが読みたいという要望に応えて、ベテランが書き下ろした画期的入門書。

問題解決の思考技術

飯久保廣嗣

管理職に何より必要な、直面する問題を的確、迅速に解決する技術。ムダ・ムリ・ムラなく、ヌケ・モレを防ぐ創造的問題解決を伝授。

「連結」の経営

金児 昭

会社をつなげて強くする!　40年にも及ぶ経理・財務の実務経験をもとに、国際グループ経営の進むべき道を説いた絶好の入門書。

現代経済学の巨人たち

日本経済新聞社=編

ケインズ、シュンペーターからベッカーまで、20世紀の資本主義経済に大きな影響を与えた20人の理論を平明に読み解いた入門書。

「値段」でわかる日本経済

日本経済新聞社=編

「値段」に関する面白ネタを、日経新聞の第一線記者がピックアップ。街角のなにげない変化から、デフレ下にある日本経済の素顔が見える。

高度成長の時代

香西 泰

敗戦から1970年代までの日本経済の高度成長の歴史を、経済指標のみならず文学作品も引用しながら解説した名著の文庫化。

やさしい経済学

日本経済新聞社=編

こんな時代だから勉強し直さなければ…そんなあなたに贈る超入門書。第一級の講師陣が考え方の基礎を時事問題を素材に易しく解説。

リスク 上・下

ピーター・バーンスタイン
青山 護=訳

リスクの謎に挑み、未来を変えようとした天才・異才たちの驚くべきドラマを壮大なスケールで再現した話題の全米ベストセラー。

経済学をつくった巨人たち

日本経済新聞社=編

200年前、経済学はどのようにして生まれ学問として育ったのか。スミス、マルクスからウエーバーまで先駆者20人の業績を解説。